ANDREAS VON RÉTYI
WIR SIND NICHT ALLEIN! SIGNALE AUS DEM ALL

ANDREAS VON RÉTYI
WIR SIND NICHT ALLEIN! SIGNALE AUS DEM ALL

Mit 35 Farbfotos

LANGEN MÜLLER

Bildnachweis:

Archiv Autor: Titel, Vor- und Nachsatz, 27, 28, 32; British Museum: 4, 5; California Institute of Technology, Mount Palomar: 1; Michael Carroll: 25; Michael DiGregorio/Far Out: 30; Dr. Johannes Fiebag: 12, 17; Dipl.-Ing. Rudolf Gantenbrink/Ancient Skies: 9; Gesellschaft für Krischna-Bewußtsein: 10, 11; Steffen Geuß: 8, 26, 29; Peter Krassa (aus Krassa/Habeck: »Das Licht der Pharaonen«): 6; Las Campanas Observatory: 2; Dipl.-Phys. Illobrand von Ludwiger/MUFON-CES: 18, 31; Nick Mann/Weekly World News: 23; Motovun Verlagsgesellschaft AG/Luzern (aus: Die Welt des Unerklärlichen: »Das Rätsel von Raum und Zeit«): 16; MPI für Radioastronomie, Bonn: 19; NASA/JPL: 21, 22, 24; NASA/JPL/RPIF/DLR: 20, 35; Prof. Dr. Dr.-Ing. H.-D. Pflug: 13, 14; Herbert Regenfelder: 7; Rice University/NASA: 3; Prof. Dr. Adolf Seilacher: 15.

Vor- und Nachsatz: Eine Flotte interstellarer Generationenschiffe auf ihrem Weg durch die Tiefen der Galaxis (Gemälde: A. v. Rétyi).

Gedruckt auf chlorfrei gebleichtem Papier

© 1994 Albert Langen/Georg Müller Verlag
in der F. A. Herbig Verlagsbuchhandlung GmbH, München
Alle Rechte vorbehalten
Umschlagentwurf: Wolfgang Heinzel
Umschlaggrafik: »Mysterien der Schwarzen Welt«
(Gemälde: A. v. Rétyi)
Satz: Schaber Satz- und Datentechnik, Wels
Gesetzt aus 11/13 Punkt September auf Scantext 2000
Druck und Binden: Mohndruck, Gütersloh
Printed in Germany
ISBN 3-7844-2489-9

Danksagung

An dieser Stelle habe ich zunächst die angenehme Pflicht, all denen sehr herzlich zu danken, die direkt oder indirekt an der Entstehung des vorliegenden Buches beteiligt waren und dessen Verwirklichung durch ihre Unterstützung überhaupt erst ermöglicht haben, namentlich Dr. Johannes Fiebag, Timothy Good, Peter Krassa, Prof. Miroslav Ksica, Dipl.-Phys. Illobrand von Ludwiger, Hans-Werner Sachmann, Prof. Dr. Adolf Seilacher und Dr. John H. Taylor. Sie alle haben mir einmaliges Bildmaterial zur Verfügung gestellt oder aber in Detailfragen weitergeholfen. Verpflichtet zu besonderem Dank für die Übermittlung wesentlicher Informationen bzw. vorzüglicher Bildunterlagen bin ich darüber hinaus folgenden Institutionen: dem California Institute of Technology/Pasadena, USA, dem Jet Propulsion Laboratory/Pasadena, USA, sowie der RPIF-DLR in Oberpfaffenhofen.
Ganz spezieller Dank geht an meinen Freund und unermüdlichen Reisebegleiter Steffen Geuß, dessen Entschlossenheit, Spontaneität und stete Einsatzfreude sich als wahrer Segen bei den Recherchen in der »Schwarzen Welt« erwiesen haben. Von gleichfalls unschätzbarem Wert war das Zusammentreffen mit Glenn Campbell, ohne dessen großzügige und umgehende Hilfe direkt vor Ort uns so manches Geheimnis um »Area 51« verborgen geblieben wäre.
Nicht zuletzt aber gilt mein aufrichtiger Dank meinem Verleger Dr. Herbert Fleissner für das in mich gesetzte Ver-

trauen, ebenso der Verlagsleiterin Frau Dr. Brigitte Sinhuber und meinem Lektor, Hermann Hemminger, dessen aktive Begleitung meines Projektes mich von der ersten Stunde an ermutigt, dessen konstruktive Kritik mich fortwährend angespornt hat.

Andreas v. Rétyi

Inhalt

1 Aufbruch 9
  Superzivilisationen im All

2 Unheimliche Geheimnisse 19
  Rätselhafte Funde, rätselhaftes Wissen

3 Der Stern der Isis 33
  Schlüssel zum Geheimnis der Götter?

4 Stimmen aus der Vergangenheit 59
  Mysterien am Rande der Zeit

5 Brückenschlag über die Jahrtausende 85
  Die (Hi)Story der Exo-Begegnungen

6 Die Realität des Traumes 119
  Phantasien, Visionen und Einflüsse einer kosmischen Intelligenz

7 Fremde im Sonnensystem? 149
  Geistermonde, verlorene Planeten und seltsame Lichter

8 Weltraumarchäologie 171
  Auf der Suche nach außerirdischen Artefakten

9	Jenseits des Phantastischen 201
	Extraterrestrische Technik: Gerüchte, Fakten, Spekulationen

10	Die Alptraumfabrik 221
	Unheimliche Aktivitäten einer fremden Macht

11	Dimensionslabyrinthe 241
	Wege in andere Welten?

12	Die Omega-Struktur................................. 261
	Das verborgene Netzwerk des Lebens

Begriffserläuterungen 281

Literatur 290

Register 300

1 Aufbruch
Superzivilisationen im All

Freitag, der 16. April 1993 – Bayport, Florida, USA. Deputy Ron Chancey, stellvertretender Sheriff von Hernando County, befindet sich an jenem Abend gerade auf Patrouille. Als er die Pine Island Drive in südlicher Richtung abfährt, wird er plötzlich auf ein seltsames Leuchten aufmerksam. Direkt hinter ihm, von Norden her, tauchen mehrere bläuliche Lichter am Himmel auf, die ihn zu verfolgen scheinen. Chancey kann sich weder Ursprung noch Natur des geheimnisvollen Phänomens erklären. Er biegt nach Bayport ab und verliert die seltsamen Lichter kurzzeitig aus den Augen. Doch schon im nächsten Moment sind seine unheimlichen Verfolger wieder zur Stelle. Jetzt schweben sie über einem Sumpfgebiet unweit der Straße.
Was Deputy Chancey nun vor sich sieht, verschlägt ihm den Atem. Diese Lichter stammen von einem einzigen, riesigen Objekt, vielleicht 70 oder gar 100 Meter lang! Völlig geräuschlos verharrt der gewaltige fremde Flugkörper in der Luft.
Ron Chancey nimmt seinen ganzen Mut zusammen. Er stellt den Wagen am Straßenrand ab und richtet seinen Suchscheinwerfer direkt auf den schweigenden Giganten. Irgend etwas Vertrautes muß dieses unheimliche Ding doch an sich haben! Irgendwelche Buchstaben, Kennungen, Markierungen... Doch nichts. Nicht einmal ein Cockpit ist zu sehen. Nur die vagen Umrisse zeichnen sich gegen den dunklen Himmel ab. Das rätselhafte Objekt sieht fast so aus wie ein riesiger Boomerang!

Als Chancey seine Fahrt fortsetzt, beginnt die Verfolgung von neuem. Der erschreckende Koloß ist einfach nicht loszuwerden. Dann, mit einem Mal, läßt er endlich von seinem Opfer ab und dreht in Richtung Golf von Mexiko bei. Das Katz-und-Maus-Spiel ist beendet.

»Nach alledem, was ich erlebt habe ..., nein, ich glaube nicht, daß es von unserem Planeten kam«, äußerte sich der Deputy Sheriff später. – Und Ron Chancey war nicht der einzige, der jenes riesige UFO sah. Mindestens ein Dutzend weiterer Augenzeugen hatten es beobachtet. Personen, die sich nie zuvor begegnet waren. Alle sahen dasselbe, berichteten dasselbe. Alle schienen plötzlich mit einem Phänomen jenseits ihrer Erfahrung konfrontiert. Doch womit? Was hatte es mit jenem unerklärlichen Flugkörper auf sich? Wer hatte ihn konstruiert und woher stammte er? Sollte Chancey gar am Ende mit seiner Vermutung recht gehabt haben – war das fremde Objekt tatsächlich nichtirdischen Ursprungs?

Niemand zweifelt heute noch ernstlich an der Existenz anderer intelligenter Lebensformen im All. Sonnensysteme wie das unsrige scheinen keine Seltenheit im strahlenden Sternenmeer der Galaxis zu sein. Im Gegenteil.

Mit Hilfe des Hubble-Weltraumteleskops entdeckten Wissenschaftler der amerikanischen Rice-Universität kürzlich rund 15 (!) Urplanetensysteme – in einem winzigen Areal der jungen, rotviolett glühenden Staub- und Gasmassen des berühmten großen Nebels im Orion. Das Forscherteam geht davon aus, daß nahezu die Hälfte aller neugeborenen Sterne dort von solchen embryonalen Vorstufen der Planetenentstehung begleitet wird. Eine revolutionäre Entdeckung! Zum ersten Mal wurde damit nachgewiesen: Planeten um Sterne – das ist ganz normal in der Milchstraße! Und Planeten sind nun einmal die Voraussetzung für intelligentes Leben nach der Art, wie wir es kennen.

Offenbar wüten wirklich überall im riesigen Feuerrad unserer

Galaxis die Gewalten von Ursprung und Vernichtung; Leben entsteht, Leben vergeht. Planeten, Zivilisationen versinken in Sternenstaub, aus dem – phönixgleich – neue Welten und Wesenheiten erstehen. Seit Jahrmillionen. Seit Jahrmilliarden.
Einige kosmische Kulturen sind uns zweifellos unvorstellbar weit voraus. Interstellarflug, die Erkundung und Besiedlung der Galaxis, dürfte für manche von ihnen schon lange kein Problem mehr sein. Eigentlich wäre es beinahe schon ein Wunder, wenn fremde Wesen noch nicht auf unseren blauen Heimatplaneten aufmerksam geworden wären. Und tatsächlich: Seit vielen Jahrhunderten werden Menschen Zeugen merkwürdigster, schier unfaßbarer Vorgänge, hinter denen ganz offenbar eine überlegene, fremde Intelligenz aus dem Kosmos steht.
In letzter Zeit mehren sich wieder erschreckende Berichte über unerklärliche Lichterscheinungen am Himmel, über außerirdische Flugscheiben im Besitz der US-Militärs, über UFO-Entführungen einzelner Personen und grauenerregende Tierverstümmelungen durch nichtmenschliche Wesen.
Objekte, wie sie Ron Chancey beobachtete, zeigen sich weltweit schon seit Jahren. In manchen Fällen sahen sie Hunderte von Augenzeugen gleichzeitig. Unidentifizierte Flugobjekte hinterlassen Spuren auf dem Boden, auf Filmen, auf dem Radar militärischer und ziviler Flughäfen. – Wir können unsere Augen nicht mehr länger verschließen! Ein Phantom wirft seinen Schatten, ein Phänomen rückt näher. Irgend etwas, das nicht von dieser Welt stammt, ist um uns:
Wir sind nicht allein!

> »Nein, die Existenz nicht-menschlicher Außerirdischer ist heutzutage kaum noch eine umwälzende Idee. Als revolutionär dagegen könnte man ansehen, daß im Lauf der vergangenen zwanzig Jahre Wissenschaftler dazu gelangt sind, solche Gedanken zu akzeptieren. Zunächst geschah dies zwar zögernd, aber inzwischen ist das beinahe zu einem Glaubensartikel geworden.«
>
> JAMES S. TREFIL / ROBERT T. ROOD, Astrophysiker

Noch bevor unsere Erde aus den langsam rotierenden Nebelmassen des Urplanetensystems vor nicht ganz fünf Milliarden Jahren geboren wurde, noch bevor unsere Heimatsonne ihr Feuer entzündete, gab es bereits andere Sterne, fremde Sonnen, umgeben von Planeten, die intelligente Lebensformen auf ihren Oberflächen beherbergten. Weit mehr noch: Zu jener kosmisch-embryonalen, vorirdischen Epoche war die gesamte Spirale des riesigen, Abermilliarden Sterne umfassenden Milchstraßensystems durch einige technisch und geistig schier unvorstellbar hochstehende Weltraum-Kulturen bereits vollständig besiedelt und kolonisiert.
Eine provokante Behauptung.
So erscheint es um so verblüffender, ja beinahe schon paradox, wenn derartige »Science-fiction«-Szenarien seit kurzem sogar von anerkannten Wissenschaftlern ernsthaft und ausführlich diskutiert werden.
Vor wenigen Jahren zum Beispiel veröffentlichte der englische Physiker Martyn J. Fogg in der amerikanischen Zeitschrift »Icarus«, einem renommierten Fachmagazin für Pla-

netenforschung und verwandte Gebiete der Astrophysik, eine aufsehenerregende Arbeit, in welcher er zu eben jenem Schluß gelangt, daß die gewaltige, wirbelnde Scheibe »unserer« Galaxis noch vor der Entstehung unseres Sonnensystems ganz und gar von fremden Zivilisationen besiedelt gewesen sein muß.

Martyn Fogg begründet seine faszinierenden Gedanken durch Serien bestens durchdachter Computersimulationen, die er »Outreach« (engl.: weiter hinaus reichen) nannte. Versucht man, sich die gigantischen Ausmaße der Milchstraße einmal vor Augen zu führen, dann erscheint jede Kolonisationsabsicht einer planetaren Intelligenz schlichtweg absurd, hoffnungslos. Welche Geschwindigkeiten müßten die eingesetzten Raumschiffe für derart gigantische Vorhaben entwickeln können? Reicht dazu überhaupt die Lichtgeschwindigkeit aus?

Fogg wie auch andere Wissenschaftler konnten sogar nachweisen, daß in der Tat viel weniger genügt. Wahrscheinlich brachen die ersten, ältesten galaktischen Siedler in mächtigen Sternenarchen auf, Generationsraumschiffen, welche jeweils Millionen von Kolonisten eine Heimat und Schutz vor der lebensbedrohlichen Unwirtlichkeit des interstellaren Raumes boten.

Diese hypertechnologischen Konstruktionen glichen künstlichen Welten. Bezogen auf unsere menschlichen Anforderungen an eine lebensfreundliche und auf Dauer erträgliche Umwelt, mußten sie abgeschlossene Biosphären, komplette Landschaften mit Tälern, Bergen, Wäldern, Flüssen, Seen, und natürlich auch stadtähnliche Aufenthaltsbereiche in einer künstlichen Schwerkraft aufrechterhalten.

Die durch die Weiten des Alls treibenden kosmischen »Ozeanriesen« bewegten sich wohl relativ langsam zwischen den brodelnden Sternen, irisierenden Gasnebeln und dunklen Staubwolken der Galaxis. Dennoch, selbst wenn ihre Ge-

schwindigkeit nur einen Bruchteil derjenigen des Lichts erreichte, die gesamte Milchstraße wäre innerhalb weniger Jahrmillionen besiedelt. Für menschliche Begriffe gewiß ein scheinbar unrealistisch langer Zeitraum, gerade im Vergleich zu unserer so jämmerlich begrenzten Lebensspanne. Doch dürfen wir für hochentwickelte Fremdwesen freilich keine menschlichen Maßstäbe anwenden. Im Weltraum, auf anderen Planeten, mag die Evolution die ungewöhnlichsten Pfade beschritten haben, mögen biologische Formen mit den verschiedensten Lebens- und Stoffwechselzyklen in Erscheinung getreten sein.
Schon unsere Wissenschaft vermag solche grundlegenden Rhythmen tiefgreifend zu beeinflussen. Mit relativ bescheidenen Mitteln medizinischer Technik haben wir im Verlauf der letzten hundert Jahre unsere durchschnittliche Lebenserwartung drastisch erhöhen können. Unablässig suchen wir nach neuen Möglichkeiten, den naturgegebenen Alterungsprozeß so weit es nur eben geht zu verlangsamen oder gar zu stoppen. Welche Perspektiven mögen sich hier erst einer Monumentalzivilisation im Laufe ihrer nach Jahrmillionen zählenden Kultur- und Geistesgeschichte erschlossen haben?
Aber einmal ganz abgesehen davon, auch unter der weit weniger günstigen Voraussetzung einer auf nur einige Jahrzehnte begrenzten individuellen Lebensdauer liegt eine zügige galaktische Besiedlung keineswegs jenseits des Realisierbaren. An Bord jener Weltenschiffe wären ja viele Generationen zu den Sternen unterwegs. Erst die fernen Nachkommen der einstigen stellaren Pilgerväter würden neue Planeten in fremden Sonnensystemen erschließen und zum Ausgangspunkt für eine weitere Kolonisation der Galaxis nehmen.
In seinen Computersimulationen geht Fogg erstmalig von einer anfänglichen Kolonisation durch *mehrere* Weltraum-

rassen aus. In der jungen Milchstraße dürfte sich ungefähr alle hunderttausend Jahre eine zu Interstellarflug und galaktischer Besiedlung befähigte Zivilisation entwickelt haben. Je nach dem Ausbreitungstempo der ersten Kolonisten würden in der Zwischenzeit auf anderen Welten weitere entsprechende Hochtechnologien entstehen, noch bevor die früher gestarteten Siedler sie erreichen und ihr Heranreifen durch eine eigene Inanspruchnahme des betreffenden Gestirns vereiteln könnten. Ein Wettlauf um die besten und meisten »Nistplätze« gewissermaßen, nur eben in besonders großem Stil. Je schneller sich die ersten Kulturen ausbreiten und Imperien bilden, um so weniger Platz bleibt den anderen. Standen am Anfang der Besiedlung einige wenige, besonders schnelle »Weltenbummler«, so hätten sie gewaltige Areale der Galaxis – bis zur Hälfte der Gesamtausdehnung – für sich erobern können. Doch selbst die kleinsten Imperien in »Outreach« umfassen noch Territorien von über tausend Lichtjahren Ausdehnung – mit jeweils rund 14 Millionen Sternen und 12 000 von einer einzigen Zivilisation besiedelten Planeten!

Ein schlichtes »Durchschnittsimperium« besteht sage und schreibe aus einer Milliarde Sternen mit gut einer Million bewohnten Planeten! Schwindelregend! Unfaßbar!

Dennoch, vieles spricht heute dafür, daß »unsere« Galaxis dereinst nicht etwa uns allein gehören wird, daß wir nicht ihre einzigen Bewohner sind. Im Gegenteil, wir werden uns mit der vielleicht etwas ernüchternden Vorstellung abfinden müssen, in einer bereits gänzlich von den »Anderen« erschlossenen Milchstraße zu leben.

Wie man es auch dreht und wendet, in jedem Falle muß die Galaxis sehr bald besiedelt gewesen sein. Ausgehend von noch so unterschiedlichen Startbedingungen in »Outreach«, stets ist die Kolonisation bereits zu einem Zeitpunkt abgeschlossen, zu welchem sich unser Sonnensystem bestenfalls in einem Urzustand befand. Jene ersten galaktischen Zivilisationen müssen uns, wie gesagt, in der Entwicklung um Jahrmilliarden voraus sein. Ihr geistiger und technologischer Status (sofern derartige Begriffe hier überhaupt noch den Schatten einer Gültigkeit besitzen!) liegt bereits seit Äonen weit jenseits jeglicher Faßbarkeit durch den menschlichen Geist.

Und doch: Es gibt Überlieferungen, Ideen, Hinweise, Indizien, Beobachtungen, Experimente... wie auch immer wir es nennen mögen, die in ihrer Gesamtheit unbestritten Schlüsse und Vermutungen zulassen, Folgerungen, die sich mehr und mehr zu einer erstaunlichen neuen Weltsicht verdichten lassen.

Einige Fachleute, die dem Fragenkomplex um außerirdische Intelligenzen, die der Rolle des Menschen im Kosmos und einem ganzheitlichen Verständnis der uns umgebenden Phänomene auf die Spur zu kommen versuchen, nehmen an, daß dem Abschluß der galaktischen Expansionsphase eine neue, superzivilisatorische Philosophie folgte, die Sinn und Zweck einer Weltraum-Hochkultur in Form eines *geistigen* Imperialismus erkennt. Heiligstes Ziel solcher Megakulturen wäre dann also der Informationsgewinn und -austausch im Kosmos.

Damit würde sich praktisch nahtlos auch eine interessiert abwartende Beobachtung von »Babyzivilisationen« verbinden, die immer wieder um neu entstehende Sterne in den verschiedensten Winkeln der Milchstraße aufkeimen. Wie wird sich das Leben auf diesem oder jenem Planeten entfalten? Wird sich eine Intelligenz mit der Fähigkeit zur Raumfahrt und expansionistischen Interessen heranbilden? Wie – wenn überhaupt – wird sie ihre Technologie bewältigen, wie wird sie sie einsetzen?

Zu prähistorischen Zeiten bricht eine Flotte von Erkundungsschiffen in eine etwa 30 000 Lichtjahre vom Zentrum

der Galaxis entfernte Sternenregion auf, in die Zone des sogenannten Orion-Armes, um dort mehrere verhältnismäßig junge Sonnensysteme anzusteuern.
Aufgaben der Mission:
- Lokalisierung und Erforschung neuer planetarer Zivilisationen im Frühzustand.
- Errichtung von Basen auf Nachbarplaneten und in geeigneten Umlauf-»Park«-Bahnen.
- Langzeitbeobachtungen der jungen Intelligenzen, deren Aktivitäten und Entwicklung.
- Kontrolle durch korrigierende Eingriffe bei Registrierung aggressiver, insbesondere besiedelte Nachbarwelten gefährdender Verhaltensweisen.
Schwerpunktziel:
- Neunplanetensystem um gelbe Zwergsonne, 15 Lichtjahre oberhalb der galaktischen Ebene.
- Kritisches Objekt: Planet 3.
- Eigenschaften: Orbit im Bereich der ständig bewohnbaren Zone, metallischer Kern, feste Silikatkruste, ausgedehnte Wasser- und Landflächen. Stickstoff-Sauerstoff-Atmosphäre, Leben auf Kohlenstoffbasis. Die dominierenden Wesen bilden eine primitive technische Zivilisation mit hohem Grad an zwischen- wie innerartlicher Aggressivität.
Ungefähr so könnte sich eine ganz kurze Charakteristik von Erde und Menschheit lesen, verfaßt für ein galaktisches Logbuch.
Man kann wohl davon ausgehen, daß eine Weltraum-Hochkultur, die möglicherweise als Verantwortungsträger für einen Tausende von Lichtjahren umfassenden Sektor der Galaxis fungiert, das Heranwachsen solch einer pubertären Planetengemeinschaft sehr genau beobachten und weiterverfolgen wird.
Steht unser Planet, stehen wir vielleicht tatsächlich bereits seit Jahrtausenden oder gar Jahrmillionen unter argwöhni-

scher Beobachtung durch die *Fremden*? Wissen wir vielleicht wirklich so wenig von den exogenen Geschehnissen um uns, wie, sagen wir, die Tuberkel unter dem Mikroskop Robert Kochs etwas von dessen Untersuchungen ahnten?
Der amerikanische Astronom und Exobiologe Carl Sagan diskutierte bereits vor über zwei Jahrzehnten allen Ernstes die Möglichkeit, daß die Erde schon vor der Zeit der Dinosaurier von fremden Intelligenzen aufgesucht worden sein könnte.
Mehr und mehr kristallisiert sich heraus: Die Geschichte *nicht*-irdischer Aktivitäten um unseren Planeten erstreckt sich offenbar lückenlos von der frühen Urzeit über die Phase des Aufblühens menschlicher Hochkulturen bis in die jüngste Gegenwart.
Seit kurzem beginnt sich ein deutlicheres Bild um die mysteriösen Vorgänge abzuzeichnen, welche uns nachweislich seit Jahrtausenden begleiten und bewegen. Ein Bild, das – wenn auch teils noch schemenhaft – ungeahnte Einsichten erlaubt, das bislang als unabhängig voneinander angesehene Erscheinungen in einen gemeinsamen Kontext stellt, ja sogar scheinbar Unvereinbares miteinander verbindet. Ganzheitliche Tendenzen in Wissenschaft wie auch Grenzwissenschaft lassen die Wissenschaften zunehmend grenzenlos werden, indem sie die Grenzen zur Illusion erklären, indem sie sie auflösen.
Letztlich addieren sich die Erkenntnisse aus den verschiedensten Disziplinen nun zu einer einzigen atemberaubenden Einsicht:
Wir stehen seit Anbeginn unserer Existenz im Banne des Geistes einer kosmischen Geheimorganisation, im Banne einer Superzivilisation, die gleichsam als rechte Hand Gottes auf mannigfaltigste Weise in unsere Geschicke eingreift!

2 Unheimliche Geheimnisse
Rätselhafte Funde, rätselhaftes Wissen

Hoch über den schneebedeckten Hügeln steht der Wintermond in kaltem Licht. Die verfallenden Mauern des alten Klosters wirken abweisend, sie scheinen Geheimnisse des Immateriellen, Dämonischen und Unfaßbaren zu bergen, ja vor der Welt zu verbergen.

Quer über den verschneiten Innenhof führen Fußspuren hin zum Kreuzgang, doch niemand ist zu sehen. Längst ist die Stunde des Abendgebets verstrichen, längst haben sich die Mönche in ihre Zellen zurückgezogen und die Lichter gelöscht. Dennoch wird die mitternächtliche Ruhe zuweilen unterbrochen. Wohl aus den entlegensten Winkeln der Abtei dringen seltsame, unerklärliche Geräusche in die Stille, manchmal sind sie ganz deutlich zu hören, wenn der frostige Wind von Osten weht. Tatsächlich fällt aus einem der mit groben Holzbrettern vernagelten Zellenfenster auch ein schwacher Lichtschein, vielmehr ein unstetes Flackern, das gespenstische Muster auf den Boden und an die Wände wirft. Plötzlich blitzt es grell auf. Das eben noch gedämpfte, gelblich-warme Licht, das durch die Ritzen der Bretter bricht, wandelt sich in ein blaugrünes Strahlen, dem ein ständig wechselndes Farbenspiel folgt. Wieder dringen rätselhafte Laute in den Reigen des Unerklärlichen, während das Spiel des Lichts gelegentlich von Schatten gemindert wird, die hinter dem Fenster der Klosterzelle hin und her zu wandern scheinen.

Durch einen Fensterspalt ist das erhellte Innere des Raumes teilweise zu überblicken. Ein furchteinflößendes Gemach, dessen absonderliches Inventar einer Folterkammer oder Hexenküche zu entstammen scheint. Undurchschaubar konstruierte Gerüste, geheimnisvolle Instrumente, deren kunstvoll gefertigte Schrauben, Räder und Hebel sich dem Uneingeweihten jeglicher näheren Interpretation entziehen. Welchem Zweck mochten die unzähligen Mixturen in all jenen Gefäßen, Röhrchen und Phiolen dienen? Was für ein rauchendes Gebräu entzündete sich gerade funkensprühend über dem lodernden Feuer dort? Welche Lehren bergen die sich neben den beiden Totenschädeln auf dem Tisch stapelnden Folianten? Seltsames überall. Fremdartige metallische Apparaturen, rasselnde Maschinen und leuchtende Schriftzeichen an den Wänden.

Plötzlich bewegt sich der dunkle Vorhang auf der linken Seite des Raumes, wird zur Seite gerissen. Aus einem zweiten Kabinett flutet gleißendes Licht in das Laboratorium. Eine hagere Gestalt tritt hervor: Der Herr über jenes faustische Teufelsallerlei. Die in einen langen Umhang gehüllte Person schreitet bedächtig in die Mitte der magischen Zauberwerkstatt und dreht dabei eine Art Sanduhr in den Händen. Wer ist es, der zu dieser späten Stunde im Schutze alter Klostermauern scheinbar Schwarze Künste praktiziert?

Ist es der Tod oder gar der Leibhaftige selbst?

> »Wie viele falsche Entdeckungen gab es, hinter denen wahrheitsliebende und maßgebliche Leute standen? Und – wie vieles wurde mißachtet, aus dem hinterher etwas Großes geworden ist?«
>
> KONSTANTIN E. ZIOLKOWSKI, 1857–1935

Ähnlich bange Fragen mußten auch Thomas von Aquin, dem bedeutendsten Schüler des sagenhaften Grafen von Bollstädt – weithin bekannt unter dem Namen Albertus Magnus –, durch den Kopf gegangen sein, als er einmal versuchte, den mehr als mysteriösen Aktivitäten seines Meisters auf die Spur zu kommen.
Schon bei Tage schien das Refugium jenes offenbar in jeder Wissenschaft wohlbewanderten Mönches für so manchen ein allzu unheimlicher Ort zu sein, und nicht selten sollen sich die Klosterbrüder bekreuzigt haben, wenn ihr Weg sie am Laboratorium des »doctor universalis« vorbeiführte.
»Es schien, als ob viele sich des Glaubens nicht erwehren könnten, daß Albertus ... den leibhaftigen Gottseibeiuns zum Gehülfen habe«, heißt es in einem alten Buch, das auch von den erschreckenden Erlebnissen zu berichten weiß, die Thomas von Aquin einst in der Geheimwerkstatt des Universalgelehrten widerfuhren. »Thomas, der lange Zeit mit gespannter Neugier das geheimnißvolle Wesen seines Meisters beobachtet hatte und eines Tages zufälliger Weise in die Nähe der gescheuten Zelle gekommen war, freute sich, die Abwesenheit des Albertus benutzen zu können, um sich in dem geheimnißvollen Gemach etwas näher umzusehen ... Mit sichtlicher Angst und Beklommenheit betrachtete Thomas all' die Wunderdinge und all' die seltsamen Erscheinungen, die ihn umgaben ... Er wollte zurück, aber eine unwi-

derstehliche Gewalt fesselte ihn an das geheimnißvolle Gemach, ... bebend vor Angst und Verzweiflung stand er plötzlich vor einem wunderlieblichen Zaubergebilde, das verführerisch seine Sinne zu umnebeln drohte ..., und wider Willen mußte er unverrückt seinen Blick auf der Zaubergestalt haften lassen ... Als nun aber gar eine menschliche Stimme sich aus der räthselhaften Gestalt vernehmen ließ, ... schwand ihm vollends das Bewußtsein, und er glaubte, daß der Fürst der Unterwelt durch diese zauberische Erscheinung sein böses Spiel mit ihm treiben wolle.«

Thomas wurde von nacktem Entsetzen gepackt. Er versuchte sich mit aller Gewalt gegen den vermeintlichen Dämon zu wehren und hieb, so fest er nur konnte, mit dem nächsten greifbaren Gegenstand auf ihn ein. Dabei schrie er immer wieder: »Apage Satanas! – Hinfort mit dir, Satan!«, und schließlich brach das teuflische Wesen unter Krachen und Klirren zusammen. Gerade in dem Augenblick, als Thomas schweißgebadet dem verfluchten Raum entfliehen wollte, öffnete sich die Türe: Vor ihm stand sein Meister Albertus Magnus, voller Zorn und in höchster Erregung. Aus purer Unwissenheit heraus hatte sein »Zauberlehrling« ein Lebenswerk zerstört, einen rätselhaften sprechenden Apparat, eine redende Bildsäule, an deren Vollendung Albertus Magnus dreißig Jahre seines Lebens gearbeitet haben soll.

All dies trug sich im 13. Jahrhundert zu. Heute wird sich wohl kaum mehr mit absoluter Gewißheit rekonstruieren lassen, worum nun genau es sich bei jenem überaus mysteriösen Mechanismus tatsächlich handelte und was Thomas von Aquin damals wirklich alles gesehen und erlebt hat. Allem Anschein nach aber verfügte Albertus Magnus über technische Kenntnisse, die ihm ermöglichten, Instrumente und Apparaturen zu entwickeln, welche ganz und gar nicht in die mittelalterliche Welt paßten, deren »offizielle« Erfindung – wenn überhaupt – erst viele Jahrhunderte später er-

folgte. Solchermaßen fortschrittliche Inventionen mußten auf damit konfrontierte Zeitgenossen allerdings unweigerlich wie Magie und »Teufelszeug« wirken. Selbst Thomas von Aquin, der bereits in etliche Geheimnisse seines Lehrers eingeweiht war, kam bei jener unerlaubten Visitation der »Zauberwerkstatt« beinahe um den Verstand.
Um das Jahr 1214 herum wurde in Somerset/England ein anderer legendärer Universalgelehrter und »Zauberer« geboren: Roger Bacon.
In Oxford und Paris studierte er, was man an Wissenschaft zu jener Zeit nur studieren konnte – Philosophie, Medizin, Astronomie, Geographie, Optik ... In Italien lernte er griechisch, befaßte sich anschließend auch noch eingehend mit der hebräischen Sprache, um den Originaltext des Alten Testaments lesen zu können. Er dürfte sich diese Mühe nur aus triftigen Gründen gemacht haben. Wahrscheinlich ging er davon aus, daß – weshalb auch immer – die Übersetzer oft wesentliche Passagen der biblischen Texte, vielleicht gerade die aufschlußreichsten, verfälscht oder weggelassen hatten.
Genau wie Albertus Magnus vertiefte sich auch der geheimnisvolle Engländer in die okkulten Lehren von Magie und Alchemie. Zudem übte Bacon immer wieder scharfe Kritik an der Kirche. Genügend Gründe für die Obrigkeit, ihn mehrmals zu langer Kerkerhaft zu verurteilen. So gestaltete sich sein Leben als ein fortwährendes Bäumchen-wechsel-dich-Spiel zwischen Gefängnismauern und Freiheit – je nachdem, ob der gerade amtierende Papst das Genie Bacons verehrte oder aber eher fürchtete. 1292 wurde Bacon, nach über zehn Jahren Kerker, zum letzten Mal entlassen – in den Tod: Wohl an den Folgen der langen Haft starb jener vielen Zeitgenossen recht unheimliche Gelehrte vermutlich noch im gleichen Jahr.
In diversen Schriften entwirft Bacon Visionen, die seiner Epoche um ein halbes Jahrtausend voraus sind. So spricht er

bereits von unvorstellbar schnellen Fahrzeugen, die keiner Zugtiere mehr bedürften, von großartigen Flugmaschinen, künstlich angetriebenen Schiffen ohne Segel und Ruder, ja, er erörtert sogar die Realisation von Unterseebooten. All dies rund zweihundert Jahre vor Leonardo da Vinci.
Doch Bacon war kein Theoretiker. Im Gegenteil, der einzige Weg zur Wahrheit lag für ihn in der Praxis, im Experiment. Es war Bacon, der diese neue, prüfende Methode des Forschens einführte. Experimenten mit Linsen und Spiegeln schenkte er zeit seines Lebens besondere Aufmerksamkeit. Ein paar Grundlagen übernahm er von seinem Lehrer Grosseteste, weit kühner allerdings waren seine eigenen Gedanken und Konstruktionen. Seine Vorstellungen über die Natur der sichtbaren Strahlung muten modernst an: Für Bacon war Licht »die Übertragung einer Bewegung in der Zeit«. Wie die neuzeitlichen Physiker ging er also schon von einer Endlichkeit der Lichtgeschwindigkeit aus. An anderer Stelle verweist er auf die Möglichkeit, weit entfernte Gegenstände mit Hilfe von Linsen vergrößert wiederzugeben: »So könnten wir aus unglaublicher Entfernung die kleinsten Buchstaben lesen und die Körner des Staubes oder Sandes zählen... Also könnten wir auch die Sonne, den Mond und die Sterne in den Erscheinungen zu uns herabsteigen lassen... und viele ähnliche Dinge, so daß der Geist dessen, der die Wahrheit nicht kennt, sie nicht ertragen könnte.« Worte, die in vielerlei Hinsicht nachdenklich stimmen!
Besaß Roger Bacon etwa schon ein Fernrohr? Das allerdings wäre ein deutlicher Widerspruch zur »herrschenden Lehre«, die die Erfindung des Fernrohrs kurz vor 1610 ansiedelt. Kurzgefaßt liest sich diese anerkannte Geschichte etwa folgendermaßen:
Im Jahr 1608 kamen erste Gerüchte auf, in Holland sei ein neuartiges »Augenglas« hergestellt worden, das entfernte Gegenstände »nahe heranziehen« würde. Doch der Name

des Erfinders blieb ungewiß. Nachdem sich die Kunde vom neuen Wunderinstrument weiter verbreitet hatte, nahm so mancher für sich in Anspruch, es als erster konstruiert zu haben. Da war beispielsweise ein gewisser Hans Lippershey (Lippersheim) aus dem holländischen Middelburg. Der ursprünglich aus Wesel in Westfalen stammende Brillenschleifer präsentierte dem Prinzen Moritz von Nassau-Oranien und den niederländischen Ständen am 2. Oktober 1608 ein – so nannte er es – »kijkglas«, wobei er ganz besonders auf dessen vorzügliche Eignung für militärische Beobachtungen hinwies. Lippershey stellte daraufhin Antrag auf ein 30 Jahre währendes Patent und eine jährliche Pension. Damit hatte er jedoch keinen Erfolg, schließlich wüßten bereits viel zu viele von der Erfindung. Nur 14 Tage später, am 17. Oktober, trat dann Jakob Metius, ein niederländischer Astronom, mit der gleichen »Neuigkeit« an die Regierung heran. War *er* der »echte« Erfinder?

Die Liste der vermeintlichen Fernrohrerfinder ist wahrhaft lang. Und je weiter wir sie zurückverfolgen, um so rätselhafter gestaltet sich die ganze Geschichte:

– Jakob Metius (1671–1653) stellt das Fernrohr am 17. Oktober 1608 den niederländischen Ständen als seine Erfindung vor.

– Zacharias Jansen (gest. 1619), holländischer Brillenmacher, beobachtet seine Kinder beim Spiel mit schadhaften Linsen. Angeblich kam ihm dabei die Idee, ein Fernrohr zu konstruieren.

– Hans Lippershey (um 1570–1619) baut ebenfalls Fernrohre.

– Baptista Porta (1543–1615) stellt Versuche mit verschiedenen Linsen an, auch er soll das Fernrohr bereits gekannt haben.

– Hieronymus Fracastorius (1483–1553) experimentiert mit aufeinandergelegten Glaslinsen.

– Leonardo da Vinci (1452-1519) beschreibt die Konstruktion eines »Sehrohres« und dessen Wirkungsweise.
– Roger Bacon (1214-1292) baute anscheinend nicht nur Fernrohre. Ein verschlüsseltes Manuskript, das vor etlichen Jahren in einem alten Schloß in Südeuropa gefunden worden ist, weist ihn außerdem auch als den Erfinder des Mikroskops aus.
Ungeachtet dessen soll sich der französische Gelehrte Gerbert d'Aurillac (um 920-1003), Erzbischof von Reims und Ravenna, später als Silvester II. zugleich Papst und Alchemist, gleichfalls im Besitz eines Teleskops befunden haben. Mehr als 200 Jahre vor Roger Bacon und über 600 Jahre vor Galileo Galilei, der angeblich als einer der ersten ein Fernrohr zum Sternenhimmel richtete: »Es bleibt noch darzulegen und der Welt mitzuteilen, was man meines Erachtens für das Wichtigste in der vorliegenden Arbeit ansehen muß«, verkündet Galilei stolz in seiner kleinen Schrift »Sternenbote«, »nämlich die Gelegenheit, bei der ich vier Planeten entdeckt und beobachtet habe, die von Anbeginn der Welt bis auf unsere Zeit noch niemals gesehen worden sind...« Wirklich?
Am 7. Januar 1610 erblickte Galilei durch sein bescheidenes Fernrohr zunächst drei auffällige Sternchen in unmittelbarer Nachbarschaft des Planeten Jupiter. Ein paar Tage darauf gesellte sich ihnen noch ein weiterer Stern hinzu. Diese winzigen Lichtpünktchen veränderten ihre Position innerhalb nur weniger Stunden, und der italienische Astronom erkannte bald, daß sie den großen Planeten umkreisen: Vor sich hatte er gewissermaßen ein Abbild des Sonnensystems, ein Planetensystem im Kleinen. Jene vier Sternchen umrundeten den Jupiter, einen anderen Planeten – also konnte die althergebrachte Auffassung einer absoluten Zentralstellung der Erde unmöglich stimmen.
Galilei richtete sein Fernrohr auch auf die kargen Land-

schaften des Mondes, die von schroffen Bergen, tiefen Kratern und weiten Ebenen geprägt schienen. Ebenso wie der Erdtrabant zeigte auch der strahlende Morgen- und Abendstern Venus sich im »Augenglas« gelegentlich als Sichel; die Kugel des gelblichen Planeten Saturn wiederum präsentierte sich eingefaßt von seltsamen »Henkeln«, welche sich später in besseren Instrumenten als der berühmte Ring entpuppten. Und das schimmernde, wolkige Band der Milchstraße erwies sich beim Blick durchs Fernrohr als riesige, dichtgedrängte Ansammlung schwach leuchtender und unermeßlich ferner Sterne.

Doch: Hatte das nicht bereits der Grieche Demokrit festgestellt, jener antike Gelehrte, der auch schon von den Atomen sprach, Jahrhunderte vor Christi Geburt? Behauptete er nicht klipp und klar, das Nebelband der Milchstraße bestehe in Wahrheit aus unendlich vielen, unendlich weiten Sternen, deren Lichter wegen ihrer großen Entfernung zu einem blassen Leuchten verschmelzen? Stand Demokrit vielleicht doch mehr als nur eine gehörige Portion Phantasie und Eingebung zur Verfügung, als er zu dieser modernen Auffassung gelangte?

Und gleich noch eine andere interessante Frage: Wie überhaupt verhielt es sich mit der Aufrichtigkeit des Nikolaus Kopernikus? Im Originalmanuskript seines Hauptwerkes erwähnt er beiläufig, daß bereits der griechische Denker Aristarch von Samos – ganz wie er selbst – die Sonne als ruhenden Pol in den Mittelpunkt seines Weltgebäudes stellte und alle Planeten einschließlich der Erde um sie kreisen ließ. Kurz vor der Drucklegung im Jahre 1543 (dem Todesjahr des Kopernikus) strich der berühmte Astronom dann aber doch noch schnell jenen Passus über Aristarch aus dem Text. Fall erledigt.

Nicht viele Schriften Aristarchs haben die Zeiten überlebt, auch sein Manuskript über das heliozentrische Weltbild ist

verlorengegangen. Allerdings berichten andere verläßliche Quellen darüber. Woher bezog der Gelehrte sein Wissen?
Allem Anschein nach kannten also sowohl Demokrit als auch Aristarch vor mehr als 2000 Jahren Fakten über den Weltraum, die eigentlich nur mit Hilfe von Teleskopen ausfindig gemacht werden konnten. Verfügten sie lange vor Galilei oder Bacon schon über »optische Verstärker«?
Besaßen die alten Griechen etwa schon ein Fernrohr? Abwegig? Auf den ersten Blick vielleicht. Und doch, es gibt zahlreiche Hinweise darauf.
1884 stieß der englische Ägyptologe Sir Flinders Petrie bei Grabungen im östlichen Tempelbezirk von Tanis, Ägypten, auf einen seltsamen gläsernen Gegenstand, eine uralte schmutzige Linse. Sie schien einwandfrei bearbeitet und geschliffen zu sein – auf der einen Seite konvex (bauchig), auf der anderen eben. Petrie war einer der erfahrensten Altertumsforscher seiner Zeit. Durch seine Grabungen in Amarna, dem einstigen Achet-Aton, Stadt des Ketzerkönigs Echnaton und dessen Gemahlin Nofretete, gelangte er zu Weltruhm.
Nun, jener scheinbar relativ unbedeutende Fund in den Ruinen von Tanis war in Wirklichkeit selbst für Sir Flinders etwas Besonderes. Im ersten Teil seines Grabungsberichtes vermerkt er: »Einige Linsen fand man in Pompeji, im Laden eines Graveurs, und ich habe gehört, daß eine weitere in Ägypten gefunden wurde, aber diese hier ist so ungewöhnlich, daß wir Gründe nennen können, warum wir sie für eine Linse halten. Sie besteht aus bemerkenswert klarem und farblosem Glas; sie ist beidseitig hochpoliert …; der einzige andere Zweck, dem sie gedient haben könnte, wäre eine Verwendung als Schmuckknopf in einem Brustharnisch, oder als irgendeine ähnliche Art Zierde. Dann aber wäre sie wahrscheinlich eingefärbt, um Granat oder Smaragd zu imitieren.«

Die Tanis-Linse hat einen Durchmesser von nicht ganz sieben Zentimetern. Sowohl diese Größe als auch besonders ihre Form und fehlende Färbung schließen eine Verwendung als Schmuckstein aus. Entsprechend wird sie heute auch ohne Fragezeichen als optische Glaslinse geführt – Entstehungszeit nach Ansicht der Fachleute: 200 vor Christus. Das ist ziemlich genau die Zeit, zu der Demokrit und Aristarch lebten und zu wahrhaft erstaunlichen Einsichten (!) in den Bau des Alls gelangten.
Flinders Petrie fand übrigens im gleichen Gebäude der Haupttempelanlage von Tanis, im Haus Nummer 44, ein weiteres Linsenbruchstück. Und auch aus den Ruinen anderer antiker Stätten gelangten solche optisch geschliffenen Gläser nach Zeitaltern der Vergessenheit wieder ans Tageslicht. Sie müssen teilweise noch wesentlich älter sein als die Tanis-Linse.
Schon 1852 führte der englische Archäologe Charles Brewster eine Linse aus Bergkristall vor, die er in der assyrischen Hauptstadt Ninive ausgegraben hatte. Im benachbarten Nimrud fand sich gleichfalls eine uralte Linse, deren Brennweite noch deutlich feststellbar war: exakt 10,5 Zentimeter. Das seltene Stück dürfte rund 3000 Jahre alt sein!
Also läßt sich nicht mehr bestreiten, daß selbst die ältesten Kulturen keineswegs nur die Herstellung von Glas beherrschten, sondern außerdem über genügend Know-how verfügten, daraus – wie auch aus anderen geeigneten Materialien – optische Elemente zu schleifen.
Noch weit erstaunlicher aber wird all dies durch einige Entdeckungen ganz anderer Art.
Ein 4000 Jahre altes babylonisches Rollsiegel beispielsweise zeigt den Planeten Venus, abgebildet als Sichel. Daneben ist das Symbol der Venus-Göttin Mylitta eingearbeitet. Kein Zweifel also an der Identität. Auf einer anderen Darstellung schwebt Nisroch, der assyrische Saturn-Gott, innerhalb ei-

nes Ringes. Kannten also die alten Völker des Zweistromlandes solche mit bloßem Auge unsichtbaren Himmelsphänomene? Über den Saturnring sollen sie sogar gewußt haben, daß er seine Gestalt mit der Zeit verändert! Gelegentlich würde er vollkommen verschwinden und von »Nebensternen« ersetzt.

Nicht ganz so genau konnte einige Jahrtausende später dann Galilei diesen Vorgang beobachten. Ende des Jahres 1608 schienen sich die zusätzlichen, henkelförmigen Lichtlein, die er beiderseits der Planetenkugel gewahrte, in Luft aufzulösen. In Wirklichkeit nahm der Saturn einfach eine Bahnposition ein, bei der von der Erde aus nur noch die schmale Kante des Ringes als hauchdünne Linie zu sehen ist. Das schwache Instrument Galileis zeigte davon freilich nicht die geringste Spur. Völlig verblüfft, ja fast enttäuscht über den plötzlich so »entblößten« Planeten notierte er damals: »Was soll man nun über eine derart wunderliche Verwandlung sagen? Wurden die beiden kleineren Sterne aufgezehrt? Hat Saturn am Ende vielleicht seine eigenen Kinder verschlungen?« Als ein paar Monate später die Erde dann wieder genügend weit von der Ebene der Ringe entfernt war, um den Blick auf jene planetare Bauchbinde erneut freizugeben, war Galileis Verwirrung endgültig perfekt: Nun also spuckte der Himmelskörper seine beiden Begleiter augenscheinlich wieder aus.

Eine mythologische Parallele zu diesen Vorgängen war dem Italiener ja bereits aufgefallen, allerdings ohne dabei auch nur im mindesten irgendeinen tieferen, realen Zusammenhang zu vermuten.

Wenn aber die griechische Sage zu erzählen weiß, Kronos (= Saturn) habe in einem Anfall von Kannibalismus seine Kinder verschlungen und einige Zeit später wieder unversehrt ausgespuckt, dürfte dies nicht bloß ein kurioser Zufall sein. Viel wahrscheinlicher ist, daß hier jenes uralte mesopotamische Wissen über den Ring des Nisroch in die antike Mythenwelt eingeflossen ist und, lediglich in ausgeschmückterer Form, weitergegeben wurde.

Sicherlich war der nächtliche Sternenhimmel vor 4000 Jahren klarer als heute, vielleicht besaßen die Menschen damals auch noch etwas bessere Augen als wir. Den Ring des Saturn oder auch die Venusphasen hätten sie dennoch nie und nimmer mit bloßen Augen entdecken können.

Selbst von den winzigen beiden Monden des Mars – sie wurden erst Ende des 19. Jahrhunderts entdeckt – sollen jene ersten Astronomen gewußt haben!

Woher bezogen sie ihr ungeheures Wissen? Möglicherweise hatten schon die Babylonier tatsächlich Fernrohre. Doch bei genauerem Hinsehen reicht diese Erklärung längst nicht aus.

Genausowenig verständlich sind die Gerüchte und Legenden um den Grafen Albertus Magnus, selbst wenn nur die Hälfte davon reale Hintergründe besäße. Dieses Universalgenie zeichnete sich durch schier übermenschliche Fähigkeiten aus. Seine Erfindungen muten noch heute, nach nunmehr über 700 Jahren, durchweg futuristisch an. Woher bezog er seine Ideen, sein Wissen?

Leser alter Schriften geraten zuweilen in befremdliche Konflikte! Immer dann, wenn Entstehungszeit und Inhalt der längst vergilbten Manuskripte partout nicht zusammenpassen wollen, befällt sie auf der Stelle ein deutliches, nicht leicht abzuschüttelndes Gefühl des Unbehagens. Und dies wohl zu Recht. Schließlich können derartige Paradoxien nicht einfach hingenommen oder gar verschwiegen werden. Wer denn würde nicht unweigerlich in anhaltende, tiefe Grübelei verfallen, wenn er aus vor Jahrhunderten verfaßten Büchern von »sprechenden Maschinenköpfen« und ähnlichen Anachronismen Kunde erhielte? Ganz offensichtlich stimmt hier etwas nicht. Welche Geheimnisse aber stehen hinter solcherlei Texten? Handelt es sich um bloße Phantasieprodukte, oder waren manche *Eingebungen* von »Magiern« nach dem ungewöhnlichen Schlage eines Grafen von Bollstädt etwa wirklich geistige Anregungen *von außen*? Ein zunächst wahrhaft undenkbar erscheinender Gedanke. Doch das Rätsel läßt einfach nicht ruhen! So steht unvermeidlich die Frage im Raum:

Gibt es andere alte Überlieferungen, die eine noch deutlichere Sprache sprechen, Überlieferungen, die auf *Kontakte* zwischen einzelnen Menschen und fremden Intelligenzen hinweisen?

Beginnen wir also mit der Suche nach Zeugen und Zeugnissen für das Unmögliche.

3 Der Stern der Isis
Schlüssel zum Geheimnis der Götter?

»*Ich bin die Seele, die Hemmung nicht kennt im*
  Vorwärtsschreiten.
Und mein Name – Geheimnis.
Ich bin das Gestern.
›Der Beschauer von Jahrmillionen‹.
So ist mein Name.
Die Pfade des Himmels durchlauf' ich,
Und ausgerufen werd' ich zum Fürsten der Ewigkeit,
Zum Meister der Königskrone.
Im Horus-Auge, im Weltenei verweil' ich.
Das Horus-Auge verleiht das ewige Leben,
Und es beschützt mich, auch wenn es sich schließt.
Von Strahlen umringt durchzieh' ich die Bahnen.
Des Herzens Wunsche gehorchend gelang' ich überall hin.
Ich lebe und ich lebe …
Horus bin ich, der Jahrmillionen durchläuft.
In meinem Munde streng abgewogen sind Reden und
  Schweigen.
Auf meinem Throne sitzend erteil' ich Befehle …
Seht, ich bin Unnefer, das vollkommene Wesen,
Gott, der nach Zeitenrhythmen sich richtet …
Einsam, allein bin ich … Einsamer Wanderer,
Des Himmels Weiten durchzieh' ich.
Ich weile im Horus-Auge; nichts Böses kann mich befallen …
Ich bin das Gestern.
Ich bin das Heute der unzähligen Geschlechter.

Ich bin euer Beschützer, solange ihr lebet ...
O ihr, Bewohner der Erde, des Himmels,
Im Norden, Süden, Westen und Osten!
Wahrlich, Angst ergreift euer Herz, wenn ihr mich anschaut!
Denn ich habe mich selber geformt und gemeißelt.
Nicht zweimal werd' ich die Pforte des Todes durchschreiten.
Mein Wesen sendet zu euch nur wenige Strahlen.
Aber die vielfachen Formen bleiben verborgen in mir.
Denn niemand vermag mich je zu erkennen ...
Und im blendenden Licht erstrahlt meine Seele.
Ein Wesen bin ich von Mauern umgeben,
Inmitten des Weltalls von Mauern umgeben.
Ein Einsiedler bin ich inmitten der Wüste ...
Niemand kennt mich,
Aber ich kenne euch.
Niemand kann mich ergreifen,
Aber ich kann euch ergreifen.
O Weltenei! Erhöre mich!
Ich bin Horus von Jahrmillionen!«

Aus dem »Ägyptischen Totenbuch«
(eigentlich: »Heraustreten ins Tageslicht«)

> »Noch lagen Himmel, Erde und Meer
> in geisterhaft glasiger Dämmerblässe,
> noch schwamm ein Stern im Wesenlosen.«
>
> THOMAS MANN, »Tod in Venedig«

Der blinde alte Mann setzte sich wie gewohnt auf die Schwelle seines einfachen Hauses. Aus dem ledernen Behälter, welchen er stets über dem zerschlissenen Umhang trug, holte er ein gelbliches Pulver hervor und stäubte es auf die Zunge. »Tabak«, erklärte er, »sorgt fürs klare Denken.« Der betagte Weise stützte die Arme auf die Knie und verschränkte seine Hände über dem gesenkten Haupt. Nun war er bereit, die Gegenwart zu verlassen und eine gedankliche Zeitreise zum Schöpfungsbeginn, zu den Ursprüngen seines rätselhaften Volkes zu unternehmen.

Der Dogon-Priester Ogotemmêli zählte zu den wenigen Eingeweihten seines Stammes. Im Oktober 1946 gab er dem französischen Anthropologen Marcel Griaule im Verlauf von 33 aufeinanderfolgenden Tagen Einblick in die erstaunliche Kosmologie der Stammesgemeinschaft der Dogon, die in Gebieten in Mali, südlich der Sahara, ansässig ist.

Die Dogon wissen viel – sie wissen zu viel. Und sie sind schon seit Jahrhunderten, wohl gar seit Jahrtausenden Bewahrer dieses Wissensschatzes.

Ihre Religion, ihre gesamte Weltsicht ist zentriert auf einen kleinen Ausschnitt unseres Weltalls: auf das Sternsystem des Sirius im Großen Hund, einer in klaren Winternächten sichtbaren Konstellation. Nun ist Sirius der hellste Stern am irdischen Nachthimmel. Warum sollte es da wundernehmen, wenn ein so naturnahes Volk wie das der Dogon ihm besondere Aufmerksamkeit schenkt? Die Antwort ist einfach. Um so weitreichender und komplizierter aber sind die Konsequenzen, denn die Dogon zeigen sich nicht so sehr am

strahlenden Sirius selbst interessiert wie an dessen äußerst lichtschwachen Begleitstern, heute bekannt als »Sirius B«. Ihr gesamter Kultus ist auf dieses für sie unsichtbare Himmelsobjekt gerichtet.
Das klingt nun tatsächlich sehr verwunderlich. Überdies behaupten sie unumwunden, fremde Wesen aus dem All hätten ihnen ihr gesamtes Wissen vermittelt. Das wiederum klingt allerdings schlichtweg unfaßbar.
Himmelskundler der »zivilisierten Welt« fanden erstmals 1844 Hinweise auf die Existenz des kleinen Sternchens Sirius B. Damals nahm Wilhelm Bessel, Mathematikgenie und Astronom, »Witterung« auf, als er Schwankungen in der Bahnbewegung des Sirius entdeckte. Der Stern schien offenbar von der Schwerkraft einer anderen, bislang unsichtbaren Masse aus dem Gleichgewicht gebracht zu werden. Denn kein Teleskop zeigte mehr als den einen gleißend hellen Stern: Sirius. Gab es demnach auch dunkle, nichtleuchtende Sterne? Heute würden wir in einer ähnlichen Situation vielleicht an »Schwarze Löcher« denken oder an die geheimnisvolle »Dunkle Materie«, die derzeit die Gemüter der Astrophysiker erregt, doch davon war zu Bessels Zeit noch keine Rede. Immerhin, aus dem seltsamen Hin und Her des überdeutlich sichtbaren Sirius A ließ sich eine Umlaufbahn für den verborgenen »Dunkelstern« rekonstruieren.
Am 31. Januar 1862 schließlich war es soweit: Der amerikanische Optiker Alvan Clark hatte wieder eines seiner berühmt guten Teleskope fertiggestellt, ein großes Instrument mit einer Linse von fast einem halben Meter Durchmesser. Um die Leistungsfähigkeit bis aufs Äußerste zu beanspruchen, suchte er sich das denkbar schwierigste Testobjekt aus – den bis dahin unauffindbaren Siriusbegleiter. Und wirklich, ganz nahe dem brillanten Hauptstern, eingebettet in dessen blendende Strahlenkrone, funkelte ein winziges Etwas, sehr schwach zwar, aber doch vorhanden. Bald konnten

andere Beobachter Clarks Entdeckung bestätigen. Sirius B war endlich aus dem vermeintlichen Nichts aufgetaucht – und mit ihm eine ganze Menge Probleme.
Was mochte das überhaupt für ein eigenartiger Stern sein, der – obwohl nicht weiter von der Erde entfernt als Sirius A – zehntausendmal schwächer leuchtet? Ist Sirius B etwa eine stellare Frühgeburt, ein Spätzünder oder aber eine Art kosmische Sparflamme?
1915 stellte sich paradoxerweise heraus, daß dieser seltsame Stern sogar ziemlich hell strahlt, seine Oberfläche glüht vor Hitze weiß! Einzig mögliche Schlußfolgerung: Der Stern muß ungewöhnlich klein sein, ein absoluter Winzling, der zwar nach allen Kräften »heizt«, wegen seiner zwergenhaften Ausdehnung aber dennoch nur ganz wenig Strahlung abgeben kann.
Mit der Zeit fanden sich ähnliche Sternenexemplare auch in anderen Weltraumgegenden. Aufgrund ihrer Farbe und Größe nannten die Astrophysiker solche Liliputanersterne fortan »Weiße Zwerge«. Und mittlerweile steht fest: Diese Objekte sind verendende Sonnen; auch unsere Sonne wird dieses Schicksal erleiden, allerdings erst in einigen Milliarden Jahren. Wie die anderen Weißen Zwerge besteht auch Sirius B aus überdichter, sogenannter »entarteter« Materie. Atome können darin in ihrer üblichen Form nicht mehr weiterexistieren. Früher lieferte das nukleare Sternenfeuer genügend Hitze und Druck, um den Stern gegen seine zum Zentrum drängende Schwerkraft zu stabilisieren. Nach dem Verlöschen der »Antriebsquelle« aber fiel diese innere Stütze weg, der Himmelskörper brach unter der eigenen Masse zusammen und zerquetschte dabei die Atome regelrecht. Die negativ geladenen Elektronen, die normalerweise um den positiven Atomkern kreisen und deren Bahnen die Atome voneinander abgrenzen, konnten die Kräfte nicht mehr abfedern. In Weißen Zwergen liegen die Atomkerne dicht ge-

drängt aneinander, so daß sich die Materiedichte millionenfach erhöht. Sirius B ist nur knapp doppelt so groß wie die Erde, enthält auf diesem engen Raum aber ebensoviel Masse wie unsere Sonne – ein Becher Sirius-B-Materie würde auf der Erde soviel auf die Waage bringen wie vierzig Mittelklassewagen!

Gegen Ende der zwanziger Jahre hatten die Astrophysiker diesen Kenntnisstand erreicht. Wie aber beschreiben ihrerseits die Dogon nun jenen Sirius-Begleiter, den sie ja nachgewiesenermaßen kennen?

In ihrer Sprache nennen sie ihn »po tolo«, vergleichen ihn also mit einem winzigen Getreidekorn, denn »po« bedeutet »Hungerreis« (in Westafrika bekannt als *fonio,* unter Botanikern als *Digitaria exilis*). »tolo« heißt nichts anderes als »Stern«. Po tolo – der »Hungerreis-Stern« also – ist nach Ansicht der Dogon der kleinste Stern im Sirius-System – und zugleich der komprimierteste! Wie sie sagen, besteht er aus »sagala«, einem Metall, das glänzender ist als Eisen und »so schwer, daß alle Erdenwesen zusammen es nicht heben könnten«. Kann man den Zustand des Sirius B mit einfachen Worten besser beschreiben?

Auch über den Aufbau dieses Sternsystems wissen sie genauestens Bescheid. Ihre Beschreibungen spiegeln die tatsächlichen Verhältnisse exakt wider: Der »Hungerreisstern« umläuft »sigi tolo« (Sirius A) auf einer eiförmigen (elliptischen) Bahn und benötigt für einen vollen Zyklus fünfzig Jahre.

So viele Übereinstimmungen können unmöglich bloßes Produkt von Phantasie und Zufall sein ...

Mehr als zwei Jahrzehnte lebten Marcel Griaule und seine Kollegin Germaine Dieterlen mit Angehörigen des Dogon-Volkes zusammen. Bereits in den dreißiger Jahren gewannen sie das Vertrauen von vier Priestern, die vor ihnen, ganz wie der blinde Ogotemmêli, Szenarien eines schier unglaubli-

chen Weltbildes entfalteten. Die beiden französischen Forscher erwarben sich im Lauf der vielen Jahre bei den Dogon außergewöhnlich hohes Ansehen. Zur Beerdigung Griaules 1956 in Mali erschienen rund 250 000 Stammesmitglieder, um ihm die letzte Ehre zu erweisen!
Niemandem zuvor war gelungen, derart tief in die Mysterien dieses afrikanischen Volkes einzudringen, doch nicht einmal Griaule und Germaine Dieterlen waren sich im entferntesten der wirklichen Tragweite ihrer Forschungen und der revolutionären Bedeutung der Dogon-Lehren bewußt.
Auf die Frage nach der Herkunft des rätselhaften Dogon-Wissens hatten freilich manche Fachastronomen sehr schnell eine »plausible« Antwort parat. Deren Gelehrsamkeit allerdings wurde nur noch von ihrer Oberflächlichkeit überboten. Wie dem auch sei – ihrer Ansicht nach schien es doch klar auf der Hand zu liegen, daß jenes primitive Volk auf den Hombori-Bergen von Mali recht bald nach der Jahrhundertwende Kontakt mit westlichen Forschungsreisenden hatte, die ihnen noch vor der Ankunft von Monsieur Griaule und Madame Dieterlen die neuesten Entdeckungen aus der Astronomie einpaukten. Natürlich vereinnahmten die Dogon diese Ergänzungen auch bereitwillig für ihre eigene, ohnehin diffuse Mythologie und behaupteten nur ein paar Jahre darauf, ihre Sternenlehre sei uralt.
Aber im Ernst, könnte das eine mögliche, schlüssige Erklärung sein? Könnten beispielsweise missionierende Geistliche den Dogon astronomische Kenntnisse beigebracht haben? Das wäre eine einleuchtende Möglichkeit, auf den ersten Blick. Nur gab es vor 1949 im Dogon-Gebiet keine Missionarstätigkeit. Und selbst wenn es sie gegeben hätte, das Sirius-Mysterium wäre damit noch lange nicht gelöst.
Alle 60 Jahre feiern die Dogon ihr »Welterneuerungsritual«, die Sigui-Zeremonie, bei der das Sigui-System, also Sirius A/B, unbestritten die zentrale Rolle spielt. Nur aus Grün-

den, die mit der komplexen Geheimlehre der Dogon in Zusammenhang stehen, beträgt das Intervall zwischen zwei Sigui-Festen 60 Jahre. Tatsächlich aber verbirgt sich hinter dem auffallend großen zeitlichen Abstand der Feste nichts anderes als die fünfzigjährige Umlaufperiode von Sirius B. Auf diese Beziehung legen die Dogon selbst freilich größten Wert, bildet sie doch die Basis ihres Weltgebäudes und ihrer Religion. Zu jeder Sigui-Feier fertigen die Stammesangehörigen riesige hölzerne Masken an, die nach Beendigung der Festlichkeiten in heiligen Schreinen, großen Felsverstecken, »archiviert« werden. Die ältesten Reste dieser Ritualmasken stammen aus der ersten Hälfte des 13. Jahrhunderts – entsprechend alt ist damit also auch die Sigui-Tradition und das Sirius-Wissen der Dogon. Doch zu Zeiten der ersten Siguis war mit Sicherheit kein irdischer Missionar oder Astronom zur Stelle, um ihnen vom supermassiven Weißen Zwerg Sirius B zu erzählen!

Die Dogon selbst aber, was wohl am wesentlichsten ist, behaupten steif und fest, ihr Wissen stamme von niemand anderem als ihrem Schöpfergott Nommo, der von den Sternen kam und sich auch wieder dorthin zurückbegab. Genauer gesagt, es waren ihrer Schilderung nach sogar mehrere Nommos, Kulturbringerwesen, welche der All-Gott Amma zur Erde gesandt hatte.

Mit sehr eindringlichen Worten vermögen die Dogon-Priester sogar von der Landung einer »Nommo-Arche« zu erzählen, die nordöstlich des Dogon-Gebietes vom Himmel herabgekommen sein soll. »Die Arche landete auf dem trockenen Land des Fuchses und versetzte einen Haufen Staub, den der von ihr erzeugte Wirbelwind hochriß ... Die Heftigkeit des Aufpralls rauhte den Boden auf ... sie wirbelte über den Boden ...« Der Flugkörper war, wie sie sagen, »so rot wie Feuer ... als er landete, wurde er weiß ... Das Wort des Nommo wurde bei seinem Abstieg in die vier Himmelsrich-

tungen gegossen, und es klang wie das Echo von vier großen Steinblöcken in einer sehr kleinen Höhle am Debo-See, auf die die Kinder in bestimmten Rhythmen Steine werfen.« – In der Sprache der Dogon bedeutet »Wort« auch soviel wie »Luft«, sie beschreiben damit also eindeutig die starke Luftdruckwelle, die von der herabsteigenden »Arche« ausging, und die donnernden Landegeräusche, welche sie mit dem ohrenbetäubenden Echo vergleichen, das aneinandergeschlagene Steine in einer Felsenhöhle erzeugen.
Alles in allem gibt die Dogon-Tradition wohl unfraglich die Vorgänge während einer Raumschifflandung wieder: den Lärm der Abstiegsphase, die Zündung der feurigen Bremsraketen und das Aufwirbeln von Staub beim Aufsetzen. Der Flugkörper selbst erschien als ein prismen- oder pyramidenförmiges Objekt mit einer quadratischen Plattform. »Als unser Ahnherr vom Himmel herabstieg«, erläuterte Ogotemmêli, der Eingeweihte, »stand er auf einem quadratischen Stück Himmel ... Es war ein Stück himmlischer Erde ... so dick wie ein Haus. Es war zehn Ellen hoch und hatte Treppen auf jeder Seite zu den vier Himmelsrichtungen.«
Stellen wir nun einmal die Vertrauensfrage: Wie steht es um die Glaubwürdigkeit solcher Aussagen? Warum sollten außerirdische Wesen ausgerechnet einem primitiven afrikanischen Stamm soviel Aufmerksamkeit und Wissen geschenkt haben? Oder gibt – bzw. gab es – Volksgruppen anderer Kulturkreise, die von ähnlichen unglaublichen Begegnungen berichten? Existieren entsprechende Überlieferungen, möglicherweise in verschlüsselter Form? Wenn sie existieren, dann mag am Ende vielleicht doch die Offenbarung des sagenhaften Hermes Trismegistos (des »Dreimal Größten Hermes«) zutreffen, der von den Ägyptern als Gott Thoth verehrt wurde und als antiker Nostradamus gelten kann:
»Weißt du nicht, o Asklepios, daß Ägypten das Bild des Himmels und das Wiederspiel der ganzen Ordnung der

himmlischen Angelegenheiten hienieden ist? Doch du mußt wissen: Kommen wird eine Zeit, da es den Anschein haben wird, als hätten die Ägypter dem Kult der Götter vergeblich mit soviel Frömmigkeit obgelegen, als seien all ihre heiligen Anrufungen vergeblich und unerhört geblieben. Die Gottheit wird die Erde verlassen und zum Himmel zurückkehren, da sie Ägypten, ihren alten Sitz, aufgibt, verwaist von Religion, beraubt der Gegenwart der Götter ... Dann wird dies von soviel Heiligtümern und Tempeln geheiligte Land mit Gräbern und Toten übersät sein. O Ägypten, Ägypten! Von deiner Religion werden nur leere Erzählungen, die die Nachwelt nicht mehr glauben wird, und in Stein geschlagene Worte bleiben, die von deiner Frömmigkeit erzählen.«
Tatsächlich haben wir doch den geistigen Kontakt zu unseren Vorfahren verloren, trotz aller Geschichtswissenschaft und archäologischen Forschung. Verfallene Gräber werden geöffnet, versunkene Städte wieder ausgegraben, Inschriften entziffert – wir messen, sortieren, bewerten die Relikte der Zeit und unserer Ahnen nach den verschiedensten Kriterien, doch würdigen oder verstehen wir sie damit wirklich? Wenn wir auch den Staub der Jahrtausende von all jenen Entdeckungen und Funden wischen, er bleibt dennoch weiterhin bestehen, verbreitet sich im Raum und trübt unseren Blick. Wer vertraut schon blind? So haben wir gleichsam den Glauben an unsere frühen Väter und deren Überlieferungen verloren. – Die Zeit heilt viele Wunden, doch reißt sie auch tiefe Klüfte, Klüfte des Begreifens. Was dann bleibt, sind »leere Erzählungen, die die Nachwelt nicht mehr glauben wird.« – *Wer wird uns einst glauben?*
Dort aber, wo verschiedene Kulturen Ähnliches tradieren, dort sollten auch wir Skeptiker aufhorchen. Vielleicht haben dann selbst wir, die uns die Zeiten erblinden ließen, noch die Chance, ein Körnchen Wahrheit zu finden – vielleicht sogar in Form eines Körnchens Hungerreis!

Ein Blick auf die afrikanische Kulturlandschaft, wie sie sich vor einigen Jahrtausenden präsentierte, führt ohne Umschweife nach Ägypten. Die gewaltige Mythologie, die sich im ewig faszinierenden Land am Nil entwickelte, scheint angefüllt von mysteriösen Andeutungen, von Geheimlehren, die mit dem Rätsel um Sirius und dem Wissen der Dogon in Zusammenhang stehen.

Nach übermenschlichen Anstrengungen war es dem Franzosen Jean François Champollion im Jahr 1822 endlich gelungen, die so obskur anmutenden hieroglyphischen Zeichen der Ägypter zu entziffern – einmal notierte er während der erschöpfenden Detailarbeit: »Mein koptisches Wörterbuch wird von Tag zu Tag dicker, mit seinem Verfasser geschieht das Gegenteil!« Das dem Griechischen verwandte Koptische erwies sich für das Sprachgenie Champollion als wesentlicher Schlüssel zur ägyptischen Bilderschrift. Nachdem er ihren »Code« geknackt hatte, stürzte er ohnmächtig zu Boden und blieb für volle fünf Tage bewußtlos. Doch dann konnte er stolz verkünden: Das Geheimnis um die heilige ägyptische Schrift war gelüftet. Von ihm. *Er* hatte die schweigenden Zeichenfolgen enträtselt. Hatte er sie damit auch entzaubert? »Das Verständnis der alt-ägyptischen Schrift, an sich betrachtet, führt eigentlich nirgendshin«, stellt hierzu etwa ernüchternd der Pariser Philosophieprofessor Gregoire Kolpaktchy fest. Das Mysterium der ägyptischen Kultur vertieft sich seiner Einschätzung nach durch diese Erkenntnis sogar wieder um eine weitere Stufe: »Die Weisheit jenes seltsamen Volkes ist einem der mittelalterlichen Schlösser ähnlich, welche konzentrische Befestigungsmauern besaßen. Wenn man den äußeren Gürtel erobert hatte, befand man sich vor einer zweiten Mauer, noch trotziger und unbezwinglicher als die erste: diejenige der esoterischen Zeichensprache.«

Ganz ähnlich scheint es sich mit der ägyptischen Mytholo-

gie selbst zu verhalten. Überlieferungen und Legenden, Ausschmückungen und Realität scheinen in einem komplizierten Netzwerk aufs feinste miteinander verflochten zu sein. All die mythischen Ereignisse erweisen sich als schlicht durch starke Vereinfachung oder Konkretisierung chiffrierte Botschaften – wir vermögen offenbar nur die Spitze der Pyramide zu erblicken!
In der Götterhierarchie der alten Ägypter stehen Isis und Osiris unbestritten sehr weit oben. Osiris galt ihnen als Nachfolger des Erdgottes Geb und wurde unter dem zweiten Namen »Wenennufer« (»ewig gutes Wesen«) allseits geliebt und geehrt. Sein Bruder Seth aber neidete ihm diesen Ruf, er lockte Osiris in einen Hinterhalt, brachte ihn um und zerstückelte den Leichnam.
Isis, zugleich Schwester und Gemahlin des heimtückisch Ermordeten, machte sich auf die mühevolle Suche nach den Leichenteilen, die Seth über das ganze Land verstreut hatte. Nachdem sie alle sterblichen Überreste gefunden und – fast nach Art des Dr. Frankenstein – wieder zusammengefügt hatte, machte sich Isis mit dem Beistand ihrer Schwester Nephthys sowie des Gottes Thoth daran, dem Körper des Osiris durch den Lufthauch ihrer Flügel neues Leben einzuflößen. Osiris erstand daraufhin tatsächlich wieder auf, wenn auch im Jenseits. Durch diese Wiedererweckung wurde er zum Garanten für das Fortleben über den Tod hinaus.
Ihre anscheinend unbegrenzte Macht hatte Isis der Überlieferung zufolge mit einer List erlangt, durch die sie den geheimen Namen des obersten Gottes (Rê) erfuhr. Isis gilt als die »erste Bewohnerin des Himmels«; mit ihrem Namen aufs engste verbunden ist »Satisi« oder »Sothis«. Dahinter verbirgt sich nichts anderes als der Stern Sirius. Das benachbarte Sternbild Orion setzten die alten Ägypter einst als »sah« – was sie wie »sech« aussprachen – dem Osiris gleich, dem Gefährten von Isis-Sothis-Sirius. Jeder Gegenwarts-

astronom würde, gefragt nach einem Gefährten oder Begleiter des Sirius, antworten, es gäbe da einen zweiten Stern, eben Sirius B. Die Bozo, ein eng mit den Dogon verwandter Stamm, kennen Sirius B gleichfalls und nennen ihn seltsamerweise den »Augenstern«. – Eigenartig, denn: Auch die hieroglyphische Form des Namens Osiris enthält – neben einem stilisierten Thron – die Darstellung eines Auges. Wiederum also ein Sirius-Gefährte mit Augensymbol! Könnte darin ein echter Zusammenhang bestehen? Wußten die Ägypter ebenfalls von Sirius B?
Der amerikanische Orientalist und Sanskrit-Experte Robert K. G. Temple hat in jahrelanger Sisyphusarbeit antike Mythen, insbesondere aus griechischen, ägyptischen, sumerischen und babylonischen Quellen, durchforstet, einzig um der immer mysteriöser werdenden Sirius-Frage nachzugehen. Was zunächst nur spärlich begründet schien, entwickelte sich nach und nach zu einer wahren Flut an versteckten Hinweisen und deutlichen Parallelen zum unheimlichen Dogon-Wissen.
Wer den Spuren der »Nommos« folgen will, muß bereit sein, sich in ein schier endloses Labyrinth der Mysterien zu wagen, um auf diesem Wege in die sagenhafte Realität einer scheinbaren Phantasiewelt eindringen zu können.
Die verblüffende Fülle »verdächtiger« mythologischer Details führt die lapidare Allerwelts-Erklärung, es handele sich bei alledem lediglich um einen – zugegebenermaßen kuriosen – Zufall, schlichtweg ad absurdum. Wieder stellt sich der Satz unter Beweis, nach dem das Ganze mehr als die bloße Summe seiner Teile ist, was, nebenbei bemerkt, wieder ein wenig an das Schicksal des Osiris erinnert!
Im Personenkreis um Isis und Osiris taucht beispielsweise eine Göttin namens Anukis auf. Sie reist zusammen mit Isis in einer Barke über den Himmel – das Boot ist ein verbreitetes ägyptisches Bild für kosmische Abläufe und Vorgänge

am Himmel. Nun befindet sich aber noch ein drittes Wesen an Bord. Isis und Anukis sind in Begleitung der Göttin Satis unterwegs, ein Name, der aufhorchen läßt, ist er doch fast identisch mit einem der ägyptischen Sirius-Synonyme. Wer ist nun also Satis? Etwa ein dritter Stern im Sirius-Bunde? Tatsächlich existieren Berichte aus den zwanziger Jahren unseres Jahrhunderts, denen zufolge einige Astronomen einen weiteren Sirius-Begleiter entdeckt zu haben glaubten. Nach nur wenigen Sichtungen allerdings verschwand dieser Stern augenscheinlich wieder aus dem Blickwinkel und blieb bis heute verschollen. Vielleicht hat ihn seine Bahn in den vergangenen Jahrzehnten hinter den hellen Sirius A geführt, womit er freilich für uns vollkommen unsichtbar geworden wäre. Daß man ihn bislang nicht wiederfinden konnte, muß jedenfalls keineswegs heißen, seine potentiellen Entdecker hätten sich geirrt. Oft verhält es sich sogar umgekehrt: Längst verstaubte astronomische Aufzeichnungen, angefertigt vor Jahrzehnten, werden ganz plötzlich wieder aktuell, wenn neue Riesenteleskope oder Raumsonden die alten Beobachtungen bestätigen. So mag auch Sirius C kein »Gespenst« sein. Übrigens kennen auch die Dogon einen dritten Stern, die »Sonne der Frauen« – *emme ya*.
Im magischen Traktat »Der Augenstern des Kosmos« (!), der etwa um die Zeitenwende datiert, ist interessanterweise von einem »Schwarzen Ritus« die Rede, in den Isis eingeweiht war. Wiederum spielt Sothis (der »Augenstern«) die Hauptrolle. Und wieder ist von einem Wesen die Rede, welches einer fremden Rasse entstammte, einer Rasse, die alle Kultur auf die Erde brachte. »Mit dem Auftrag an seine Götterverwandten, sehr sorgfältig auf der Wacht zu sein«, stieg die Kreatur nach ihrer Mission zu den Sternen auf. Jenes Wesen wurde als »Hermes« bezeichnet. War es identisch mit dem sagenhaften Hermes Trismegistos?
Dunkle Geheimnisse, Schwarze Riten – immer wieder wird

Isis mit einer schattenhaften, vom Licht getrennten Kraft oder Zone in Verbindung gebracht. Genau wie ihre Schwester Nephthys wird sie oft als Mutter des schakal- oder hundsköpfigen Totengottes Anubis genannt. Eigenartig – ein Gott mit zwei Müttern, die zudem auch noch Geschwister sind. Zur kompletten Verwirrung wurde Anubis zuweilen sogar mit Osiris gleichgesetzt!
Geradezu abstrakt erscheinen die Isis-Gottheiten in einer Schilderung des griechischen Historikers Plutarch: »Unter Anubis versteht man den horizontalen Kreis, der den unsichtbaren Teil der Welt – sie bezeichnen ihn als Nephthys – vom sichtbaren trennt, dem sie den Namen Isis geben, und da der Kreis sowohl den Bereich des Lichtes wie den des Schattens berührt, kann er als beiden zugehörig gelten, woraus sich in ihrer Vorstellungswelt eine Ähnlichkeit zwischen Anubis und dem Hund ergibt, denn man beobachtete, auch Hunde wachen ja tagsüber ebenso wie nachts.« Wie Temple es sieht, könnte man »diese Beschreibung als Schilderung des Sirius-Systems auffassen. In ihr begegnet uns Isis als verkörperte Lichtsphäre, als Personifikation des Sichtbaren, ihre Schwester Nephthys dagegen als Verkörperung des Dunklen, Unsichtbaren, doch beiden gemeinsam ist ein horizontaler Kreis, der sie gleichzeitig scheidet – vielleicht die Umlaufbahn des dunklen Sterns rings um den hellen? Und außerdem stoßen wir hier auf einen Versuch, die Hundesymbolik zu deuten, die stets auf Sirius hinweist, der zu allen Zeiten den Namen ›Hundsstern‹ trug.«
Aus naheliegenden Gründen galt Anubis den alten Ägyptern als Schutzgott der Einbalsamierer. Siebzig Tage dauerte der Prozeß der Mumifizierung, genauso lange, wie Sothis, der Stern, unsichtbar unter dem Horizont verweilt. In antiker Zeit tauchte das auffällige Gestirn gewissermaßen nach der »Sommerpause« etwa gegen Anfang August eines jeden Jahres wieder in der Morgendämmerung auf, kurz vor Sonnen-

aufgang. Ein heiliges Ereignis für die Priesterschaft des Nillandes, die in den ersten Strahlen der Sothis Zeichen einer göttlichen Wiedergeburt erblickte. Gleichzeitig mit dem Sothisaufgang setzte die heißeste Zeit des Jahres ein, die bekannten Hundstage. Verständlicherweise schrieb damals jeder die große Hitze dem Sirius zu und nicht der Sonne. Während dieser Tage schienen Hunde ganz besonders aggressiv zu werden. Das führte später die Römer dazu, dem feurigen Sirius Hunde mit rötlichem Fell zu opfern, um sein Temperament zu besänftigen.

Den Babyloniern war Sothis als KAKKAB.LIK.KU bekannt, was einfach »Hundsstern« hieß und mit dem assyrischen KA.BU.SA MAS, »Hund der Sonne«, verwandt war. Ähnliches bedeutete der akkadische Name MUL.LIK.UD – »Hundsstern der Sonne«. Gelegentlich wurde Sirius sogar der Sonne vollkommen gleichgesetzt. Im indischen Sanskrit findet er sich als »Surya«, gleichzeitig ist das aber der Name des Sonnengottes. Nun ist ja ein Stern nichts anderes als eine fremde, ferne Sonne. Interessant: Die Inder kennen auch einen »Suryaloka« einen »Sonnenplaneten« also, der aber ebenso als »Siriusplanet« angesehen werden kann. Handelt es sich um dasselbe Objekt, welches die Dogon *nyan tolo* nennen, den »Stern der Frauen«? Er soll die schon erwähnte »Sonne der Frauen« (*emme ya*) umkreisen, also mit unseren Worten Sirius C.

Eine recht verwickelte Geschichte ...

Selbst wenn die Sumerer, die Ägypter oder die Babylonier Fernrohre besaßen, was ja durchaus im Bereich des Möglichen liegt, niemals hätten diese Geräte auch nur annähernd leistungsstark genug sein können, um die betreffenden Sterne oder Planeten zu zeigen. Erblickten die alten Völker diese Erscheinungen dennoch mit optischen Hilfsmitteln, dann mag die Frage angebracht sein, ob diese Teleskope denn wirklich von der Erde stammten!

Nicht ganz 50 Kilometer östlich von Monte Albán in Südmexiko befindet sich in der Ruinenanlage von Caballito Blanco ein seltsames altes Gebäude. Es besitzt eine Länge von etwa 15 Metern und einen pfeilförmigen Grundriß. Die Spitze des Pfeiles weist mit hoher Genauigkeit auf den Untergangspunkt des Sirius. Über die ungewöhnliche Gestalt des Baus äußerte sich der Archäoastronom Anthony F. Aveni von der amerikanischen Colgate-Universität: »Wir haben keine Hinweise für die geheimnisvolle Pfeilform des Grundrisses ...« und bemerkt einschränkend, daß nicht sicher sei, »ob das Gebäude in Caballito Blanco wirklich für eine astronomische Funktion entworfen wurde«. Wenn man allerdings in Rechnung stellt, daß Sirius in den verschiedensten Kulturkreisen auch als »Pfeilstern« bekannt war – z.B. als »Tishyia« in den uralten indischen Veden, ganz ähnlich dem persischen »Tishtriya«, oder auch als ^{mul}KAK.SI.DI der Sumerer – wenn man also dies bedenkt, dann scheint der Zusammenhang offenbar und zweifelsfrei.
Auch die alten Ägypter richteten ihre heiligen Tempelstätten nach bestimmten Sternen aus. So weist der Isis-Hathor-Tempel in Dendera auf den Aufgangspunkt des – wie könnte es anders sein – Sothissterns. Ähnlich orientierten sie andere Kultbauten. Und auch die Große Pyramide in Gizeh, die dem Pharao Cheops zugeschrieben wird, ist architektonisch mit dem Sirius eng verbunden: Wenn »Sothis« ihren Kulminationspunkt, also ihre größte Höhe über dem Horizont erreicht, strahlt ihr Licht im rechten Winkel auf die Südflanke der Pyramide.
Der bekannte Archäologe und Autor Philipp Vandenberg bemerkt im Zusammenhang mit der Cheops-Pyramide: »Auch der Pyramidenforscher Duncan Macnaughton ist der Meinung, daß die Pyramidengänge zur Beobachtung des Sirius angelegt worden sind. Nach Ansicht dieses Forschers konnte am Ende der langen dunklen Gänge Sirius sogar bei

Tag beobachtet werden, wenn seine Bahn zwischen 26° 18′ und 28° 18′ verlief.«

Tatsächlich geht von der Königinnen-Kammer, der kleineren der beiden Hauptkammern in der Cheopspyramide, ein langer Schacht aus, der exakt auf den Kulminationspunkt des Sirius weist. Insgesamt sind vier solcher Schächte in der Pyramide bekannt, von denen die Fachleute lange Zeit annahmen, sie dienten der Zufuhr von Luft in das stickige Innere des massiven Bauwerks. Vor kurzem jedoch machte eine sensationelle archäologische Entdeckung weltweit Schlagzeilen, die u. a. auch diese profane Erklärung sehr zweifelhaft werden läßt. Der Ingenieur Rudolf Gantenbrink vom Deutschen Archäologischen Institut in Kairo hatte einen winzigen ferngesteuerten Roboter konstruiert und gebaut, ein Raupenfahrzeug mit Kamera-Augen, das sich seinen Weg durch das Innere der Pyramide bahnte. Es durchstöberte Winkel, die seit Jahrtausenden kein Menschenauge mehr erblickt hat. Gantenbrink steuerte das ausgeklügelte kleine Gefährt genau in die nur 20 mal 20 Zentimeter messende quadratische Öffnung jenes »Luftschachtes« der Königinnen-Kammer. Zunächst verlief der Weg in der Horizontalen, dann, nach ungefähr zwei Metern, stieg der Schacht steil an, etwa im 45-Grad-Winkel nach oben und damit direkt in Richtung Sirius! Langsam arbeitete sich das Roboterfahrzeug die Schräge hinauf, bis es schließlich, nach einer beschwerlichen Strecke von 65 Metern, auf ein unüberwindliches Hindernis traf. Hier, immerhin noch gut 25 Meter von der Außenwand der Pyramide entfernt, befand sich eine kleine Tür, offensichtlich eine Schiebetür aus Alabaster oder gelbem Sandstein, die mit zwei kupfernen Handgriffen beschlagen war.

Am 22. März 1993, genau um elf Uhr und fünf Minuten, war Gantenbrinks Roboter auf ein neues Geheimnis der Großen Pyramide des Cheops gestoßen. Ausgerechnet im

»Sirius-Schacht« befand sich eine mysteriöse Tür, die möglicherweise in eine weitere Kammer führte, eine Kammer, deren Zugang die alten Baumeister für sage und schreibe viereinhalb Jahrtausende vor der Nachwelt zu verbergen vermochten. Weitere Forschungen sollen dieses Geheimnis nun lüften. Sie sollen klären, ob sich hinter der so schwer zugänglichen Steintüre wirklich eine noch unentdeckte Kammer befindet und welchem Zweck sie gedient haben mag. Birgt sie am Ende den bislang vergeblich gesuchten Grabschatz des Cheops oder gar die Mumie des Pharao selbst?
Der geachtete britische Ägyptologe Dr. Eiddon Edwards hält die Deutung als Schatzkammer für »Unsinn«. Er sieht den vermuteten Raum vielmehr als ein religiöses Heiligtum an. Auch die »Luftschächte« selbst könnten eine Rolle im ägyptischen Jenseitskult gespielt haben. So mögen sie in der Vorstellung der alten Ägypter die Seele des verstorbenen Pharao hinauf zu den Göttern, zu den Sternen geleitet haben.
Im Jahre 1954 fanden Archäologen an der Südseite der Cheops-Pyramide mehr oder weniger zufällig zwei grabenartige Einsenkungen, die mit riesigen Steinblöcken zugedeckt waren. Eine dieser Vertiefungen barg ein 43 Meter langes Holzschiff. Die Forscher nannten es das »Sonnenschiff des Cheops«, denn auch im Sonnenheiligtum von Abu Gurâb befand sich ein Schiff, das König Niuserrê während seiner Regierungszeit in der fünften Dynastie errichten ließ. In den Pyramidentexten aus jenen Tagen wird ebenfalls erwähnt, wie der tote König zusammen mit dem Sonnengott in dessen Barke über den Himmel reist. Die Schiffe sollten den verstorbenen Herrscher in eine jenseitige, andere Welt leiten, an den Ort der Wiederauferstehung. Vielleicht bestand auch hier ein Zusammenhang zum Stern Sothis, dessen Frühaufgang als Symbol neuen Lebens gedeutet wurde.
Wie auch immer, fest steht: Der Schacht der Königinnen-

Kammer im Inneren der Großen Pyramide weist exakt auf »Sothis« und ausgerechnet hier, in dieser »Seelenschleuse«, gelang nun eine aufsehenerregende archäologische Entdeckkung, deren ganze Tragweite derzeit noch nicht absehbar ist. Sicher darf angenommen werden, daß auch die vermutete geheimnisvolle Kammer selbst in einer engen Beziehung zu Sirius steht. Ob sie gar den Schlüssel zum Dogon-Mysterium birgt? Hoffentlich werden wir die Antwort bald erfahren!

Einige Archäologen vermuten, daß die Cheops-Pyramide ursprünglich keine Spitze hatte. Sie war gegenüber ihrer heutigen Größe vielleicht nur ein Drittel so hoch und besaß dementsprechend eine sehr große obere Plattform. Wenn man diese Originalarchitektur mit der Nommo-Arche vergleicht, so wie sie Ogotemmêli beschreibt, läßt sich eine Ähnlichkeit nicht leugnen. Dasselbe trifft auf die mexikanischen Pyramiden zu.

Insgesamt sind Sinn und Zweck des in aller Welt verbreiteten Pyramidenbaus, der überall ähnliche Grundmuster aufweist, immer noch rätselhaft. In der Tat dürften die Gemeinsamkeiten unübersehbar sein, sie deuten auf einen globalen Informationsaustausch hin, genau wie er sich auch beim Siriusphänomen abzeichnet. Irgendwann vor vielen tausend Jahren muß ein gewaltiges, gemeinsames Auslöseereignis stattgefunden haben, das einerseits zu einer gleichsam katalytischen Beschleunigung der Zivilisationsentwicklung führte, andererseits den Startschuß zum Bau gewaltiger Stein-Ungetüme gab. Auch sprachlich zeigt sich immer wieder die internationale Verwandtschaft: Es ist sicherlich kein Zufall, daß die babylonischen Turmbauten »Zikkurats« hießen, der Pyramidenplatz von Tiahuanaco auch als »Chucara« bekannt war und die älteste Pyramide Ägyptens in der Nekropole von »Sakkara« steht. Erbauer dieser ersten Pyramide war der sagenhafte Imhotep, in späterer Zeit von den

Ägyptern zum Halbgott erhoben und von den Griechen als Gott der Heilkunst, Äskulap, verehrt. Dieser legendäre Imhotep aber gilt als Nachfolger des großen Hermes, desjenigen Kulturbringers, der von den Sternen kam! Sollte sich hier etwa ein geheimnisvoller Kreis schließen? Nommo kam als »Unterweiser« und »Mahner«, so sagen die Dogon. Stellen die Pyramiden als überdimensionale Symbole und unvergängliche Zeitdokumente die gelandete »Arche« dar, als Mahnmal für Vernunft und Kultur? Andere sehen in ihnen besondere Kraftzentren oder Landemarken für einfliegende Raumschiffe. Sind es gar monumentale planetare Gipfelkreuze, erbaut von kosmischen Abenteurern? Oder aber eben doch nichts anderes als ausufernde Steingräber größenwahnsinniger Herrscher? Wir wissen es schlicht und einfach nicht. Und natürlich ist ihre einzigartige Ausstrahlung gerade in dieser Rätselhaftigkeit begründet, die die Pyramiden an allen Ecken und Enden umgibt. Nach wie vor ist ihr Geheimnis, ihr Mythos gewaltig, zeitlos, ungebrochen.
Wenden wir uns nun aber noch einmal ein wenig den kulturbringenden Wesen selbst zu.
Die Dogon sprechen vom »Tag der Fische« und meinen damit das Landedatum der Nommo-Arche. Nommo beschreiben sie als ein seltsames amphibienartiges, eben fischgleiches Wesen, das durch zwei Öffnungen in den Schlüsselbeinen atmete. Diese Darstellung erinnert sehr an Erzählungen aus dem sumerischen Mythenkreis, in denen immer wieder von einer recht merkwürdigen Kreatur namens Oannes berichtet wird, einem Fischwesen, das gleichfalls erschien, um die Menschen zu unterweisen. Dieses schuppige Mischwesen geben viele Darstellungen auf uralten Rollsiegeln und Wandreliefs wieder. Der Name »Oannes« stammt aus dem Alt-Syrischen und bedeutet »Fremdling«. Nach Oannes sollen noch weitere solcher eigenartigen Fremdlinge aus dem erythräischen Meer aufgetaucht sein – darunter verstand

man früher die Gewässer im Gebiet des Persischen Golfes sowie des Indischen Ozeans.

Berossos, ein babylonischer Baals-Priester, der im dritten Jahrhundert vor Christus lebte, apostrophierte all diese Wesen als »Annedotos« oder »Mysaros«, was beides gleichbedeutend war mit »häßlich«, »scheußlich«. – Die geheiligten göttlichen Kulturbringer wirkten also abstoßend auf die Menschheit! Aus rein mythologischer Sicht heraus wäre das wohl eine sehr verwunderliche Beziehung. Nehmen wir aber einen realen Hintergrund an, wie den einer Konfrontation mit sehr intelligenten, offenbar moralisch hochstehenden, aber auf Menschen aus irgendwelchen Gründen ziemlich unansehnlich wirkenden Außerirdischen, dann wird die Schilderung nur allzu verständlich.

Besonders aufschlußreich unter den zahlreichen Oannes-Überlieferungen ist ein Schriften-Fragment, das auf einen gewissen Helladios zurückgeht und durch den byzantinischen Patriarchen Photios bewahrt wurde. Helladios berichtet »von einem Mann namens Oe, der aus dem Roten Meer kam und einen fischähnlichen Körper, aber Kopf, Füße und Arme eines Menschen hatte und Astronomie sowie Allgemeinbildung lehrte. Nach einigen Berichten kam er aus einem großen Ei, daher sein Name, und war auch wirklich ein Mensch, schien aber ein Fisch zu sein, weil er in die Haut eines meeresbewohnenden Wesens gekleidet war.« In diesen wenigen, aber sehr klaren Zeilen zeichnet sich nun also eine Lösung für das Rätsel der Fischmenschen ab. Offensichtlich handelte es sich gar nicht um irgendwelche seltsamen Mischlinge nach Art der Nixen und Tritonen. Vielmehr steckten wohl einigermaßen menschlich aussehende Gestalten in schuppigen Overalls, ähnlich beispielsweise den uns heute bekannten Asbestanzügen. Und wer empfindet nicht eine gewisse oder sogar recht deutliche Abscheu beim nicht einmal mehr besonders ungewohnten Anblick eines Men-

schen mit Gasmaske? Um mit Berossos zu sprechen, könnten wir nicht derart verkleidete und verunstaltete Körper gleichfalls »Annedotos« oder »Mysaros« schimpfen? Angeblich fiel jener ominöse Oe mit einem großen, leuchtenden Ei ins Meer, bevor er an Land kam. Unvermeidlich drängt sich hier natürlich das Bild einer modernen Raumkapsel auf, die kurz vor ihrem Sturz in den Ozean noch als glühender Feuerball durch die Atmosphäre zog!
In Anbetracht all jener seltsamen antiken Berichte, Reliefs und Skulpturen scheint die Folgerung unausweichlich: Unseren Vorvätern widerfuhren unheimliche Begegnungen der dritten Art, sie hatten den Kontakt, auf den wir schon so lange warten! Sie erlebten selbst für uns kaum Vorstellbares, wurden Zeugen von Einbrüchen aus einer anderen Welt. Da gleicht es nahezu einem Wunder, daß sie diese so unvermittelten, fast nicht mehr *ein-,* sondern beinahe schon *durch*schneidenden Ereignisse überhaupt noch verkraften konnten, ja, sie darüber hinaus oft sehr präzise niederlegten. Ob bereits an diesem kritischen Punkt »von außen« angesetzt wurde? Für eine interstellare Hochzivilisation mag es beispielsweise durchaus möglich sein, fernhypnotisch beruhigend wirksam zu werden, sich gewissermaßen »telepathischer Tranquilizer« zu bedienen, mit dem Effekt, zumindest einen bleibenden oder gar tödlichen Schock bei der kontaktierten Person zu vermeiden.
Wo nun aber könnte sich jene »Nommo-Oannes-Zivilisation«, nennen wir sie kurz NOZ, heute aufhalten? Robert Temple vermutet, jene Wesen kamen direkt aus dem Sirius-System; als amphibische Kreaturen müßten sie den Gewässern oder Sumpfländern eines sehr feuchten Planeten entstammen. Sicherlich könnte das eine Möglichkeit sein. Allerdings erscheint es wahrscheinlicher, daß es sich bei der Lebensform der NOZ gar nicht um Amphibien handelt. Das geht besonders aus dem Fragment des Helladios, den Tem-

ple selbst zitiert, deutlich hervor. Oe hatte sich ja nur »in die Haut eines meeresbewohnenden Wesens gekleidet«!

Ganz bestimmt diente auch die »Arche« der Nommos nicht als interstellares Transportmittel. Sie dürfte vielmehr ausschließlich als »Beiboot«, als recht einfach konzipiertes Landefahrzeug ausgelegt und eingesetzt worden sein, während das eigentliche Raumfahrzeug im erdnahen Orbit kreiste. Und wieder fügt sich eins ins andere. Denn: Die Dogon kennen tatsächlich noch eine weitere Erscheinung, die sie »ie pelu tolo« nennen, »Stern des zehnten Monats«. Aus ihren Beschreibungen aber geht klar und deutlich hervor, daß dieses Objekt keineswegs ein echter Stern war. Es schien durch eine Art Leuchtsignal (Laser?) in Verbindung mit der gelandeten Arche zu stehen und sei von einem »Kreis rötlicher Strahlen« umgeben gewesen, von einem Strahlenkranz, der sich wie ein »auslaufender Fleck« verbreitete, ohne dabei aber den Umfang zu vergrößern. An dieser Korona seien außerdem fünf radial zum Kreiszentrum weisende Strahlenpaare zu erkennen gewesen. Mit der Rückkehr der Nommos zu den Sternen verschwand auch der »Stern« vom Himmel! Doch wurde prophezeit, die Nommos würden wiederkehren. Bei der »Auferstehung des Nommos« würde auch dieser »Stern des zehnten Monats«, de facto wohl das Mutterschiff, wieder erscheinen. Wann wird dieser Tag kommen?

Temple ist ohne Einschränkung davon überzeugt, daß sich die Außerirdischen, die Wesen der NOZ, »an ein Sittengesetz gebunden fühlen, das ihnen vorschreibt, nicht eher mit uns offenen Kontakt aufzunehmen, bevor wir sie entdeckt haben – dies mit Rücksicht auf unser Selbstvertrauen und unsere Selbstachtung als Träger einer Hochkultur. Denn ist erst einmal offenkundig, daß es sie gibt, müssen wir fortan stets mit den Konsequenzen leben. Und es wäre wohl katastrophal für uns, im Bewußtsein unserer Minderwertigkeit in die Zukunft gehen zu müssen – ein Bewußtsein, das sich wohl unvermeidlich einstellen würde, wenn ausschließlich sie es wären, die in dieser Angelegenheit das Gesetz des Handelns bestimmten. Wenn aber dereinst in späteren Zeitaltern unsere Nachkommen an uns als Menschen zurückdenken können, die eben nur Menschen waren, Menschen ohne sonderlich hochgezüchtete Technologie, aber dennoch so tüchtig, daß wir allein es vermochten, den Außerirdischen auf die Spur zu kommen – dann, ja dann können wir erhobenen Hauptes den Weg durch die vor uns liegenden künftigen Jahrtausende antreten. Auch den Trägern außerirdischer Hochkulturen ... könnte dies schließlich nur recht sein. Denn wer wünscht sich schon Nachbarn im Weltenraum, die ihre neurotischen Kleinheits- und Unterlegenheitsgefühle nicht loswerden? Wie unergiebig, wie öde wäre doch der Austausch mit ihnen.«

Temple schrieb ein umfangreiches Buch über das Sirius-Rätsel. Seine Arbeit erschien 1976. Seit jenem Jahr wurde das Thema mehrmals auch im Rundfunk diskutiert. Der amerikanische Orientalist geht davon aus, daß die NOZ automatische Sonden innerhalb unseres Sonnensystems installiert hat, die zur Beobachtung von Erde und Menschheit noch heute im Einsatz sind. Sie könnten die betreffenden Radiosignale aufgefangen haben. Besonders aufregend daran aber ist nun: Eine solche elektromagnetische Botschaft zum Sirius benötigt nur etwa 8,7 Jahre für den Hinweg, Sirius ist der fünftnächste Stern zur Sonne. Nach also nicht einmal $17\frac{1}{2}$ Jahren könnten wir Antwort auf unser ganz und gar ungewollt ausgesandtes Signal erhalten, falls die NOZ tatsächlich im Sirius-System stationiert ist. Seit 1976 sind nun gerade etwas mehr als 17 Jahre verstrichen. Jetzt, ab etwa 1993/94 könnte es also wieder sehr spannend werden. – Steht uns die Auflösung des Sirius-Rätsels möglicherweise direkt bevor, aus »erster Hand«?

4 Stimmen aus der Vergangenheit
Mysterien am Rande der Zeit

Goldgier, Machthunger und die ewige Sucht nach Unsterblichkeit waren die Triebfedern, welche die spanische Krone in Gestalt der Königin Isabella von Kastilien und ihres Gemahls König Ferdinand »des Weisen« dazu bewegten, alle erforderlichen Mittel zur Verwirklichung einer Vision bereitzustellen und ein Abenteuer zu finanzieren, dessen Ausgang völlig ungewiß war.
Jahrelange Verhandlungen und Gelehrtendispute waren vorausgegangen, Zaudern, Abwägen, Verwerfen. Ein solch gewagter Plan wie der des Cristóbal Colón – konnte er fruchten? Waren einem derartigen Unternehmen überhaupt die geringsten Chancen beschieden?
Neue Welten, fremde Länder und reiche Schätze wollte der Phantast entdecken, auf einem nie zuvor befahrenen Seeweg Indien erreichen! Doch der Lockruf des verheißungsvollen Unbekannten verhallte nicht ungehört. Die Kosten der Expedition nahmen sich überschaubar aus, sie blieben sogar in einem recht geringen Rahmen. Zu verlieren also gab es wenig, zu versäumen dagegen sehr viel!
Am 3. August 1492 stechen drei Karavellen vom Hafen von Palos aus in See. Nach nur wenig mehr als zwei Monaten, man schreibt den 12. Oktober 1492, betritt Christoph Kolumbus neues, unerforschtes, unerschlossenes Land.
500 Jahre später – 12. Oktober 1992: Von Koordinationszentren in Kalifornien und Puerto Rico aus aktivieren Astrophysiker einige der mächtigsten Radioteleskope weltweit, mit

dem scheinbar utopischen Ziel, Kontakt zu fremden Weltraumzivilisationen aufzunehmen. Kommunikation mit Außerirdischen! Niemals zuvor wurde SETI – die Suche nach extraterrestrischer Intelligenz – auch nur mit annäherndem Aufwand, mit annähernder Intensität betrieben.
Wiederum ein übergewaltiges Abenteuer, diesmal an der Schwelle zu kosmischem Neuland. Die Menschheit auf Entdeckungsreise im ewigen Ozean des Alls – eine Reise ins Ungewisse, ins Unbekannte.
Über das Endresultat der vor einem Jahr gestarteten Weltraum-Suche schienen jedoch für den amerikanischen Astronomen und SETI-Pionier Frank Drake keinerlei Zweifel zu bestehen. Seiner festen Überzeugung nach würde die Menschheit noch vor dem Jahr 2000 Kontakt mit außerirdischen Wesen haben, mit einer oder mehreren von insgesamt 10 000 fortgeschrittenen technologischen Zivilisationen, die nach Drakes Schätzungen in unserer Galaxis angesiedelt sind.
Leider hat die US-Regierung kürzlich alle weiteren Mittel zur Fortsetzung des vielversprechenden Programmes gestrichen! Warum nur? Immerhin konnten die Wissenschaftler innerhalb der vergangenen zwölf Monate bereits etliche Signale offenbar intelligenten Ursprungs aus dem All auffangen. Waren darunter auch Botschaften der »Nommo-Zivilisation«, wie Robert Temple es erwartet? Ist es am Ende vielleicht mehr als nur blanker Zufall, daß die aufwendigste ET-Suche so schnell wieder abgebrochen wurde? Hat man vielleicht schon gefunden, wonach man suchte?
Und: Existieren weitere ernst zu nehmende Indizien, deutliche Hinweise auf die NOZ oder auf Eingriffe anderer, nichtirdischer Zivilisationen? Gibt es Beweise für prähistorische und frühgeschichtliche Visitationen aus dem All?

> »Die erste und wichtigste natürliche
> Form als Formprinzip und wirkende Natur
> ist die Seele des Universums,
> die das Prinzip des Lebens, der Vegetation
> und der sinnlichen Wahrnehmung
> ausmacht in allem, was lebt, wächst und
> empfindet. Hieraus wird
> geschlossen, daß es eines vernunft-
> begabten Wesens unwürdig ist zu meinen,
> das Universum sowie seine
> bedeutsamsten Himmelskörper seien
> unbelebt: gehen doch aus ihren Teilen und
> Ausscheidungen die Lebewesen hervor,
> die wir die vollkommensten nennen.«
>
> GIORDANO BRUNO, 1584

In einer kargen Vulkanregion Armeniens, zwischen den beiden dominierenden Bergen Ararat und Aragaz, liegen die Ruinen von Mezamor, einer der ältesten Städte unserer Erde. Dort, in jenen vergessenen Landstrichen, befreien Archäologen insgesamt fünf Kulturschichten vom Schutt der Zeiten. Die älteste dieser Fundlagen reicht bis in das vierte Jahrtausend vor Christus zurück.

Die prähistorische Bevölkerung Armeniens vollzog bereits außergewöhnlich früh – um 10000 vor Christus – den Wandel zu seßhaften Lebensformen. Reiche Vorkommen wertvoller Bodenschätze, darunter auch Gold, Silber, Kupfer und Eisen ließen Armenien bald zur bestimmenden Hochkultur werden. In diesem uralten Land jenseits von Euphrat und Tigris begann die Bronzezeit rund 1200 Jahre früher als in Mitteleuropa, in Mezamor befand sich einst eine der ersten Kupferwerkstätten der Welt. Heute schenken nicht einmal mehr Facharchäologen diesem immer noch geheimnisumwitterten Ort menschlicher Kulturblüte größere Aufmerksamkeit. Vor Jahrtausenden bildete Mezamor ein bedeutsames magisch-kultisches Zentrum, eine Orakelstätte, der sich ein eigenes astronomisches Observatorium anschloß. Seltsame Steinzeichen und Bilderschriften, Petroglyphen und Piktogramme, bedecken eine stufenförmige Felsplattform, von der die Positionen und Bewegungen der Himmelskörper verfolgt wurden. Auch den Gebietern von Mezamor galt der in kaltem Licht funkelnde Rätselstern Sirius als wesentlichster kosmischer Zielpunkt.

Und wieder finden sich zwischen den Trümmern verfallener Bauten verwirrende Relikte. Im Bergland von Bartasar existiert eine 4000 Jahre alte Felszeichnung. Sie zeigt, ganz deutlich, die Erdkugel! Ebenso deutlich vier menschliche Wesen, zwei stehen auf der oberen Hemisphäre, die anderen beiden auf der unteren – also mit dem Kopf nach unten! Bereits vor 40 Jahrhunderten müssen demnach Menschen gewußt haben, daß sie auf der Oberfläche einer frei im Raum schwebenden Kugel leben! Moderne Weltbilder auf alten Felsbildern!

Von Wesen auf der anderen Seite der Welt, von Menschen, die offenbar mit dem Kopf »nach unten hängen«, scheinen auch die alten Ägypter Kenntnis besessen zu haben. Oder wie anders sollte man folgende Beschwörungsformel aus dem »Ägyptischen Totenbuch« deuten? »Daß mit dem Kopf nach unten nicht als Gegenfüßler ich wandle«, heißt es da, im Kapitel 53. – Möglicherweise bezogen die Ägypter ihr Wissen teils sogar aus den noch früheren Quellen der armenischen Hochkultur, die über Sumer auch ins Nil-Land ausstrahlte.

Nahezu unglaubliche Entdeckungen aus den Vardenis-Bergen ergänzen den selbst schon mehr als erstaunlichen Fund von Bartasar. Auf einer Gruppe von Steinen ist dort mit auffallender Genauigkeit die kraterbedeckte Mondoberfläche wiedergegeben. Das Ganze gleicht eher einer neuzeitlichen Mondkarte! Wieder wird es nötig, Erklärungen moderner Kenntnisse im Kreis prähistorischer Kulturen finden zu müssen. Verfügte die Menschheit bereits vor so vielen Jahrtausenden über einen weit höheren technischen Standard, als wir gemeinhin gewillt sind, ihr zuzuerkennen, oder deuten derartige Anachronismen auf Evolutions- oder gar Zeitsprünge hin, verursacht durch mehrfache Begegnungen mit Wesen aus dem interstellaren Raum, die – gewollt oder ungewollt – durch ihr Eindringen in unsere Welt folgenschwere Kulturschübe auslösten?

Seit Urzeiten beobachten und verehren Menschen die Vorgänge am Himmel. Vor Jahrtausenden richteten Eingeweihte ihre Tempel, Pyramiden und Obelisken nach den Sternen aus – heute peilen Astrophysiker ferne Sonnen mit Radioteleskopen an, tasten das Milchstraßensystem nach Signalen und Botschaften anderer Lebensformen ab. Schon seit dem ersten Aufflackern irdischer Zivilisation scheint der menschliche Intellekt auf Antwort zu warten. Wartet er auf die Einlösung eines uralten Versprechens?

Unverhoffte und aufschlußreiche Einsichten stammen nicht selten aus unvermuteten Quellen. Stichwort: Vergleichende Anthropologie. Gerade bei der Frage nach den Auswirkungen eines plötzlichen Kontaktes zwischen relativ primitiven Volksgruppen und Vertretern technisch weit höher stehender Gesellschaften wird diese Wissenschaft zu einem bedeutsamen Verständnisschlüssel. Auf indirektem Weg liefert sie sehr konkrete Indizien für extraterrestrische Eingriffe und das Zusammentreffen mit fremden Wesen.

1991 berichtete der amerikanische Völkerkundler Ben Finney, Professor an der Abteilung für Anthropologie der Universität von Hawaii, über diverse Möglichkeiten kultureller Mißverständnisse und Probleme bei der Begegnung mit Außerirdischen. Professor Finneys Forschungen führen uns auf die »andere Seite« der Erde, nach Neuguinea. Diese an den Norden von Australien angrenzende Insel wurde vor etwa 50 000 Jahren besiedelt, als die globale Vereisung unseres Planeten den Meeresspiegel deutlich absenkte und damit die Wasserwege zum asiatischen Festland erheblich verkürzte. Während jener Zeit gelang kleinen Menschengruppen auf Flößen die Überfahrt nach Neuguinea. Dann, mit dem erneuten Ansteigen des Meeresspiegels in der nun einsetzenden Warmzeit, breiteten sich die Wassermassen erneut aus, und die Verbindung zur Insel brach fast völlig ab. So blieb die Bevölkerung Neuguineas für Zehntausende von Jahren nahezu ganz und gar isoliert vom Rest der Welt. Erst die westlichen Kolonialisten führten zu Beginn unseres Jahrhunderts einen neuerlichen Kontakt herbei – Australier, Briten, Holländer und Deutsche stießen in Neuguinea auf eine Steinzeitkultur!

Die anfangs bewaffneten Begegnungen wichen einem Naturalienhandel, die Ausländer legten Plantagen an, auf denen die Eingeborenen gegen dürftigste Bezahlung arbeiteten. Soweit schien alles nach Plan und Willen der Weißen zu funktionieren. Das sollte sich bald ändern. Denn plötzlich stellten einige Eingeborenengruppen ihre Plantagenarbeit ein, ja kümmerten sich nicht einmal mehr um ihre eigene Ernte. Statt dessen legten sie nun ein auf den ersten Blick mehr als seltsames Verhalten an den Tag. Bewohner des Küstenstreifens errichteten einen primitiven Kai und fertigten ein eigenartiges Gerüst aus Holz, Bambus und Lianen, eine Art »Radiostation«, um die sie tagelang herumtanzten. Während regelrechter Rituale versammelten sich die Eingeborenen an diesen »Funkmasten«, allem Anschein nach, um Botschaften in die Ferne zu senden. In Erwartung eines Schiffes begaben sie sich anschließend zum Kai. Auch die Stammesgruppen im Landesinneren warteten mit vergleichbaren Aktionen auf. Sie rodeten lange Schneisen in den Dschungel,

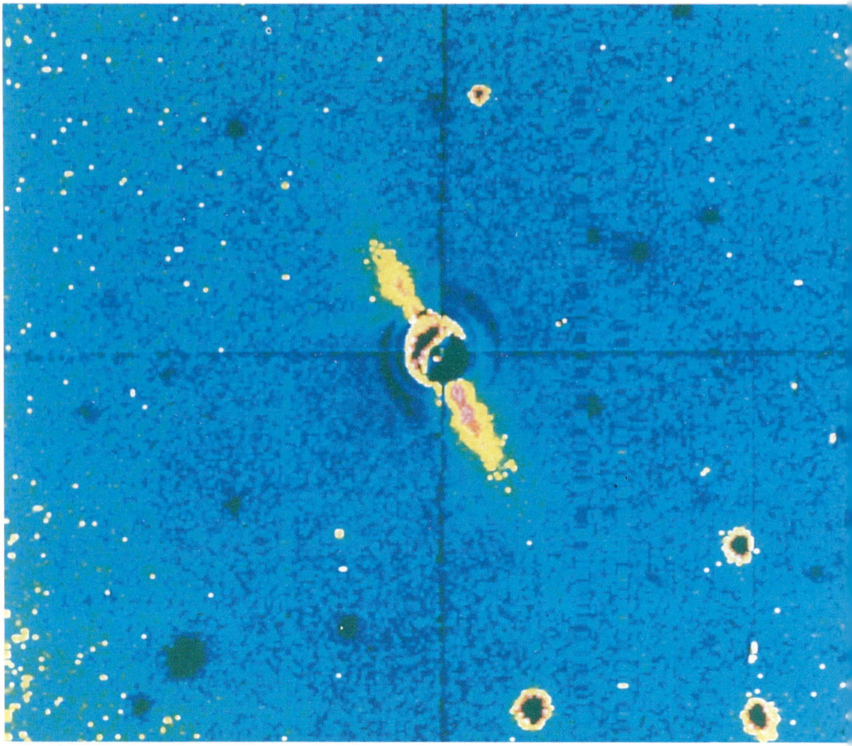

2

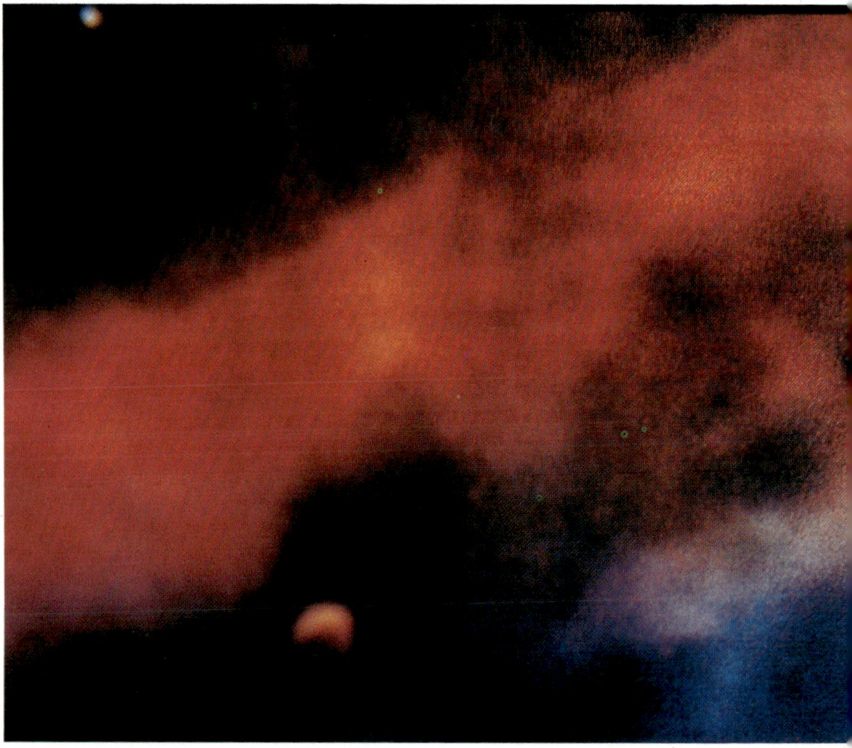

3

7

*1   Ursprungsort aller planetaren Intelligenzen im Kosmos: interstellare Wasserstoffw
ken, hier der »Nordamerika-Nebel«, mitten im Sternengewimmel der Milchstraße.*

*2   Der junge Stern β Pictoris im Bildhauer, einem Sternbild des Südhimmels. Das Obj
ist etwa 50 Lichtjahre von der Sonne entfernt und von einer ausgeprägten Staubsche
umgeben – Baumaterial für Planetensysteme.*

*3   Der Beweis: Planeten, potentielle Träger von Leben und Intelligenz, kommen im K
mos offenbar sehr häufig vor. 1993 spürte das »Hubble-Weltraumteleskop« mindestens
(!) Urplanetensysteme im Orion-Nebel auf. Astronomen der amerikanischen Rice-Univ
sität schätzen, daß rund 40 Prozent aller neugeborenen Sterne dort von solchen System
solchen protoplanetaren Scheiben (kurz: Proplyden) umgeben sind. Wahrscheinlich
deten sich bereits in der Urzeit der Galaxis ähnliche Scheiben aus. Einige brachten letzt
Zivilisationen hervor, die uns mittlerweile um Milliarden Jahre voraus sein könnten.*

*4, 5   Als der englische Ägyptologe Sir Flinders Petrie im Jahre 1884 in den Tempelruir
von Tanis grub, entdeckte er unter den Trümmern eine über 2000 Jahre alte optische Gl
linse. Gab es zu jener frühen Zeit bereits Teleskope?*

*6   Eine der mysteriösen Relief-Darstellungen im Isis-Hathor-Tempel von Denderah.
beiden österreichischen Autoren Peter Krassa und Reinhard Habeck halten die keul
förmigen Gebilde für frühe Vorläufer der Glühlampe. Tatsächlich erinnert die seltsa
Struktur in der Bildmitte an einen Hochspannungs-Isolator.*

*7   Überaus befremdliche »Hieroglyphen« finden sich im Sethos-Tempel von Abyd
Die Bildzeichen ähneln in auffallender Weise Hubschraubern, Panzern und U-Boot
Welche Geschichte haben diese Hieroglyphen? Alles nur Zufall, Täuschung?*

praktizierten darauf dann die kuriosesten Handlungen und Tänze, augenscheinlich, um ihrerseits Flugzeuge herbeizulocken und zur Landung auf den »Urwald-Rollbahnen« zu verleiten. Bei all dem ging es den Eingeborenen selbstverständlich allein um die Fracht, um die Güter, welche sie an Bord der Schiffe und Flugzeuge wußten. – Sie selbst mußten hart auf den Plantagen arbeiten und erhielten nur sehr wenig Geld dafür, womit ihnen nur entsprechend wenig Waren zugänglich wurden. Gleichzeitig aber beobachteten sie, wie die Fremden lediglich kleine weiße Papiere beschriften oder aber einfach ein paar unverständliche »Zauberformeln« in mysteriöse Apparate sprechen brauchten, um Schiffe und Flugzeuge mit den begehrten Gütern erscheinen zu lassen. Irgend etwas stimmte da also ganz auffallend nicht! Die Weißen schienen sie allesamt zu belügen, ihnen für sehr viel Arbeitsleistung nur sehr wenig Ware zu geben und dabei beharrlich zu verheimlichen, wie man ohne großen Aufwand direkt an die randvoll mit Fracht beladenen Fahrzeuge herankommt. Folglich ergriffen die Eingeborenen Eigeninitiative und ahmten das Verhalten der Kolonialbeamten so gut sie eben konnten mit primitiven Mitteln nach. Funkanlagen, Telegrammdienste, Flugzeuge, Schiffe, Kais, Landebahnen – die gesamte koloniale Infrastruktur schien ihnen ein gigantischer magischer Kult, den sie lediglich zu imitieren bedurften, um sich fortan selbst in der Nutznießerrolle zu befinden. Jeder Versuch der Weißen, dieses Mißverständnis auszuräumen, war freilich von vornherein zum Scheitern verurteilt. Allein der Glaube der Eingeborenen hatte sich schon viel zu sehr verfestigt, ganz abgesehen von der technischen Barriere zwischen den beiden Kulturen.

Die Völker Neuguineas stehen mit diesen Verhaltensweisen und ihrem Verständnis westlicher Technologie und Ökonomie keineswegs alleine da. Kulte vergleichbaren Musters sind weltweit anzutreffen. Sie sind als »Cargo-Kulte« bekanntgeworden, denn die Rituale sind ja durchweg auf das Frachtgut (englisch: cargo) der Fremden ausgerichtet.

In den Augen der »Primitiven« mußten die weißen Eindringlinge ihre Technik auf die eine oder andere Weise von den Göttern persönlich erhalten haben, sie nun ihrerseits aber den Eingeborenen vorenthalten. Diese feste Überzeugung führte ohne Frage häufig zu Aggressionen gegenüber den selbstsüchtigen Fremden. Oft aber passierte auch genau das Gegenteil: Dann wurden die Weißen oft selbst für Götter oder deren Abgesandte gehalten und über alles geachtet und verehrt. Sie konnten sich jeglicher nur denkbaren Hilfe der Eingeborenen gewiß sein, die in solchen Fällen freilich alle Anweisungen strikt befolgten, bis hin zur Aufopferung des eigenen Lebens.

Vor rund 20 Jahren wurde auf der Insel Mindanao mitten im philippinischen Regenwald der Stamm der Tasaday entdeckt. Dieses auf dem Stand der Altsteinzeit stehende Volk vergötterte den Expeditionsleiter und erhob ihn nach einiger Zeit schließlich sogar zum Lokalgott.

Den berühmten Seefahrern des 16., 17. und 18. Jahrhunderts erging es ganz ähnlich, wenn sie auf ihren großen Erkundungsfahrten um die Welt fremden Urvölkern begegneten. Als der Engländer Sir Francis Drake an der Westküste Nordamerikas erstmals auf einen Indianerstamm stieß, war er mehr als verblüfft über dessen Verhalten. Die »Wilden« zeigten sich von ihrer friedlichsten Seite, vergötterten sie ihn und seine Mannschaft doch als überirdische Wesen.

Kurios mutet eine Geschichte aus dem Zweiten Weltkrieg an. Damals, um das Jahr 1943, verschlug es den amerikanischen Soldaten John Frum auf die Hebrideninsel Tanna in Melanesien. Er brachte den Eingeborenen verschiedene handwerkliche Fertigkeiten bei und verschaffte sich allein schon dadurch uneingeschränktes Vertrauen, daß er all sein Hab und Gut mit ihnen teilte. Frum schenkte seinen neuen

Freunden einige Münzen, Geldscheine, einen Soldatenhelm und ein paar andere Kleinigkeiten. Auch konnte er einigen Insulanern mit seiner Notapotheke helfen. Von den Vereinigten Staaten sprach der Amerikaner als dem gelobten Land. Bevor Frum die Insel verließ, gab er das Versprechen, wieder zurückzukehren. Doch er hielt es nicht. Die Eingeborenen hofften ihn durch Rituale wiederzugewinnen, natürlich vergebens. Ihr unerschütterlicher Glaube an John Frum aber blieb dennoch bestehen. Viele Jahre später gelangten westliche Expeditionen nach Tanna. Die Verblüffung war freilich gewaltig, als sie von einem seltsamen Gott namens »John Frum« erfuhren und bei einigen Insulanern die Tätowierung »USA« entdeckten. Noch heute, nach der Christianisierung, wird John Frum auf Tanna angebetet.

In einigen Fällen gestalten sich die Cargo-Kulte gewissermaßen als Verwechslungskomödien – oder besser: -tragödien – in mehreren Akten. Dann scheinen die »westlichen Götter« offenbar als wiederkehrende Erlöser empfangen zu werden, als vermeintliche Messiasse nach langen Zeiten des Wartens. Diese Epochen nahmen augenscheinlich ihren Anfang mit sehr viel früheren, revolutionären Begegnungen. Doch mit wem fanden diese ersten Kontakte statt?

Im Jahre 1771 ging Captain James Cook an der Westküste Tahitis vor Anker. Die Südsee-Insulaner empfingen und verehrten ihn als den endlich wieder erschienenen Gott Rongo oder zumindest dessen Reinkarnation. Rongo hatte vor langer Zeit die Erde verlassen – auf einem »Wolkenschiff«!

Felszeichnungen in Nordaustralien zeigen merkwürdige Göttergestalten, die brillenartige Gegenstände im Gesicht tragen. 1932 mußte der deutsche Flieger Hans Bertram mit seinem Kopiloten in diesem Gebiet notlanden. Die beiden wurden von Herden der Ureinwohner umringt, niemand aber griff sie an. Neben der Tatsache, daß die Fremden vom Himmel herabgekommen waren, dürften auch die »göttlichen«

Fliegerbrillen den ihrigen Beitrag für einen friedvollen Ablauf der ungewollten Begegnung geleistet haben.
Eine ganze Reihe aufschlußreicher Eintragungen enthält das Bordbuch des Christoph Kolumbus.
Am Freitag, den 12. Oktober 1492, dem Tag seiner Ankunft in der Neuen Welt, schreibt Kolumbus: »Die Eingeborenen, glaube ich, sehen mich für einen Gott und die Schiffe für Ungeheuer an, die während der Nacht aus der Tiefe des Meeres aufgetaucht sind. Ich überwand ihre Scheu und Angst, indem ich Halsketten und rote Kappen an sie verteilte. Bald wagten sie es, heranzukommen und uns vorsichtig zu berühren. Vor allem unsere Bärte versetzten sie in maßloses Erstaunen.« Die Eingeborenen schienen zu glauben, daß alles, was aus den Händen der Weißen stammte, überirdische Kräfte besitzen müsse. Bereits am 14. Oktober notiert Kolumbus: »Einige ... fragten uns, ob wir geradewegs vom Himmel kämen. Wir ließen ihnen diesen Glauben, denn er kann uns nur zum Vorteil gereichen.« Und später: »Zehn Spanier würden, käme es zu einem Kampf, tausend Indianer in die Flucht schlagen. Vielleicht ist ihre Angst auch nur deshalb so groß, weil sie glauben, daß wir vom Himmel herabgestiegen sind.«
»Einer der Häuptlinge konnte einfach nicht glauben, daß es einen Erdteil gebe, der so wundersame Wesen und so wundersame Dinge hervorbringe, und blieb dabei, daß wir keine gewöhnlichen Sterblichen, sondern im Himmel zu Hause seien. Den Himmel nennen die Indianer ›turey‹, und alle Geschenke, die sie von uns erhalten, sind ›turey‹, auch wenn es sich um ein Stück verrostetes Eisen, einen Lederriemen oder ein Blatt Papier handelt.«
Niemand vermochte den Indianern diese Überzeugung zu nehmen, auch nicht den Glauben, auf der Insel Bohio würden Wesen leben, die nur ein Auge und eine Hundsschnauze hätten und sich zu aller Monstrosität außerdem noch von

Menschenfleisch ernähren würden! Trotz aller Warnungen der Indianer steuerte Kolumbus am 5. Dezember 1492 das verschrieene Eiland an. Doch auf Bohio, das er *Hispaniola* nannte, traf er nur ganz normale Eingeborene mit Menschengesichtern und zwei Augen an. Warum glaubten die Indianer an die Existenz abschreckender, *un*-menschlicher Geschöpfe? Hatten sie *einstmals* auf Bohio eine Begegnung mit solchen unheimlichen Kreaturen? Wurden schließlich nicht auch die *Telchinen,* die auf der griechischen Insel Rhodos angeblich ihr Unwesen trieben, als hundsköpfig beschrieben? Gelegentlich kam es auch zu Verwechslungen dieser Telchinen mit den berühmt-berüchtigten *Zyklopen,* den einäugigen Riesen. Zumindest eine seltsame Parallele. Der griechische Geschichtsschreiber Diodorus Siculus berichtet gleichfalls von den Telchinen und bezeichnete sie als Entdecker gewisser Künste. – Furchteinflößende, häßliche Kulturbringerwesen – der Gedanke, die Querverbindung zu den Annedotos kann hier eigentlich nicht ausbleiben. Immer wieder ist von absonderlichen Mischwesen die Rede, sie treten überall in der antiken Weltgeschichte und Überlieferung in Erscheinung. Mischwesen! Wie der »Fall Oannes« gezeigt hat, bestehen stets Verwechslungsmöglichkeiten mit spezifischen, zweckdienlichen »Arbeitskleidungen«. Atemschutzgeräte erinnern im übrigen ohnehin an Hundeschnauzen. Die Einäugigkeit der Telchinen erklärt das allerdings nicht. Wie gesagt, die Mischlinge begegnen uns auf Schritt und Tritt, ob in Form der von Berossos beschriebenen Chaos-Tiere und des Oannes oder beispielsweise auch der geflügelten Fabelwesen, die vor der Eingangshalle der Festung von Jerebani – der heutigen armenischen Hauptstadt Jerewan – »Wache« halten. Die Annedotos sind allgegenwärtig. Ein überaus seltsames Wesen verehren auch die Kayapó-Indianer am Rio Fresco, südlich von Para in Brasilien. Schon 1952 fotografierte der Forscher Joao Americo Peret die Ze-

remonien der Kayapós, während derer sie ihren Kulturbringergott Bep-Kororoti verherrlichen. In voluminöse Strohkostüme gehüllte Stammesmitglieder lassen die alten Überlieferungen wieder lebendig werden, die wie so oft von einem Sternenwesen aus dem Kosmos berichten. Tatsächlich besitzt das Ritualkleid frappante Ähnlichkeit mit einem modernen Raumanzug. Beispiele über Beispiele. Die Kette der kosmischen Traditionen und Kulte ließe sich beliebig weiterführen – und gerade diese so schier erdrückende Last an zum Teil recht offensichtlichen Fingerzeigen auf die wahren Kerne der zunächst so obskuren Mythologien, die zudem weltweit in dieselbe Richtung weisen, läßt aufhorchen, stimmt nachdenklich. Aus den unterschiedlichsten Kulturkreisen drängt sich wieder und wieder paradoxes, weil anachronistisches und deshalb konventionell nicht erklärbares Gedankengut in unser allzu rationales Zeitalter.
Viele Fähigkeiten, Techniken und Kenntnisse früher irdischer Völkergruppen, seien es nun Hochkulturen oder primitive Stämme, wirken selbst – oder gerade – aus heutiger Sicht mehr als rätselhaft.
Bei den Dogon – ihr Sigui-Fest bildet gleichfalls einen ausgeprägten Cargo-Kult, dessen Riten und Masken-Symbolik zur Wiederkehr Nommos und der alten Zeiten führen soll –, bei dieser sicherlich zu den geheimnisvollsten Völkern zählenden afrikanischen Stammesgemeinschaft, sind neben dem jeder irdischen Interpretation spottenden Weltraumwissen zudem auch weitreichende medizinische Kenntnisse verbreitet. Den Dogon ist der Aufbau des Blutkreislaufs bekannt, ja, sie sind sich sogar der Bedeutung des Luftsauerstoffs bewußt. Luft ist, wie sie sagen, das »Wort«, das vom Blutstrom aufgenommen wird. Das Herz verleiht dem angereicherten Blut Impuls, führt dem Körper Nahrung zu.
Als offizieller Entdecker des großen Blutkreislaufs gilt der englische Anatom William Harvey, der allerdings seine

Rechnung ohne die Dogon gemacht hat. Als seine Arbeit im Jahre 1628 erschien, wurde er übrigens als »Schwachkopf« abgestempelt – so schnell geht es mit der Urteilsbildung! Gerade in sehr frühen Zeiten scheinen Kenntnisse medizinischer Praktiken und Heilmethoden mancherorts außergewöhnlich weit entwickelt gewesen zu sein. Oft können sich Wissenschaftler des Eindrucks nicht erwehren, daß jenes Wissen spontan, völlig unvermittelt aufblühte, praktisch aus dem Nichts entstand. Aus einleuchtenden Gründen wäre aber wohl eher gerade das Gegenteil zu erwarten – eine langsam tastende Entwicklung.

1938 entdeckte der Archäologe Starkey in einer Höhle bei der jüdischen Stadt Lachis nahe Jerusalem die Knochen von mindestens 1500 menschlichen Skeletten, wahrscheinlich die sterblichen Überreste von Soldaten aus dem Heer König Sanheribs, das 701 vor Christus Jerusalem belagerte. Unter den Skelettresten fand Starkey eine Anzahl noch gut erhaltener Schädel, die zu seiner Überraschung eindeutige Zeichen radikaler chirurgischer Eingriffe aufweisen: Aus den Häuptern wurden quadratische Knochenstücke während regelrechter Trepanationen herausgesägt. Legen diese schauerlichen Funde Zeugnis ab von grauenhaften Folterungen an Gefangenen, die bei mörderischen frühmedizinischen Experimenten unter unsäglichen Qualen zu Tode kamen? Oder deuten die geöffneten Totenschädel von Lachis vielleicht eher auf lebensrettende Eingriffe assyrischer Chirurgen hin, die krampfhaft versuchten, das Leben ihrer Soldaten zu bewahren? Doch, überlebten die Unglücklichen tatsächlich? Noch nach nahezu dreitausend Jahren läßt sich diese Frage klar beantworten; denn bei mindestens einem Patienten konnte mit Sicherheit eine Neubildung von Knochenmasse an den Schnittstellen nachgewiesen werden – ein längerdauernder Wachstumsprozeß, der selbstverständlich nur zu Lebzeiten stattgefunden haben kann!

Schon vor 4000 Jahren war in Babylonien der graue Star bekannt und wurde operiert. Das typische Symptom dieser Krankheit, eine Trübung der Hornhaut oder auch darunter liegender Teile der Augen, bezeichneten die babylonischen Ärzte als NA.GAB.TI, was einfach »Fleckchen« heißt. Sie stachen eine Bronzenadel in die Augenlinse ein und kippten sie in den unteren Teil des Auges, um so das Gesichtsfeld für ein grobes Sehen frei zu machen. Wahrscheinlich verschrieben sie ihren Patienten nach dieser Operation eine Brille. Daß es damals bereits optisch geschliffene Gläser gab, scheint hinreichend sicher.

Im Jahr 1969 stieß der sowjetische Anthropologe Professor Leonido Marmadscheidan in Zentralasien auf ein Massengrab mit dreißig Skeletten, deren Alter auf bis zu 100 000 Jahre geschätzt wird. Angeblich fanden sich an einem Skelett unverwechselbare Spuren eines schweren operativen Eingriffs – möglicherweise eine Herzoperation – am linken Brustkorb. Auch hier soll die Dicke der nachgewachsenen Knochenhaut belegen, daß der Betroffene noch mindestens drei bis fünf Jahre nach dieser Operation gelebt hat.

Eine der bis heute raffiniertesten, geheimnisvollsten und zugleich wirksamsten Heilmethoden war um 2000 vor Christus in China bereits weit entwickelt: die Akupunktur. Das gezielte Punktieren mit heißen Silber- und Goldnadeln ist in seiner Wirkungsweise selbst von Ärzten unserer Tage noch nicht verstanden. Doch auch Schulmediziner sehen sich mehr und mehr genötigt, die Effizienz dieser ausgefallenen Praktik zu akzeptieren. Unbekannt aber ist ihr Erfinder. Die Wahrscheinlichkeit, durch eine Kombination von Experiment und Zufall, bloßen »Ausprobierens« und Glück, ein solchermaßen komplexes und erfolgreiches Heilverfahren zu entwickeln, ist augenscheinlich sehr gering. Über die Ursprünge der so alten Akupunktur ist kaum etwas überliefert, ihre Herkunft verliert sich im Dunkel der Zeit. Nach An-

sicht der Chinesen selbst aber soll sie vom Himmel stammen.
Die gesamte asiatische Welt erscheint als ein von immerwährenden Rätseln erfülltes Wunderland. Jedesmal aufs neue verblüffen auch Demonstrationen fernöstlicher Kampftechniken. Wenn beispielsweise Karatemeister aufeinandergestapelte Eisblöcke von insgesamt mehreren 100 Kilogramm Gewicht mit einem einzigen, gezielten und konzentrierten Schlag spalten, bleibt dem Zuschauer nichts als fassungsloses Staunen. Doch beinahe noch unerklärlicher erscheint eine zunächst wenig spektakuläre, nichtsdestoweniger aber unbegreifbare und zudem außergewöhnlich bedrohliche asiatische Technik, die nur von einer sehr kleinen Zahl Eingeweihter beherrscht wird. Gemeint ist »dim mak«, der verzögerte Totschlag – angeblich genügt dazu ein ganz spezieller, sehr leichter Stoß auf eine bestimmte Körperstelle. Dieser aus kurzer Distanz geführte Schlag soll nicht einmal einen blauen Fleck hinterlassen, ja sogar so leicht sein, daß das Opfer nicht das geringste spürt. Wie es heißt, muß der *dim mak* zu einer besonderen Tageszeit ausgeführt werden, denn von der Stunde hängt nach östlicher Lehre die Art der Blutzirkulation und damit auch die Verletzbarkeit des Opfers ab. Der Stoß, vielmehr ein sanfter »Todesdruck«, soll zu einem Blutgerinnsel führen, das letztlich den Tod hervorruft. Nach außen hin hat es den Anschein, der Betroffene würde einer plötzlichen schweren Krankheit erliegen – eine geeignete Methode zum perfekten Mord also! Viel mehr ist über den *dim mak* (fast) niemandem bekannt. Schließlich zählt diese »Kampftechnik« – dieses »dezente Töten« – zu den geheimsten Lehren und verbotenen Künsten Asiens.
Nach Meinung einiger Wissenschaftler haben sowohl diese unfaßbaren Kampftechniken als auch Heilmethoden wie Akupressur und Akupunktur gemeinsame Wurzeln. Ihre

Wirkung ist, wie es heißt, begründet durch eine Zerstörung beziehungsweise Kontrolle einer »wesenhaften« inneren Energie des menschlichen Körpers, die in China als *ch'i,* in Japan als *ki* bekannt ist.

Während eines Trainingsaufenthaltes in Japan soll der westliche Karatemeister C. W. Nicol Zeuge einer rational völlig unbegreiflichen, logisch nicht nachvollziehbaren Vorführung geworden sein. Sein Lehrer Hirokazu Kanazawa baute vor sich einen Stoß aus drei Backsteinen auf und konzentrierte sich auf die Zerstörung lediglich des mittleren Klotzes. Mit einem Schrei schleuderte er seine Faust auf die Steine nieder. Tatsächlich: Nach dem Schlag war nur der mittlere Ziegel zerbrochen! – Kanazawa erklärt seine Fähigkeit, die bereits deutliche paranormale Züge trägt, durch eine Selbstkontrolle des eigenen »ki«.

Wenn all dieses Wissen, wie die Asiaten versichern, vom Himmel kam, könnte es sein, daß diese Aussage dann wirklich *wörtlich* zu nehmen ist? Die vielen Indizien für frühe Weltraumkontakte scheinen dafür zu sprechen.

Neben diesen aus ältesten Epochen überlieferten und teils mehr als mysteriösen Weisheiten und Techniken machen immer wieder auch durchaus materiell greifbare Rätsel längst vergangener Zeiten von sich reden. Im Jahre 1920 fanden Archäologen in Panama einen sehr ungewöhnlichen goldenen Gegenstand, der offenbar ein raubtierartiges Geschöpf darstellen soll. Sie klassifizierten das wertvolle Objekt als Jaguar-Figürchen. Zwar verehrten die Völker Mittelamerikas zahlreiche Jaguargötter, doch was für ein merkwürdiges Exemplar von Raubkatze lag hier vor den Augen der geneigten Betrachter! Die Pfoten sahen aus wie mächtige Schaufeln, der gerade Schwanz des Tieres besitzt einen rechtwinkligen Querschnitt und mutet eher an wie ein gewaltiger Ausleger, gerade, wenn man den Blick einmal auf das mit Zahnrädern bestückte Schwanzende lenkt. Alles in allem kann

man sich nur schwer des Eindrucks erwehren, das Modell eines gewaltigen Baggers vor sich zu haben. Objektivere Wissenschaftler bezogen dementsprechend noch mindestens die Möglichkeit ein, daß hier ein Mechanismus zur Bewegung und Umschichtung großer Erdmassen modellhaft dargestellt sein könnte. Einige Altertumskundler weisen in diesem Zusammenhang auf die übermenschlichen städtebaulichen Leistungen hin, die von den frühen Völkern Mittelamerikas vollbracht wurden. Ohne Hilfe von Maschinen hätten Bauten wie Machu Picchu, die letzte geheime Zufluchtsstätte der Inka in über 2000 Meter hohen Andenregionen, niemals errichtet werden können.
Eine vielzitierte Entdeckung stammt aus dem Jahre 1936. Bei Ausgrabungen des Ruinenhügels von Chujut Rabuah in der Nähe von Bagdad fanden Archäologen vier unscheinbare Tongegenstände: drei mit Zaubersprüchen bedeckte Schalen und ein vasenförmiges Gefäß von nicht einmal 20 Zentimeter Größe. Alter: rund 2000 Jahre. In der Öffnung des kleinen, unglasierten Kruges steckte ein runder Kupferzylinder, der aus mehreren Metallstreifen zusammengeschweißt war. Der Zylinder selbst barg einen wahrscheinlich durch Säurefraß stark korrodierten Eisenstab. Er wurde ursprünglich mit einem Kupferdeckel verschlossen und mit Erdpech an der Vasenöffnung befestigt, so daß der Zylinder samt Stab etwa zehn Zentimeter in das Gefäß hineinragte.
Das Original dieses obskuren Gegenstandes befindet sich im Irak-Museum von Bagdad. Dem österreichischen Archäologen Wilhelm König war bereits im Jahr 1937 klar, daß er einen Apparat zur Erzeugung elektrischer Spannung vor sich hatte. Bald experimentierten Forscher mit Nachbildungen des antiken Gegenstandes. Als Elektrolyt diente Essig- oder Zitronensäure. Tatsächlich erzeugte das Gerät eine Spannung im Voltbereich! Eine Reihenschaltung mehrerer solcher Elemente erhöhte die Spannung deutlich.

Zuletzt befaßte sich der deutsche Ägyptologe Dr. Arne Eggebrecht, Direktor des »Roemer-Pelizaeus-Museum« in Hildesheim, mit jener vorchristlichen Batterie. Seiner Ansicht nach besteht in der Verwendung von Elektrizität so früh in der Menschheitsgeschichte kein Zweifel. Wer aber waren die Erfinder der Elektrizität beziehungsweise der Batterie von Chujut Rabuah? Die meisten Ägyptologen, darunter auch Dr. Eggebrecht, schreiben sie den Parthern zu, einem indogermanischen Reitervolk, das vor etwa 2000 Jahren aus den Steppen des Nordens in den Vorderen Orient eindrang und den Raum dann für ein halbes Jahrtausend beherrschte. Selbst der römischen Weltmacht leisteten sie durch ihr militärisches und reiterisches Geschick erfolgreich Widerstand. So besiegten sie 53 vor Christus auch die von Marcus Licinius Crassus bei Carrhae geführten Heere. Die Parther kontrollierten auch die wichtigsten Routen der Seidenstraße, wodurch sie bald Macht und Reichtum zu mehren vermochten. Keineswegs entspricht das lange verbreitete Bild, sie wären ein barbarisches Reitervolk gewesen, der Realität. Im Gegenteil, ihre kulturellen Errungenschaften werden den Historikern immer deutlicher bewußt. In der Stadt Hatra im Nordirak errichteten sie beispielsweise einen Tempel mit gewaltigen Tonnengewölben, allgemein verfügten sie über hochentwickelte architektonische Techniken. Ihre Batterie scheinen sie zur Weiterverarbeitung von Metallgegenständen erdacht und konstruiert zu haben. Wie Dr. Eggebrecht, vermutet auch der amerikanische Ingenieur und Historiker Sprague de Camp schon seit Jahren, daß die »Elektro-Vase« der Parther zum galvanischen Vergolden eingesetzt wurde, genauso ähnliche Apparate, die später in den Ruinen von Seleukia am Tigris oder auch in der parthischen Hauptstadt Ktesiphon (Chesiphon) ausgegraben wurden.

Dr. Eggebrecht stellte Versuche mit einem »Double« an, einer exakten Replik der Parther-Batterie. Zunächst benötigte er irgendeine geeignete Batterieflüssigkeit, ein saures Medium, das mit Sicherheit auch schon vor 2000 Jahren existierte. Frisch gepreßter Traubensaft schien diesen Anforderungen zu genügen. Er war ausreichend sauer und unfraglich auch im Altertum bekannt. Bereits der erste wichtige Teil des Experiments, zu dem etliche Fachleute geladen waren, verlief positiv: Das kleine elektrochemische Meisterwerk uralter Provenienz lieferte 0,5 Volt Spannung! Damit stieg natürlich auch die erwartungsvolle Spannung, ob der Versuch weiterhin gelingen würde! Der Museumsdirektor koppelte die Batterie mit einer Galvanisierwanne, in die er – stilgemäß – die silberne Nachbildung einer parthischen Königsstatuette eintauchte. Nach nur zweieinhalb Stunden hatte sich die Skulptur tatsächlich mit einer hauchdünnen, aber komplett deckenden Goldschicht überzogen!

Welchen Zwecken die sagenhafte Parther-Batterie noch gedient haben mochte, vermag niemand zu sagen. Gelegentlich aber wurde schon die Vermutung geäußert, mit Hilfe ihrer Energie wäre bereits vor Jahrtausenden künstliches Licht erzeugt worden, die Parther oder vielleicht gar ihre Vorfahren hätten bereits über *elektrisches* Licht verfügt. Bevor jener unscheinbare Tonkrug von Chujut Rabuah als eindeutig funktionierende antike Batterie erkannt worden war, mußten derartige Gedanken freilich als abstruse Spekulationen abgetan werden. Mittlerweile dürften jedoch auch einige Skeptiker nachdenklicher und aufmerksamer geworden sein.

Nachweise solcher Behauptungen verlangen nicht nur nach einer Neufassung der Wissenschaftsgeschichte, sondern darüber hinaus nach einer teils überradikalen Umformulierung der gesamten Menschheitsgeschichte. Ein mehr als gewaltiges Unterfangen also, das gleich eine Serie mühsam erarbeiteter Weltgebäude zum Einsturz bringen würde. Mit einem Male wäre den meisten Wissenschaftlern und Historikern

der vermeintlich so sichere Boden unter den Füßen weggezogen; auf Erfahrungen dieser Art dürfte jeder auch noch so aufgeschlossene Gelehrte gerne verzichten. Das ist die eine Seite des Problems, doch die andere läßt nicht ruhen. An allen Ecken und Enden der Welt begegnen wir unerklärlichen Rätseln, Vermächtnissen der Vergangenheit, die längst erstorbene Zeiten auf oft unerwartete Weise wiederbeleben und zur Neubemessung, zur Revision traditioneller Konzepte zwingen. Fast erscheint es so, als ob all diese Relikte, einer Phalanx von Ahnengeistern gleich, sich gemeinsam entschlossen hätten, uns gewissermaßen mit der Nase auf die Wahrheit zu stoßen und daran zu gemahnen, daß auch das nun Vergessene einst eine Existenz besaß. Unsere Augen sind nicht dazu da, daß wir sie vor den Möglichkeiten verschließen, die uns heute zur Lösung von naturwissenschaftlichen oder antiken Rätseln zu Gebote stehen. Technische Deutungen archäologischer Funde können – auch wenn sie anachronistisch wirken – nicht stets als fehlinterpretierte Fakten oder Hirngespinste realitätsentrückter Vertreter einer an Übertechnisierung krankenden Gesellschaft hingestellt werden. Eine Batterie, wie die der Parther, war früher als solche nicht zu erkennen, vor 100 Jahren hätte niemand etwas mit ihr anfangen können. Heute sind uns die betreffenden Zusammenhänge bekannt, und die Funktion des tönernen Gefäßes ist offenbar. Die Komplexität der Apparatur scheint zudem genügend groß, um einen Zufall, einen von den Parthern unbeabsichtigt hergestellten und dennoch funktionierenden Stromerzeuger ausschließen zu können. Angebracht ist schließlich auch die Frage, zu welchen Einsichten wir in 100 oder 200 Jahren gelangen werden, welche Erklärungen wir dann aufgrund unserer eigenen technischen Weiterentwicklung für antike Gegenstände finden werden, vor denen wir heute noch verständnislos stehen!
Wenn vor Jahrtausenden bereits elektrische Ströme erzeugt

werden konnten, verstanden die Völker jener Zeiten dann auch, diese Energie in Licht zu verwandeln? Einige Hinweise zumindest existieren für die Richtigkeit selbst dieser Vermutung.

In einem geheimen unterirdischen Gang unterhalb des Isis-Hathor-Tempels von Dendera nahe Luxor befindet sich ein recht sonderbares Wandrelief. Es zeigt mehrere menschliche Gestalten, deren völlige Aufmerksamkeit einem monströsen, keulen- oder birnenförmigen Gegenstand gilt. Auf bzw. in diesem Objekt ist eine Schlange dargestellt. Von ihrem nach oben gedrehten Kopf aus verläuft ihr Körper in regelmäßigen Windungen entlang der Längsrichtung jener »Keule« hin zu deren schmaleren unteren Ende, welches vom Kelch einer Lotosblume aufgenommen zu werden scheint. Der zentral situierte Schlangenkörper wird von zwei Armen gestützt, welche – ohne Schultern oder Kopf dazwischen – direkt ineinander übergehen. Die Arme sind augenscheinlich unmittelbar mit einer einigermaßen technisch anmutenden Struktur verbunden, auf der das Oberteil des gesamten Gebildes ruht. Eine mehr als seltsame Anordnung. Unter Ägyptologen besteht keineswegs Einigkeit über den Sinn dieses Reliefs. Die Deutungen reichen von sogenannten Schlangensteinen, die als Schutzsymbole vor Tempeln errichtet wurden, über Vergleiche mit einer »Sonnenbarke« bis hin zu der »Zerklärung«, es handele sich schlicht um Produkte künstlerischer Phantasie. Wie auch immer, das ganze Arrangement besitzt am ehesten noch Ähnlichkeit mit einer Jugendstillampe im Blütendesign. Tatsächlich hat es den Anschein, als ob das Originalgebilde, das als Motiv für jenes Relief diente, transparent war. Die von den beiden Armen getragene Schlange könnte einen bildlichen Ausdruck für elektrische Entladungen abgeben. Der Stengel der Lotosblume gleicht eher einem Kabel. Es mündet in einen Behälter, der demnach dann das stromerzeugende Element ent-

halten mußte. Jeder Teil der Darstellung besitzt sein technisches Pendant. Der österreichische Elektrotechniker Walter Garn rekonstruierte sogar ein funktionierendes Modell nach dem Vorbild des seltsamen Tempelreliefs.
Fertigten also die alten Ägypter ihre prächtigen Wandgemälde, die in tief verborgenen Felsengräbern im Tal der Könige noch heute in ihrer grandiosen Schönheit zu bewundern sind, im Schein künstlicher Beleuchtung an? Immerhin würde dies vielleicht erklären, warum die herrlichen mehrfarbigen Fresken nicht bereits im Prozeß ihres Entstehens vom Ruß der Fackeln und Kerzen zerstört wurden. In keiner der alten, stockdunklen Grabkammern fanden Archäologen jedoch Rußspuren. Doch Licht ist zum Malen nötig. Eine denkbare Erklärungsmöglichkeit wäre noch die Einspiegelung von Sonnenlicht. Über ein System stark reflektierender Flächen müßten die Strahlen durch die so langen wie finsteren Gänge, um Ecken und Winkel herum, zu den Wänden der Felsenkrypten gelangt sein. Allerdings, Spiegel einer derartigen Machart und Qualität, wie sie Archäologen der altägyptischen Technologie zubilligen, besäßen eine viel zu geringe Wirkung, um genügend Restlicht in die verborgenen Kammern vordringen zu lassen. Der größte Teil der Sonnenstrahlen würde auf dem Weg einfach verschluckt und gestreut.
Noch einmal zu jenem geheimnisvollen »Glühbirnenrelief«: Unmittelbar neben der wuchtigen Apparatur steht – ausgerechnet! – der Gott *Thoth,* später auch als »Hermes« bekannt, das Wesen, welches der Überlieferung und Mythologie zufolge den Menschen Licht und Kultur brachte, später dann aber wieder zu den Sternen aufstieg! Und nicht zu vergessen: Der Tempel von Dendera ist der Sirius-Göttin Isis geweiht und sogar nach dem Aufgangspunkt »ihres« Sternes ausgerichtet. Wieder also begegnen wir hier der schon so vertrauten Triade Sirius – rätselhaftes Wissen in antiker

Zeit – sowie: Existenz eines weisen Überwesens, das von den Sternen kam und auch dorthin zurückkehrte!
Gewiß können nicht alle ungewöhnlichen und aus technischer Sicht verblüffenden archäologischen Entdeckungen auf das Wirken, auf das Eingreifen fremder Wesen aus dem All zurückgeführt werden. Auch wenn sich Interventionen von außen ereignet haben, unübersehbar gab es stets eine sehr wesentliche irdische Komponente einer rein durch menschlich-innovatives Denken vorangetriebenen technischen Evolution. Warum sollten, wenn doch auf anderen Planeten intelligente Wesen ins Sein traten und zu einer auf uns noch regelrecht magisch wirkenden Technologie gelangten, nicht auch auf der Erde Prozesse in Gang gekommen sein, die im Laufe der Jahrmillionen letztlich eine biologische Form hervorbrachten, welche sich durch ein besonders leistungsfähiges Gehirn auszeichnet, welche begabt ist mit logischem Denken, Gefühl, Phantasie, künstlerischem Empfinden! Warum also sollte »Entwicklungshilfe« von außen nötig sein?
Sicherlich war der extraterrestrische Kontakt mit all seinen möglichen Auswirkungen nicht nötig. Er fand einfach statt – nicht mehr, nicht weniger ist zunächst anzunehmen. Und, wie jeder kulturelle Austausch hier auf unserem Planeten anregend für die Beteiligten werden und jeweils zu eigenen neuen Gedanken, Vorstellungen und Traditionen führen kann, genauso mag eine Begegnung mit fremdplanetaren Kulturen gewirkt haben. Alles wäre einfach auf eine höhere Ebene verschoben, das Grundmuster aber bliebe gleich. Gerade für die »primitivere« Zivilisation wären die geschichtlichen Konsequenzen eines Kontaktes von weitreichender Bedeutung, sicherlich um so mehr, je ähnlicher die geistige Struktur der beiden Kulturen beschaffen wäre. Zum entscheidenden Faktor wird dann die zeitabhängige Komponente: Je gewaltiger der evolutionäre Vorsprung der Frem-

den, desto schwieriger im allgemeinen auch die Kontaktaufnahme. In jedem Falle aber würde die Begegnung bleibende Spuren in der Chronik der Menschheit hinterlassen.
Planetare »Youngster-Zivilisationen«, die im Laufe vieler Jahrtausende immer wieder von älteren, höherentwickelteren Fremdwesen aufgesucht wurden, sollten daher nicht auf eine stete, relativ leicht verfolgbare, überschaubare Geschichte zurückblicken können, sondern vielmehr auf eine allseits geheimnisvolle, verworrene und sprunghafte Vergangenheit! Immer wieder sollten in den verschiedensten Epochen unverständliche Kulturschübe auftreten.
Unfraglich tragen auch geologische Katastrophen, Klimaumschwünge, Hungersnöte, Seuchen, Kriege und viele andere Großereignisse zur Verwirrung der Geschichte bei. Viel zu viele Faktoren bestimmen die Welt. Je nachdem, wie sie gerade zueinander wirken, können vollständige Kulturkreise plötzlich ausgelöscht werden, während glücklichere Konstellationen neue Reiche blühen lassen. Entsprechend schwer wird in den meisten Fällen sein, die wirklichen Ursachen und Abläufe herauszufinden. In der Geschichte der Menschheit – und wer wird ihre Geheimnisse in Abrede stellen – dürfte bereits mehrmals von selbst heraus ein kultureller und technischer Stand erreicht gewesen sein, wie wir ihn der betreffenden Epoche nach Bewertung der allemal bruchstückhaften archäologischen Rekonstruktionen nicht beimessen würden. Entsprechend überraschend gestalten sich dann freilich auch so manche Entdeckungen in den Gewölben alter Tempel oder zwischen den Gebeinen längst vergessener Gräber.
Eine nicht unerhebliche Reihe der historischen und prähistorischen Funde allerdings stellt Forscher – aller Einschränkungen ungeachtet – dennoch vor konventionell wirklich unlösbare Rätsel: Funde, die keinesfalls mehr allein als reine Eigenleistungen früher irdischer Hochkulturen betrachtet

werden können. Das nun wiederum bedeutet nicht, daß diese Funde dann selbst als extraterrestrische Artefakte einzustufen wären. Eher belegen sie durch ihre so auffallend genaue Wiedergabe bestimmter Szenen oder Originalobjekte offenbar die äußerst präzise Beobachtungsfähigkeit derjenigen Menschen, die plötzlich und unerwartet mit einigen ihnen vollkommen fremdartigen Phänomenen konfrontiert wurden. Diese Begabung zu detaillierter Auffassung und getreuer Reproduktion selbst undurchschaubarer Einzelheiten findet sich sehr oft – zahlreiche Cargo-Kulte aus unseren Tagen geben glänzende Beweise dafür ab. Daß in einigen Fällen, vielleicht nach Anleitung durch »Kulturbringer« auch funktionierende Nachkonstruktionen gelungen sind, mag zutreffen – das aber steht auf einem anderen Blatt.
1990 im Sethos-Tempel von Abydos entdeckte »Hieroglyphen« zählen in noch frappanterem Maß als die Dendera-Glühbirne zu denjenigen jahrtausendealten Bildzeichen, die auf ein einstmaliges Auftreten von Xenotechnik, von Fremdtechnik hindeuten. Die Glyphen besitzen die Form von Panzern, U-Booten, ja sogar von Hubschraubern – und das nicht nur schemenhaft, sondern ganz im Gegenteil äußerst klar erkennbar!
Unzweifelhaft echt ist ein sensationeller Fund aus dem Jahr 1898. Damals stießen Ausgräber in einem über 2000 Jahre alten Grab in der ägyptischen Nekropole von Sakkara auf einen kleinen Holzgegenstand, den sie als Vogelmodell aus frühdynastischer Zeit interpretierten. So landete das Stück folgerichtig in einer Schachtel mit der Aufschrift »Hölzerne Vogelmodelle« im Keller des Kairoer Museums. Dort fiel dieses mehr als interessante Objekt erst 1969 einem aufmerksamen Wissenschafter in die Hände, dem ägyptischen Archäologen Dr. Khalil Messiha. Was hatte sich in den seit der Erstentdeckung vergangenen 70 Jahren alles auf der

Welt ereignet und verändert! Während sich 1898 noch nicht einmal die Gebrüder Wright zum ersten Motorflug in die Lüfte erhoben hatten, war das Flugzeug nun aus dem alltäglichen Leben nicht mehr wegzudenken!
Dr. Messiha erkannte das »Vogelmodell« freilich sofort als Nachbildung eines Segelflugzeugs. Sie erwies sich sogar als flugfähig! Ein Team von Archäologen und Aeronautik-Spezialisten wies nach, daß das Original dieses Hochdeckers mit leicht abwärts geneigten Tragflächen sich ausgezeichnet zum Transport schwerer Lasten auch bei recht niedrigen Geschwindigkeiten zwischen 70 und 100 Stundenkilometern eignen mußte. 1978 wurde dem phänomenalen ägyptischen »Vogel«, diesem wahrhaftigen Phönix aus der Asche, sogar eine eigene Ausstellung in Kairo gewidmet.
Nachdem das Interesse erst einmal geweckt war, nahmen Experten sich auch weiterer Vogelmodelle an. Und nicht nur aus Ägypten sind Modelle frühzeitlicher Flugzeuge bekannt. Im Goldmuseum der Staatsbank von Bogota, Kolumbien, befindet sich beispielsweise unter anderem ein Schmuckgegenstand, der wohl zwischen 500 und 800 nach Christus angefertigt wurde. Betrachtet man ihn direkt von oben, so könnte er noch – in klassischer Weise und mit etwas gutem Willen – als Nachbildung eines Vogels oder Insekts interpretierbar sein. Aus einem etwas seitlichen Blickwinkel heraus aber fällt schon die senkrecht gestellte *Heckflosse* auf. Die stromlinienförmigen, spitzwinklig auf den Rumpf zulaufenden Flügel lassen auch nicht gerade an ein Vorbild aus der gefiederten Fauna denken. Ein wahrlich komischer Vogel also, dessen Gestalt eher an einen modernen Deltaflügel-Jet erinnert!

5 Brückenschlag über die Jahrtausende
Die (Hi)Story der Exo-Begegnungen

Verkehrschaos. Auf der amerikanischen Staatsautobahn 84 zwischen Brewster und Paterson, New York, geht nichts mehr. Unzählige Fahrzeuge bleiben einfach mitten auf der Fahrbahn stehen – niemand aber hupt oder drängt vor, niemand interessiert sich in diesem Moment mehr für sein ursprüngliches Ziel. Alles starrt unablässig zum Himmel. Die abendliche Landschaft ist in ein unheimliches Licht getaucht. Wie gebannt, wie gelähmt von den fremdartigen Strahlen bleiben viele in ihren Fahrzeugen, einige aber sind ausgestiegen, um das Unbegreifliche, das sich nun direkt über ihren Köpfen abspielt, besser verfolgen zu können: Genau über der Straße schwebt ein V-förmiger Flugkörper, groß wie ein Fußballplatz, die dunklen Schwingen besetzt mit Dutzenden mehrfarbig blinkender Lichter. Nach einigen Minuten des Verharrens sinkt das gigantische Objekt langsam weiter zur Erde herab und droht schließlich alles unter sich zu erdrücken. Endlich, in nur mehr zehn Meter Abstand vom Boden, kehrt die mächtige Maschinerie ihre Bewegung um, erhebt sich wieder und verschwindet lautlos in der Nacht.
Diese Szenen könnten unschwer einem Science-fiction-Streifen im Stil von »Unheimliche Begegnung der 3. Art« entstammen – oder gar der Zukunft selbst. Dennoch sind sie Realität. Nachdem bereits seit etwa 1950 immer wieder boomerangförmige Flugobjekte am Himmel beobachtet worden waren, häuften sich die Erscheinungen dann besonders in den achtziger Jahren. Am 17. März 1983, gegen acht Uhr abends, ereig-

nete sich dann die erste Massen-Nahsichtung. Die Telefonleitungen zu Polizeistationen an mehreren Beobachtungsorten in den Bundesstaaten Connecticut und New York waren in kürzester Zeit blockiert. Hunderte aufgeregter Zeugen verlangten nach Erklärungen für ein Phänomen, das niemand erklären konnte. Nur eine Woche später erschien der Flugkörper erneut. Nun blickten Tausende fassungslos zum Himmel. Unter den Augenzeugen befanden sich auch Piloten, Ingenieure, Offiziere und Naturwissenschaftler. Niemand konnte sich einen Reim auf die Herkunft oder Natur des erschreckenden Riesenobjektes machen, seine Existenz aber war unbestreitbar.
Der unheimliche Boomerang ließ sich weltweit blicken, so erregte er 1988 in Puerto Rico Aufsehen und zeigte sich im Winter 1989/90 auch über Belgien und Deutschland.
Fälle wie dieser belegen die Realität des Phänomens unidentifizierter Flugobjekte.
Wir Menschen des 20. Jahrhunderts stehen dabei immer noch vor den gleichen Problemen wie unsere Ahnen, die bereits vor Jahrhunderten oder Jahrtausenden mit unerklärlichen Ereignissen am Himmel konfrontiert wurden, die selbst aus heutiger Sicht utopisch anmuten. Ob in den uralten vedischen Schriften der Inder, ob in babylonischen Mythen, in chinesischen Annalen oder aber auch in mittelalterlichen Chroniken, überall stoßen wir auf solche Begegnungen der phantastischen Art. Das Phänomen rätselhafter und fremder Flugobjekte zieht sich wie ein roter Faden durch die Menschheitsgeschichte und ist – bis heute ungeklärt.

> »Man muß nicht gleich alles unter
> die Fabeln werffen/
> Was unsere Vernunfft nicht kan begreiffen.«
>
> ERASMUS FRANCISCI in
> »Der Wunder-reiche Erdüberzug unserer
> Nider-Welt/Oder Erd-umgebende
> Lufft-Kreys«, 1680

Ich will aber doch einiges von dem erzählen, was ich gesehen habe, wenn ich auch überzeugt bin, daß man es nicht glauben wird, da wir ja selbst, die wir es mit eigenen Augen gesehen haben, es mit unserer Vernunft nicht begreifen können.« Mit diesen Worten leitet der spanische Eroberer Hernan Cortés seine Beschreibung der Aztekenhauptstadt Tenochtitlán ein, diesem mittelamerikanischen Venedig, das er später dem Erdboden gleichmachte. »Zuerst muß etwas über die Lage des Landes Mexiko gesagt werden. Es ist rundum von hohen, rauhen Bergen umgeben. Das in der Mitte liegende Tal hat etwa 70 Leguas im Umkreis. Dieses Tal wird von zwei Landseen fast völlig eingenommen. Eine dieser beiden Lagunen hat süßes Wasser, die andere aber Salzwasser ... Die Hauptstadt Tenochtitlán liegt in diesem salzigen Landsee ... Sie hat vier Zugänge, alle über Steindämme führend, die von Menschenhand erbaut und etwa zwei Reiterlanzen breit sind. Die Stadt ist so groß wie Sevilla und Córdoba. Ihre Hauptstraßen sind sehr breit und gerade, einige sind zur Hälfte fester Boden, zur anderen Hälfte aber Wasser, auf dem die Boote fahren ... Es gibt in dieser großen Stadt viele Götzentempel von sehr schöner Bauart für die verschiedenen Stadtteile ... Einer dieser Tempel, der bedeutendste unter ihnen, ist so groß, daß innerhalb seiner hohen Mauern an die 500 Menschen wohnen könnten. Er hat wohl 40 Türme, in deren größtem man 50 Stufen hinaufsteigen muß. Der Hauptturm ist größer als der Turm der Kathedrale von Sevilla.« All die wunderschönen, rosa verputzten Prachtbauten, Tempel und Pyramiden, die sich über den in tiefem Blau schillernden Wassern des Texcoco-Sees erhoben, erschienen den Spaniern wie eine Traumvision, wie eine Fata Morgana. Und bald blieb von Tenochtitlán tatsächlich nicht mehr als die bloße Erinnerung. Cortéz gab vor, eine bessere Religion bringen zu wollen, doch hinter diesem Vorwand steckte nichts als kolonialer Fanatismus, gepaart mit maßloser Aggression und – immer wieder – Gier nach Gold, Perlen und Edelsteinen. Der christliche Konquistador metzelte die Bevölkerung nieder und ließ jene prunkvolle Stadt schleifen, bis kein Stein mehr auf dem anderen ruhte. Dann gründete er sein eigenes Reich und, anstelle von Tenochtitlán, seine eigene Hauptstadt – das heutige Mexico City, errichtet auf Blut und Asche der einstigen Azteken-Metropole.

Auch Hernan Cortéz wurde bei seiner Ankunft für einen Gott gehalten. Der erste aztekische Späher hatte die Spanier bereits gesehen, als sie mit ihren Schiffen die Küste ansteuerten. So schnell er nur konnte, schlug er sich bis in das Hochtal von Tenochtitlán durch, 2200 Meter über dem Meer. Völlig zerschunden erreichte er sein Ziel und berichtete dem Aztekenkaiser Montezuma II. atemlos, was er erlebt hatte. Der Bote sprach von »Türmen und Bergen«, welche auf dem Meer schwimmen würden und von überaus seltsamen, hellhäutigen Wesen aus einer anderen Welt. Montezuma erinnerte sich sofort der heiligen Überlieferungen seiner Ahnen und einer Prophezeiung, derzufolge der Kulturbringer Quetzalcoatl, ein Wesen halb Mensch, halb Gott, im Jahre »1-Schilf« aus östlicher Richtung wiederkehren würde. 1519, das Jahr, in dem Cortéz in Mexiko landete, um seinen grausamen Eroberungszug zu starten, war aber nach dem aztekischen Kalender ausgerechnet das Jahr 1-Schilf! Und wirklich kamen der »Gott« und sein Gefolge aus dem Osten – ein tragisches, ungeheuerliches Zusammentreffen der Erwartungen und Ereignisse!

Kein Wunder, daß die mächtigen Fremden, die auf »geweihlosen Hirschen« ritten und mit Eisen gleichermaßen bekleidet wie bewaffnet waren, als übernatürliche Geschöpfe verehrt wurden. Die Azteken beteten sie an als »Söhne der Sonne« – zunächst noch. Bald aber wurde ihnen ihr Irrtum zur bitteren Gewißheit. Der spanische Konquistador nahm seinen Gastgeber Montezuma gefangen und vernichtete die Kultur der Azteken. Spanische Bischöfe verbrannten alle schriftlichen Aufzeichnungen der »Heiden«, nur aus den mündlichen Überlieferungen der wenigen, die das Gemetzel überlebt hatten, ließ sich später die Geschichte und Tradition ihres Volkes einigermaßen rekonstruieren. Dennoch, das meiste bleibt im Dunkel der Vergangenheit. Vergebens haben Forscher bisher nach den vielleicht halb mythischen Herkunftsstätten wie *Aztlan* (»Weißer Ort«), *Chicomoztoc* (die »Sieben Höhlen«) oder *Culhuacan* (der »Krumme Berg«) gesucht. Bekannt ist nur, daß die Azteken als eines der letzten wandernden Völker auf der Suche nach ergiebigeren Nahrungsquellen aus dem Norden ins mexikanische Hochland aufbrachen und sich im 14. Jahrhundert auf einigen unbewohnten Inseln des Texcoco-Sees niederließen. Von dort breiteten sie sich in radikalen Eroberungszügen schnell über Mexico aus. Im Gebiet des Texcoco-Sees fanden sie Überreste der weit älteren toltekischen Kultur, als deren Nachkommen sich die Azteken fortan betrachteten. Auf einen ihrer Ahnen soll auch der Name »Tenochca« zurückgehen, mit dem die Azteken ihr eigenes Volk bezeichneten und später auch ihre Residenzstadt Tenochtitlán, was nichts weiter bedeutet als »Stadt des Tenoch«. – Wer war dieser Tenoch?

Der amerikanische Altertumsforscher Zecharia Sitchin stellt

hier eine interessante Querverbindung her. Die in Nahuatl – der Sprache der Tolteken, Azteken und anderer verwandter altmexikanischer Stämme – verfaßten mythologischen Texte enthalten zahlreiche Parallelen zu babylonischen und biblischen Überlieferungen. Sitchin fragt nun: »Wie erklärt man, daß diese ›Mythen‹ den Geschichten von Adam und Eva, von der Sintflut, die ein einziges Paar überlebt haben soll, und von der babylonischen Mythologie so ähnlich sind? Manche Forscher meinen, die Nahuatl-Texte spiegelten nur das, was die Indianer bereits von den bibelkundigen Spaniern gehört hätten. Aber da nicht alle Kodizes nach der Eroberung entstanden sind, lassen sich die Ähnlichkeiten zu biblischen und mesopotamischen Geschichten nur damit erklären, daß die mexikanischen Stämme mesopotamische Urahnen gehabt haben.«

Tenochtitlán – Stadt Tenochs. Könnte Tenoch eine Person sein, von der auch die Bibel zu berichten weiß? Die Azteken stellten vielen Begriffen zusätzlich den Konsonanten »T« vor. Der mexikanische Tenoch würde in biblischen Texten demnach als »Enoch« zu finden sein. Tatsächlich kennt das Alte Testament sogar gleich zwei Gestalten dieses Namens, der eine war ein Urenkel Adams und Evas, der andere Kains Sohn. Möglicherweise gingen diese beiden Enochs auf ein und dieselbe authentische Person zurück. Freilich wird das schwer feststellbar sein, wenn nicht weitere Funde frühchristlicher Texte ähnlich den Qumran-Rollen des Toten Meeres neuen Aufschluß geben. In der Bibel werden die Enochs nur kurz erwähnt. Einige umfangreiche, aber nicht in den Kanon der Bibel aufgenommene alte Schriften – die Apokryphen und Pseudoepigraphen des Alten Testaments – enthalten dagegen ausgesprochen vielfältige sowie ungewöhnliche, unerwartete Informationen und Aussagen. Im sogenannten »Buch der Jubiläen« findet sich die »Hebräische Apokalypse des Enoch«, ein geheimnisvoller Text, der wohl irgendwann im fünften oder sechsten Jahrhundert nach Christus entstanden ist, aber auf weit ältere Urtexte zurückdatiert. Da heißt es: »Kain nahm seine Schwester Awan zur Frau, und sie gebar ihm am Ende der vierten Jubelperiode Enoch. Und im ersten Jahr der ersten Woche des fünften Jubiläums wurden auf der Erde Häuser gebaut, und Kain baute eine Stadt, die er wie seinen Sohn Enoch nannte.«

Bei näherer Betrachtung gleicht die Apokalypse des Enoch einem utopischen Erlebnisbericht. Enoch, auch Henoch genannt, was der »Eingeweihte«, »Kundige« bedeutet, schildert darin seinen Flug in der »Sekina« (»Schekina«), einem feurigen, donnernden Himmelsgefährt, das von dem »Heiligen« und mehreren »Engeln« bedient und gesteuert wurde. Der Herr »ließ mich fahren in großer Herrlichkeit auf einem feurigen Wagen mit feurigen Pferden und prächtigem Gefolge, und mit der Sekina führte er mich hinauf in die Höhen der Himmel«, heißt es im sechsten Kapitel des Buches Henoch. Offensichtlich wurde der biblische Prophet zu einem Raumflug mitgenommen, das legen gerade die weiteren Textpassagen nahe. Die Startphase erlebt er als ein regelrechtes Inferno. Hätte Henoch in einem Space-Shuttle gesessen, seine Schilderungen wären wohl kaum anders ausgefallen: Das gesamte Fahrzeug ist in Flammen gehüllt, Blitze zucken umher. Der völlig verwirrte Flugneuling erlebt die Erschütterungen des startenden Raumschiffs, die Beschleunigungseffekte an seinem eigenen Körper, ja, er glaubt selbst in Flammen aufzugehen: »Sogleich als der Heilige, er sei gepriesen, mich aufnahm, um dem Thron der Herrlichkeit zu dienen und den Rädern des Fahrzeugs und allen Bedürfnissen der Sekina, verwandelte sich mein Fleisch in Feuer, meine Sehnen in lodernde Flammen, meine Knochen in Wacholderglut, meine Augenlider in Lichtblitze, meine Augäpfel in feurige Fackeln, die Haare meines Hauptes in heiße

Flammen, all meine Glieder in Flügel brennenden Feuers und meine Körpermasse in loderndes Feuer. Zu meiner Rechten waren die Flammen abgegrenzt, zu meiner Linken brennende Fackeln, und überall um mich fegte wild der Wind und Stürme. Und das grollende Donnern von Erdbeben, eins aufs andere folgend, war vor und hinter mir.« Den Herrn, den Kommandanten des »Flammenschiffes« beschreibt Henoch als in ein schneeweißes Gewand gehüllte Persönlichkeit, das Haar des »Heiligen« scheint ihm wie aus reiner Wolle, seine ganze Robe strahlt »in einem glänzenden Licht«. Im Verlauf seines umfangreichen Berichtes versucht der technisch natürlich absolut überforderte hebräische Prophet auch ein Bild des Raumschiffs selbst zu vermitteln. Da ist die Rede von einem Gefährt mit acht Rädern. Sturmwinde schließen sie in einem Kreis ein, »vier Feuerflüsse fließen unter ihnen heraus, einer auf jeder Seite. Zwischen ihnen stehen vier Wolken im Kreis, den Rädern gegenüber. Dies sind ihre Namen: Wolken von Feuer, Wolken von Feuerbrand, Wolken glühender Kohlen, und Wolken von Schwefel.« Henoch spricht außerdem von vier Kreaturen, die in die vier Windrichtungen blicken. Jede dieser Kreaturen besitzt ihrerseits vier Gesichter sowie vier Flügel, und »jede von ihnen hat Gesichter in den Gesichtern und Flügel in den Flügeln«. Höchst geheimnisvoll. »Die Füße der Kreaturen ruhen auf den Rädern, und zwischen einem Rad und einem anderen grollen die Erdbeben und rollen die Donner... Die Cherubim stehen neben den heiligen Kreaturen, und ihre Flügel sind erhoben auf die Höhe ihrer Häupter. Die Sekina ruht auf ihrem Rücken, der Glanz der Herrlichkeit ist auf ihren Gesichtern. Ihre vier Seiten sind von Feuersäulen flankiert... Ein Saphirstein steht auf der einen Seite, ein Saphirstein auf der anderen, und unter den Saphiren Glut.«

Henoch muß tatsächlich etwas Übermächtiges, Ungeheuerliches, Unbeschreibliches erlebt haben. Was ist aus ihm selbst geworden? Angeblich *starb er nicht*, sondern wurde »von Gott weggenommen«, wie es in der Genesis heißt – eine auffallend eigenartige Formulierung, denn alle anderen Kurzbiographien der Nachkommensliste von Adam und Eva enden ohne besondere Beschönigung schlicht mit den Worten »und er starb«. Henoch, der siebente der zehn Urväter – so bezeichnete ihn Moses –, hatte ein besonderes Schicksal: Er wurde auf einem feurigen Gefährt in den Himmel geführt. Interessant: Henoch, der »Kundige«, galt ganz speziell als Sternkundiger, als Erfinder der Astrologie, genau wie der sagenhafte Hermes, von dem mittlerweile schon öfter die Rede war. Tatsächlich wurde Henoch sogar gelegentlich mit Hermes gleichgesetzt! Einige unerklärliche, scheinbar voneinander unabhängige Ereignisse der frühen Menschheitsgeschichte scheinen durch beinahe unsichtbare Ketten miteinander verbunden zu sein.

Wie auch immer die Dinge liegen, eine Begegnung nach Art des Henoch-Berichts kann nicht gesondert für sich stehen, andere Zeitgenossen müssen auf den oder die wundersamen Flugkörper, eventuell auch auf deren Insassen aufmerksam geworden sein. Freilich waren damals, in vorchristlicher Zeit, nur wenige des Schreibens kundig, doch irgendwann mögen dann die zunächst mündlichen Überlieferungen sorgsam aufgezeichnet worden sein, in geheimen Manuskripten und heiligen Schriftrollen. Und wirklich, solche Dokumente existieren. Nicht nur weitere apokryphe Texte, sondern verblüffende, ureigene Passagen aus dem Alten Testament bestätigen das Buch Henoch. Deutliche Parallelen finden sich im siebten Kapitel des Buches Daniel: »Ich schaute in meinem Gesicht bei der Nacht, und siehe, die vier Winde des Himmels brachen los auf das große Meer. Und vier große Tiere stiegen aus dem Meere herauf, eines verschieden von dem anderen ... Nach diesem schaute ich in Gesichten der

Nacht: Und siehe, ein viertes Tier, schrecklich und furchtbar und sehr stark, und es hatte große eiserne Zähne; es fraß und zermalmte, und was übrigblieb, zertrat es mit seinen Füßen ... Ich schaute, bis Throne aufgestellt wurden, und ein Alter an Tagen sich setzte: Sein Gewand war weiß wie Schnee, und das Haar seines Hauptes wie reine Wolle; sein Thron Feuerflammen, dessen Räder ein loderndes Feuer. Ein Strom von Feuer floß und ging von ihm aus.« Nicht viel anders wirkt ein Auszug aus dem Zweiten Buch Samuel (Kapitel 22): »In meiner Bedrängnis rief ich zu Jehova, und ich rief zu meinem Gotte; und er hörte aus seinem Tempel meine Stimme, und mein Schrei kam in seine Ohren. Da wankte und bebte die Erde; die Grundfesten des Himmels zitterten und wankten, weil er entbrannt war. Rauch stieg auf von seiner Nase, und Feuer fraß aus seinem Munde; glühende Kohlen brannten aus ihm« – ein höchst seltsames göttliches Wesen! – »Und er neigte die Himmel und fuhr hernieder, und Dunkel war unter seinen Füßen. Und er fuhr auf einem Cherub und flog daher, und er erschien auf den Fittichen des Windes ... Aus dem Glanze vor ihm brannten feurige Kohlen. Es donnerte Jehova vom Himmel her, und der Höchste ließ seine Stimme erschallen. Und er schoß Pfeile und zerstreute sie, seinen Blitz und verwirrte sie.«
Der meistdiskutierte, weil ausführlichste und zugleich sensationellste Bibeltext aber findet sich im Buch des Propheten Ezechiel. Lange Zeit wurden seine Schilderungen für eine rätselhafte, irreale Vision gehalten, doch dafür ist dieser Text sowohl als Ganzes wie auch im Detail viel zu schlüssig und widerspruchsfrei. In vielerlei Hinsicht ähneln Worte und Beschreibungen Ezechiels den Ausführungen des Henoch.
Ezechiel (Luther nennt ihn Hesekiel) war Sohn eines Priesters, entstammte also der israelitischen Oberschicht. König Jojachin ließ die Angehörigen dieser mächtigen Klasse im

Jahre 597 vor Christus nach Babylonien deportieren, um dem israelitischen Volk alle Führungspersönlichkeiten für einen potentiellen Aufstand gegen Babylon zu entziehen.
593 vor Christus hatte Ezechiel dann seine erste Begegnung mit dem Unfaßbaren: »Und es geschah im dreißigsten Jahre, im vierten Monat, am Fünften des Monats, als ich inmitten der Weggeführten war, am Flusse Kebar, da taten sich die Himmel auf, und ich sah Gesichte Gottes. Am Fünften des Monats, das war das fünfte Jahr der Wegführung des Königs Jojachin, geschah das Wort Jehovas ausdrücklich zu Hesekiel, dem Sohne Busis, dem Priester, im Lande der Chaldäer... Und ich sah: Und siehe, ein Sturmwind kam von Norden her, eine große Wolke und ein Feuer sich ineinander schlingend, und ein Glanz rings um dieselbe; und aus seiner Mitte, aus der Mitte des Feuers her, strahlte es wie der Anblick von glänzendem Metall. Und aus seiner Mitte hervor erschien die Gestalt von vier lebendigen Wesen; und dies war ihr Aussehen: Sie hatten die Gestalt eines Menschen. Und jedes hatte vier Angesichter, und jedes von ihnen hatte vier Flügel. Und ihre Füße waren gerade Füße, und Fußsohlen wie die Fußsohlen eines Kalbes; und sie funkelten wie der Anblick von leuchtendem Erze. Und Menschenhände waren unter ihren Flügeln an ihren vier Seiten; ... Ihre Flügel waren verbunden einer mit dem anderen; sie wandten sich nicht, wenn sie gingen: sie gingen ein jeder stracks vor sich hin ... wohin der Geist gehen wollte, gingen sie; ... und die Gestalt der lebendigen Wesen: ihr Aussehen war wie brennende Feuerkohlen, wie das Aussehen von Fackeln. Das Feuer fuhr umher zwischen den lebendigen Wesen; und das Feuer hatte einen Glanz, und aus dem Feuer gingen Blitze hervor. Und die lebendigen Wesen liefen hin und her wie das Aussehen von Blitzstrahlen.
Und ich sah die lebendigen Wesen, und siehe, da war ein Rad auf der Erde neben den lebendigen Wesen ... Das Aus-

sehen der Räder und ihre Arbeit war wie der Anblick eines Chrysoliths, und die vier hatten einerlei Gestalt; und ihr Aussehen und ihre Arbeit war, wie wenn ein Rad inmitten eines Rades wäre ... Und ihre Felgen, sie waren hoch und furchtbar; und ihre Felgen waren voll von Augen ringsum bei den vieren. Und wenn die lebendigen Wesen gingen, so gingen die Räder neben ihnen; und wenn die lebendigen Wesen sich von der Erde erhoben, so erhoben sich die Räder. Wohin der Geist gehen wollte, gingen sie, dahin, wo der Geist gehen wollte; und die Räder erhoben sich neben ihnen, denn der Geist des lebendigen Wesens war in den Rädern ... Und über den Häuptern des lebendigen Wesens war das Gebilde einer Ausdehnung, wie der Anblick eines wundervollen Kristalls, ausgebreitet oben über ihren Häuptern. Und unter der Ausdehnung waren ihre Flügel gerade gerichtet ... Und wenn sie gingen, hörte ich das Rauschen großer Wasser, wie die Stimme des Allmächtigen, das Rauschen eines Getümmels wie das Rauschen eines Heerlagers. Wenn sie still standen, ließen sie ihre Flügel sinken. Und es kam eine Stimme von oberhalb der Ausdehnung, die über ihren Häuptern war ... Und oberhalb der Ausdehnung ... war die Gestalt eines Thrones wie das Aussehen eines Saphirsteines; und auf der Gestalt des Thrones eine Gestalt wie das Aussehen eines Menschen oben darauf. Und ich sah wie den Anblick von glänzendem Metall, wie das Aussehen von Feuer innerhalb desselben ringsum; von seinen Lenden aufwärts und von seinen Lenden abwärts sah ich wie das Aussehen von Feuer; und Glanz war rings um denselben. Wie das Aussehen des Bogens, der am Regentage in der Wolke ist, also war das Aussehen des Glanzes ... Und als ich es sah, fiel ich nieder auf mein Angesicht; und ich hörte die Stimme eines Redenden.« Der Redende, offenbar der Kommandant des Raumschiffs, nimmt Ezechiel gleich im Anschluß an diese erste Begegnung auf einen Flug mit. »Und der Geist hob mich empor; und ich hörte hinter mir den Schall eines starken Getöses ... und das Rauschen der Flügel der lebendigen Wesen, welche einander berührten, und das Sausen der Räder neben ihnen, und den Schall eines starken Getöses. Und der Geist hob mich empor und nahm mich hinweg; und ich fuhr dahin, erbittert in der Glut meines Geistes; und die Hand Jehovas war stark auf mir. Und ich kam nach Tel-Abib zu den Weggeführten, die am Flusse Kebar wohnten; und daselbst, wo sie saßen, dort saß ich sieben Tage lang betäubt in ihrer Mitte.«

Genau wie Henoch erlebt Ezechiel die Startgeräusche, den Lärm der Antriebseinheiten und wird durch die Beschleunigung in den Sitz gedrückt – »die Hand Jehovas war stark auf mir«. Nach dem Flug ist er wie benommen von den Eindrücken, erst nach einer Woche hat er sich wieder einigermaßen erholt. In den folgenden 20 Jahren kommt es noch zu drei Begegnungen zwischen Ezechiel und dem Fremden, den er übrigens nie als »Gott« auffaßt. Er spricht statt dessen recht neutral, ja wenig ehrfürchtig, von »Jenem«, dem »Redenden«, dem »Mann« oder »Herrn«. Während die erste Flugerfahrung noch unzweifelhaft einen Schock für Ezechiel nach sich zieht, scheinen ihm spätere Luftabenteuer regelrecht zum Genuß zu werden, seinen zweiten Flug kommentiert er bereits bar jeder Beklemmungen: »Dann erhob mich ein Geist zwischen Erde und Himmel und führte mich nach Jerusalem in gottgewirkten Schauungen ...« Der Prophet hat seine Höhenangst augenscheinlich überwunden!

Ezechiel wird in eine riesige Tempelanlage geflogen, die er gleichfalls, so gut er nur eben kann, zu beschreiben versucht. Freilich, oft fehlen ihm dazu die richtigen Worte. Was aus heutiger Sicht noch schwer interpretierbar ist, mußte vor über 2500 Jahren unfraglich selbst für einen überdurchschnittlich gebildeten, scharfsinnigen und wortgewandten Augenzeugen wie Ezechiel im ureigensten Wortsinne unbe-

schreibbar gewesen sein. Niemand, der mit unbekannten Phänomenen konfrontiert wird, kann in einer solchen Situation etwas anderes tun, als *Umschreibungen* mit bekannten Begriffen, Objekten und Erscheinungen zu suchen. Genau das tat Ezechiel. Und er beherrschte diese »Technik« so glänzend, wählte seine vergleichenden Worte so präzise, daß noch heute, nach Jahrtausenden, ein absolut schlüssiges Bild der Geschehnisse vor unseren Augen ersteht. Mit Träumen, Visionen oder Wahnvorstellungen können seine Erlebnisse daher nicht wegerklärt werden. Auch wenn sie für manche Zeitgenossen eher unbequem sein mögen, die »Schauungen« des Propheten Ezechiel sind Realität! Sie sind in ihrer Genauigkeit einzigartig und erweisen sich gleichsam als Schlüsselereignisse zum Verständnis früher Flugüberlieferungen und wiederholter Begegnungen der Menschheit mit einer fremden Intelligenz.
Anfang der siebziger Jahre wurde der österreichisch-amerikanische Raketeningenieur und Leiter der NASA-Abteilung »Projektkonstruktion« Josef F. Blumrich auf den Ezechiel-Bericht und dessen raumfahrttechnische Interpretation aufmerksam. Seine erste Reaktion darauf bestand in ablehnender Skepsis. Mit einigen Grundsatzrechnungen glaubte er die Unmöglichkeit dieser Deutung schnell beweisen zu können. Je länger und intensiver sich Blumrich aber mit den Texten befaßte, desto mehr wandelte sich seine ursprüngliche negative Einstellung zu der Überzeugung, daß der biblische Prophet de facto einem außerirdischen Raumfahrzeug und seiner Besatzung begegnet war. Der NASA-Ingenieur betont in seinen Untersuchungen, die auch in Buchform erschienen sind, immer wieder die erstaunliche Zweckmäßigkeit, die physikalisch-technische Konsequenz des Flugkörpers, den Ezechiel beschreibt. Blumrich rekonstruierte aus dessen Angaben ein weltraumtaugliches, nukleargetriebenes Fluggerät. Die vier Wesen – mit den geraden »Erzfüßen«

und den ausgestreckten Flügeln – entpuppten sich als Mehrzweck-Landeeinheiten: Sie dienten einem Vertikalflug in der letzten Phase des Atmosphärenabstiegs und arbeiteten nach dem Hubschrauberprinzip. Diese zylindrischen Antriebseinheiten waren jeweils mit zwei Greifarmen ausgestattet, so daß das Gesamtbild – Füße, Arme, Flügel, Beweglichkeit einzelner Mechanismen – auf Ezechiel tatsächlich den Eindruck »lebendiger Wesen« vermitteln mußte, menschenähnlicher Gestalten, die der Prophet als »Cherubim«, als Wächterengel auffaßte. Neben diesen Strukturen befanden sich seltsame Räder. Sie hatten es Ezechiel besonders angetan. Kein Wunder: Zum einen zählten sie zu den wenigen Bestandteilen des fremden Gefährts, die er eindeutig mit einem technischen Begriff seiner Zeit belegen konnte, zum anderen zeichneten sich diese Räder auch durch eine ganz besondere Eigenschaft aus: Es waren »Räder in Rädern«, die sich überall hin bewegen konnten, wohin der »Geist« – der motorische oder wie auch immer geartete, unsichtbare Antrieb – sie führte. Professor Blumrich untersuchte auch diese Räder genauer und rekonstruierte ihren Aufbau. Das Ergebnis dieser Arbeit konnte er am 5. Februar 1974 in den USA unter der Nummer 3,789.947 patentieren! Mittlerweile befaßt sich der Raumfahrtkonzern *MBB-Erno* auch mit der Verbesserung von interplanetaren Rückkehrkapseln durch Ausstattung mit Hubschrauberlandeeinheiten, ganz nach dem Vorbild des angeblich rein »visionären« Ezechiel-Raumschiffes. Wir sollten diesen Bericht wirklich ernst nehmen. Er dürfte einerseits noch viele richtungsweisende Anregungen für die Weiterentwicklung unserer eigenen Raumfahrttechnologie enthalten, andererseits beinhaltet er aber auch mehr als deutliche Hinweise auf tatsächlich bereits stattgefundene Kontakte eines Menschen mit Wesen fremder Zivilisationen. Wie gesagt – ein grandioser Schlüsselbericht!
Der Hauptkörper jenes »biblischen« Raumschiffs wurde von

vier säulenartigen Landeeinheiten getragen und, zum bequemen Ortswechsel im Gelände, zumindest über kurze Wegstrecken mit Hilfe der Rädersysteme bewegt. Er mußte sich nach unten hin verjüngen, um den Rotorblättern, den »Flügeln« der vier »Cherubim« genügend Platz zu bieten. Blumrich berechnete für das gesamte Raumfahrzeug – bei einer Masse von 100 Tonnen – einen Durchmesser von rund 18 Metern, womit Rotoren mit einem Gesamtdurchmesser von elf Metern gut Platz fänden. Über dem trichterförmigen Zentralkörper, dessen Spitze in einer Nukleardüse endete, erhob sich ein kuppelförmiger Aufbau, gekrönt von der Kommandozentrale des Raumschiffkommandanten. Ezechiel spricht vom »Gebilde einer Ausdehnung«, oberhalb derer »die Gestalt eines Thrones wie das Aussehen eines Saphirsteines« war.

Bei soviel Detailtreue fällt es schwer, die Raumschiff-Interpretation zu widerlegen, die mittlerweile selbstverständlich auch von Blumrich ohne Vorbehalt und mit entsprechend fester Überzeugung vertreten wird. Dennoch, einige Zeitgenossen wollen sich mit den neuen Erkenntnissen nicht abfinden und glauben plausiblere Erklärungen anbieten zu können. Manche gehen dabei so weit zu behaupten, Ezechiel sei lediglich Wahnvorstellungen aufgesessen, andere verbinden den geheimnisvollen Bericht mit der ziemlich kuriosen Idee, die geschilderten Ereignisse würden auf einen israelitischen Festkult hindeuten, und wieder andere behaupten, das ganze Spektakel sei ein seltenes Naturereignis gewesen, wohl ein atmosphärisches Phänomen – alles in allem also recht fadenscheinige »Patentlösungen«! Ob diese Lösungen jedoch wirklich naheliegender und schlüssiger sind als eine Erklärung durch Kontakte mit fremdplanetaren Zivilisationen, bleibt dahingestellt. Die Überlieferung spricht eindeutig für einen derartigen Kontakt.

Die meisten Weltraumwissenschaftler sind von der Existenz

anderer intelligenter Lebensformen im Kosmos überzeugt, doch an Außerirdische, die schon einmal auf der Erde waren, können, wollen nur die wenigsten glauben. Eigentlich paradox. Und Extraterresten in der Heiligen Schrift, das ist erst recht Unfug, dazu noch Blasphemie! Gleich mehrere Teufelskreise also sind miteinander verbunden und bilden ein ähnlich verschachteltes Räderwerk wie das der mysteriösen Räder des »Ezechiel-Raumschiffs«. Ausnahmsweise greifen darin die Zahnräder kirchlicher, wissenschaftlicher wie auch politischer Interessen ohne Spiel ineinander. Die Theorie nicht-irdischer Intelligenzen hohen Niveaus ist für alle gefährlich: Ihre endgültige Bestätigung hätte für jeden dieser Bereiche wesentliche nachteilige Konsequenzen – den jeweiligen Repräsentanten wären in mehr oder minder großen Umfang Macht und Grundlagen entzogen.
Wissenschaftler, die sich mit dem »Unsinn« außerirdischer Interpretationen befassen, müssen um ihren Ruf fürchten. So wird die Untersuchung eines ernstlich zu erwägenden Phänomens ersten Ranges hin zu privaten Randgruppen oder Einzelpersonen verdrängt, die außerhalb der hohen Mauern von Universitäten und Instituten forschen. Immer noch angefeindet. Einige Wissenschaftler veröffentlichen ihre Ergebnisse sogar unter einem Pseudonym, um ihre Seriosität nicht aufs Spiel zu setzen. So fortschrittlich, frei und aufgeschlossen ist unsere Gesellschaft! Oft sind es also Außenseiter, Leute abseits des Konventionellen, die dem Themenkomplex um Einflüsse durch fremde Intelligenzen nachzuspüren versuchen. Besser gesagt: Sie werden vielmehr durch ihre Beschäftigung mit dem »Unmöglichen« zu Außenseitern. Wer schenkt solchen spintisierenden Laien schon Glauben? Es wäre nicht das erste Mal in der Geschichte der Wissenschaft, daß ein unbequemes, weil ungewöhnliches Weltkonzept anscheinend möglichst schon im Keime erstickt werden soll.

Oder haben die Skeptiker am Ende doch recht? Außerirdische Zivilisationen, Weltraumwesen auf der Erde – wurde auf diesem weiten Feld nicht schon viel Unfug getrieben? Verwechslungen, Irrtümer, Täuschungen? Aber bieten nicht immer wieder gerade neue, junge Wissenszweige breite Angriffsflächen für jegliche Art von Mißbrauch oder schlicht Fehleinschätzung? Kinderkrankheiten, die sich legen. Deswegen hoffnungsvolles wissenschaftliches Neuland zu verteufeln, wäre fatal. Aus der haarsträubenden Astrologie entwickelte sich die exakte Astronomie, aus der abstrusen Alchemie die seriöse moderne Chemie. Ähnlich einer natürlichen Auslese, wie sie Darwin sich vorstellte, scheint auch die naturwissenschaftliche Wahrheitsfindung einen Selektions- und Reifungsprozeß durchzumachen. Am Ende steht die Wahrheit selbst.

Die zunehmende Zahl der Indizien und Hinweise für wiederholte Weltraumkontakte weist gleichfalls in die Richtung realer Ereignisse.

Nachdem Blumrich das Raumschiff des Ezechiel praktisch vollständig rekonstruiert hatte, wandte sich in den achtziger Jahren der deutsche Chefingenieur Hans-Herbert Beier in umfangreichen architektonischen Studien dem mysteriösen Tempel zu, zu welchem Ezechiel geflogen wurde. Wieder erwiesen sich die Angaben des Bibeltextes als außergewöhnlich präzise. Auch Beier gewann ein beinahe vollständiges Bild seines Untersuchungsgegenstandes. Und wieder paßt alles bestens zusammen, Größenverhältnisse, Wegstrecken, Abmessungen stimmen genau überein. Mehr noch: Ein Vergleich zwischen dem Raumschiff, wie Blumrich es aus Ezechiels Angaben errechnete, und dem Tempel, wie Beier ihn unabhängig davon rekonstruierte, zeigt, daß beide – Raumschiff und Tempel – exakt zusammenpassen, nach dem Schlüssel-Schloß-Prinzip! Der Gebäudekomplex war einem Amphitheater vergleichbar arrangiert, nach oben hin offen, so daß das Raumschiff mitten in seinem Inneren landen konnte. Augenscheinlich diente der »Tempel« als Landebasis. Einige Beobachtungen Ezechiels sprechen auch dafür, daß dort gleichfalls Wartungsarbeiten am Raumschiffkörper durchgeführt wurden.

Während seines Aufenthaltes in diesem »Weltraumbahnhof« zeigte der »Mann aus Erz«, der Kommandant des Schiffes, Ezechiel praktisch den gesamten Komplex. Ob das mit Bedacht geschah? Der mit einer genial zu nennenden Auffassung begabte Prophet hatte auf diese Weise die Gelegenheit, sich die Maße aller Gebäude einzuprägen. Nachrechnungen seiner Angaben haben ihre Widerspruchsfreiheit erwiesen. »Fast hat man den Eindruck, Ezechiel seien bestimmte Strukturen nur gezeigt worden, damit diese Maßkontrollen später durchgeführt werden können«, so Beier.

Nach wie vor unklar ist, ob jenes Gebäude speziell als Basis errichtet wurde oder aber ein bereits vorhandener Tempel entsprechend umfunktioniert wurde. Auch die Frage nach dem Standort jenes Tempels bleibt bislang unbeantwortet. Ezechiel selbst wußte nicht, wohin er verbracht wurde, vermutete den auch ihm geheimen Landeplatz jedoch in Israel. Freilich hatte er keinerlei Vorstellung von der Fluggeschwindigkeit des Raumschiffs, in dem er wohl mit ziemlich gemischten Gefühlen saß. Er konnte jedenfalls Tausende von Kilometern weiter geflogen sein, als er eigentlich vermutete. Wenn aber Ezechiel zumindest die Flugrichtung korrekt erkannt haben sollte – was durchaus im Bereich des Möglichen liegt –, dann wäre seine Reise vom Startpunkt Babylon über Israel hinweggegangen und hätte bei einem direkten, geradlinigen Flug über den Atlantik in den süd- oder mittelamerikanischen Raum geführt.

Gerade in Mittelamerika liegen einige der immer noch zu den rätselhaftesten zählenden alten Bauten unserer Erde. Viele von ihnen besitzen ähnliche Charakteristika wie der

Ezechiel-Tempel. Beier vermutet in dieser »Stilverwandtschaft« einen realen Zusammenhang. Könnte sich eine jener Ruinenanlagen als Überrest der einstigen Basis erweisen? Oder liegen ihre Ruinen noch ganz und gar unentdeckt irgendwo unter undurchdringlichem Urwalddickicht? Wurde der Tempel vielleicht einst völlig zerstört, wurden auf seinen Grundmauern andere Bauten und Heiligtümer errichtet? Beier schreibt: »Die meisten der gefundenen südamerikanischen Tempelbauten werden späteren Perioden als der Ezechiels (um 570 v. Chr.) zugeschrieben ... Aber läge es nicht doch vielleicht im Bereich des Möglichen, daß Ezechiels Tempel eine Art Vorbild für spätere Kulturen gewesen sein könnte?« Denken wir nur an Tenochtitlán, die Stadt Henochs, die von aztekischen Baumeistern auf den Resten weit älterer Anlagen errichtet und später ihrerseits von den Spaniern zerstört wurde. Wie in Troja lagert hier Stadt auf Stadt, mit Mexico City als der neuesten Ausgabe. Lag irgendwo unter den Häuser- und Straßenfluchten dieser Metropole, noch unter dem Schutt Tenochtitláns, vor zweieinhalb Jahrtausenden jener geheimnisvolle Tempel, zu dem Ezechiel geführt wurde?
Denken wir auch an Henoch selbst. Sein Bericht nimmt sich wie eine nur leicht veränderte Variante der Schilderungen Ezechiels aus, und seine Spur führt gleichfalls in den mittelamerikanischen Raum. Ohne weiteres könnte man Henoch und Ezechiel für ein und dieselbe Person halten, die später unter verschiedenen Namen Eingang in die heiligen Schriftzeugnisse gefunden hat.
Noch sind die wenigsten Fragen geklärt, noch die wenigsten Rätsel gelöst. Wie Beier es ausdrückt: »Wir stehen erst am Anfang einer großen Suche.«
Ezechiel mußte sich des begrenzten Wortschatzes seiner Zeit bedienen. Doch nutzte der »schizophren veranlagte Paranoiker« – als solchen bezeichnete der Philosoph Karl Jaspers

den Bibelpropheten – diesen Wortschatz bestmöglich aus und fand passende Umschreibungen für alles, was er sah. Seine Schilderungen nehmen sich übrigens oft gar nicht viel anders aus als Beschreibungen moderner Sichtungen unerklärlicher Flugobjekte. Immer wieder ist auch hier von zukkenden Blitzen, donnerndem Lärm und glühenden Rädern die Rede.

1990 erschien über Nevada ein donnernder Flugkörper, dessen Grollen mit einem Gewitter verglichen wurde. Als das Objekt am Himmel auftauchte, bebte im Umkreis von 25 Kilometern die Erde. Ein Augenzeuge erinnert sich: »Es war, als würde der Himmel aufreißen!« – Sind das nicht beinahe die Worte Ezechiels?

Im Juli 1984 sorgte ein anderes geheimnisvolles Objekt für Panik. Es zeigte sich über einem Entlüftungsturm des Kernreaktorgeländes *Indian Point* bei Buchanan, New York. Als es sich dem Reaktor näherte, fielen unter anderem die Sicherheitssysteme aus, das Alarmsystem und das interne Computernetz. Beschreibungen des Flugkörpers lassen aufhorchen: Über einem kegel- oder trichterförmigen Mittelteil wölbte sich eine halbmondförmige Kuppel, die von einem glänzenden Licht gekrönt war. Bis auf die vier hubschrauberartigen Landeeinheiten, welche hier fehlten, ähnelte die Struktur also in etlichen Details dem Gefährt, das Ezechiel sah. Das fremdartige Fluggerät schwebte etwa 15 Minuten über dem Sperrbezirk des Atomkraftwerks. Es wurde von elf Sicherheitsbeamten und Offizieren beobachtet und mit mehreren Kameras gefilmt. Diese Videobänder werden jedoch bis heute unter Verschluß gehalten, die Reaktorleitung lehnt Interviews ab.

1974 kam es in Togo, Westafrika, zu einer ebenfalls recht unheimlichen Begegnung. In der Nacht des 29. März jenes Jahres erschien über einem See nahe der Stadt Lomé ein etwa 25 Meter großes rechteckiges Flugobjekt. Zwei Zeugen hörten zunächst einen schmerzhaft lauten Pfeifton und wurden bald auch auf dessen Verursacher aufmerksam, der direkt über dem See schwebte. Plötzlich verformte sich die Wasseroberfläche unterhalb des seltsamen Apparates zu einem Trichter. Von ihm gingen brecherartige Wellen aus, die über das Ufer des Sees peitschten. Ihre Wucht war so groß, daß sich die beiden Beobachter an einer Kokospalme festhalten mußten, um nicht fortgerissen zu werden. Als das Objekt darauf begann, mehrfarbig leuchtende Strahlen auszusenden, stiegen die Temperaturen in seiner Umgebung rapide an. Die Hitze wurde beinahe unerträglich. Nach wie vor dröhnte zu alldem noch der nervtötende Pfeifton. Endlich, nach ungefähr zwanzig Minuten, verlöschten die Lichter, mit ihnen verschwand das lärmende Flugobjekt so schnell wie es erschienen war, und die erlösende Stille der Nacht kehrte zurück. Einer der Zeugen war noch Tage später wie betäubt von dem Erlebnis, ähnlich wie Jahrtausende früher Ezechiel, der sich zunächst sieben Tage lang in der Verbanntengemeinde am Flusse Kebar erholen mußte. Besonders verblüffend für die Beobachter in Togo war die Wirkung, die der fremde Flugapparat auf die Wasseroberfläche ausübte. Offenbar mußte hier irgendein unbekanntes Kraftfeld in Aktion getreten sein. Auch dieser Effekt erinnert an eine Bibelpassage, wieder aus dem bereits zitierten 22. Kapitel des Zweiten Buches Samuel. Als der Herr mit Flammen und Donner vom Himmel herabkam und Blitze schleuderte: »Da wurden sichtbar die Tiefen des Meeres, die Grundfesten der Erde wurden entblößt durch das Drohen des Herrn, vor dem Schnauben seines zornigen Atems. Er griff aus der Höhe herab und faßte mich, zog mich heraus aus den gewaltigen Wassern.« Der unerträgliche Pfeifton, der während der Erscheinung in Togo, aber auch bei anderen ähnlichen Sichtungen wahrgenommen wurde, hat gleichfalls eine interessante »Geschichte«.

In der kleinen italienischen Stadt Chiusi, etwa auf der Höhe von Perugia gelegen, befindet sich eine alte etruskische Nekropole. Eines der schönsten Gräber, der Tomba del Colle, stammt aus der Mitte des fünften Jahrhunderts vor Christus und zeichnet sich durch eine besondere Sehens- oder eher: »Hörens«würdigkeit aus. Die Eingangspforte des Grabes, den Einheimischen als »singende Türe« bekannt, ist das einzige bisher bekannte und erhalten gebliebene akustische Zeugnis aus antiker Zeit. Wird sie geöffnet, gibt diese Türe einen immer stärker anschwellenden und lang anhaltenden Ton von sich, der dem Klang einer Posaune ähnelt. Besonders deutlich ist dieses Phänomen im Frühjahr zu hören, wenn die Bodenfeuchtigkeit hoch ist. Beim »Quietschen« der Türe von Chiusi handelt es sich jedoch um mehr als nur bloßen Zufall. Die Pforte besteht aus Travertin (Kalkstein), genau wie ihre zapfenartigen Angeln, die sich in bronzenen Halterungen drehen. Und genau dieses Zusammenspiel zwischen Metall und Stein, von den Konstrukteuren voll beabsichtigt, erzeugt das »Singen«. Der antike Geschichtsschreiber Plutarch weiß in der Biographie Sullas zu berichten, daß kurz vor dessen Konsulatsantritt 88 vor Christus »vom Himmel herab der Schall einer Trompete mit scharfem, wehklagendem Ton erklang, so daß alle durch seine Stärke erschüttert wurden und erschauerten, und die etruskischen Wahrsager erklärten, das Wunderzeichen bedeute einen großen Wandel und das Heraufkommen eines neuen Menschengeschlechts.« Die Türe von Chiusi war in verschiedene Zeremonien des etruskischen Totenkultes eingebunden. Über diesen Zusammenhang schreibt die österreichische Archäologin Dr. Elfriede Paschinger, die ähnliche »Tore ins Jenseits« auch in geweihten etruskischen Tempeln vermutet: »Die Priester eines solchen Heiligtums könnten in der Lage gewesen sein, auf ähnliche Weise, wie das bei der ›singenden Türe‹ von Chiusi geschieht, den akustischen Effekt eines langsam an- und abschwellenden Trompetentones zu bewirken, der dem einfachen Menschen als geheimnisvolles Götterzeichen vom Himmel galt.« Die Wissenschaftlerin zitiert auch den Bericht des Plutarch, dem sie besondere Bedeutung beimißt: »Die Aussage Plutarchs, der ... ausführlich über dieses Götterzeichen berichtet, hat besonderes Gewicht, war er doch über Jahre Orakelpriester im Apollo-Heiligtum von Delphi.«

Aus der Antike sind etliche auch heute noch unerklärliche Berichte über mysteriöse fliegende Objekte überliefert. Die Römer nannten diese Erscheinungen »fliegende Schilde«. Der griechische Götterbote Hermes (!), der dem römischen Merkur entspricht, besaß kurioserweise geflügelte Schuhe, dies nur nebenbei bemerkt. Interessante Überlieferungen sind aus China bekannt. Im vierten Jahrhundert vor Christus sammelte der Schriftsteller Wang Chia Geschichten und Volkserzählungen längst vergangener Zeiten. Eine von ihnen stammt aus den Tagen des legendären Kaisers Yao (2333-2234 v. Chr.). Wie es heißt, erschien damals ein gewaltiges Schiff auf dem Meer, mit hellen Lichtern, die nachts leuchteten. Dieses Schiff konnte jedoch nicht nur über den Ozean schwimmen, sondern vermochte außerdem zum Mond und zu den Sternen aufzusteigen. Das Volk nannte das Fahrzeug »das Boot zum Mond« und »ein Schiff, welches zwischen den Sternen hängt«.

Die Liste der Beispiele aus den diversen Zeitaltern und Kulturkreisen ließe sich beliebig fortsetzen. Auch im Mittelalter wurden die Menschen mit Phänomenen dieser Art konfrontiert. Die alten Chroniken geben oft genaue Auskunft über die verblüffendsten Vorkommnisse am Himmel. In einer Chronik aus dem Jahr 1613 (»Newe vollkommene Thüringische Chronika« von Johannes Binhardus) steht zu lesen: »Anno 1543: Den 4. Maji ist zu Zessenhausen umb 4 Uhr nach Mittage ein Stern erschienen / in der groesse eines

Muelsteins / auß welchem ein fewriger Drach geflogen / in ein fließend Wasser / welches er außgetrucknet hat un denn uber ein Acker mit Gersten geflogen / und bey fünffzehen Schuhe breit die Fruechte ganz und gar verbrennet: Letztlich ist er wider in die hoehe gefahren / und mit dem Stern zugleich vergangen.« Ins Neudeutsch übersetzt heißt das nichts anderes, als daß damals ein offenbar relativ kleiner leuchtender Flugkörper erschienen ist. Er sandte einen Lichtstrahl aus, mit dem er ein Gewässer unter sich austrocknete oder aufsaugte und anschließend noch die Ernte verbrannte. Dann fuhr der Strahl wieder »in die Höhe«, zog sich in den Flugkörper zurück – solche körperlich fest wirkenden Strahlen, die von unidentifizierbaren Lichterscheinungen am Himmel ausgehen, werden auch bei modernen UFO-Sichtungen häufig beobachtet und als »solid lights« – »feste Lichter« bezeichnet. – Beides, der »Muelstein« und der »Drach«, verschwanden anschließend wieder im Nichts.
Ein ähnliches solid-light-UFO erschien im Jahre 1735. Der sächsische Pfarrer Johann Christian Ziegler befand sich damals, am 29. Juni jenes Jahres, spätabends allein auf dem Nachhauseweg, als ihm ein fremdartiges Licht am Himmel auffiel. Um ihn herum breitete sich auf dem Boden ein heller Schein aus: »Dabey war mein Kleid umleuchtet / wie bei hellem Mittag / und Sonnen-Schein. Weil nun damals kein Mond noch Stern am Himmel ... war / so sahe ich / daß hier ganz was à partes sein müße ... Ich sahe darauf in die Höhe / und wurde alsbald gewahr, daß eine klare Sonne am schwarzen Himmel stund / ... Ich hatte kaum diese helle herabsteigende Sonne eine kurze Zeit mit Bewunderung angesehen / so fuhr aus derselben heraus ein Cruzifix / ... / diß glänzte wie 100 000. Sterne und Diamanten ... Wie lange es gewähret / kan ich nicht sagen / weil ich über dem wunder-schönen Gesicht der Zeit vergessen.«
Öfters werden in den alten Chroniken auch seltsame ku-

gel- oder hutförmige Flugobjekte erwähnt, die um die Sonne und über den Himmel huschten. Alles nur Hirngespinste, Sinnestäuschungen, Trugschlüsse, Mißinterpretationen? Wohl kaum. Dieselben Chroniken berichten sehr korrekt auch über heute gut bekannte, erklärbare Himmelsphänomene wie Meteore, Kometen, Planetenkonjunktionen, Polarlichter, Nebensonnen, Novae und Supernovae, Sonnen- und Mondfinsternisse usw. Warum also sollten die uns (noch) unerklärlichen Darstellungen weniger glaubwürdig sein, lediglich mittelalterliche Ausschmückungen, arabeske Phantasieprodukte?

Die allerältesten und gleichzeitig phantastischsten Zeugnisse über gewaltige Flugmaschinen stammen aus Indien. Sie können ebensowenig wie viele der mittelalterlichen oder auch biblischen Berichte einfach als visionäre Schöpfungen oder Wahnvorstellungen abgetan werden. Freilich, die uralten vedischen Schriften der Inder wörtlich zu nehmen, bedeutet gleichermaßen, das gesamte bisherige historische Weltkonzept über den Haufen zu werfen. Andererseits ist es auch unmöglich, die teils über sechstausend Jahre alt geschätzten heiligen Schriften und Nationalepen einfach als früheste Formen einer weitreichenden Science-fiction-Literatur zu charakterisieren. Keine noch so rege Phantasie vermag entsprechend fern in die Zukunft zu extrapolieren: Diese altindischen Texte enthalten Beschreibungen, die zum Teil noch heute zu den fernsten Utopien zählen.

Am bekanntesten ist das große Hauptepos der Inder, das *Mahabharata*. Die erstaunlichsten technischen Errungenschaften werden hier wie Selbstverständlichkeiten abgehandelt – Feuer- und Strahlenwaffen, deren gewaltige Auswirkungen an die Folgen moderner Atomexplosionen erinnern, seltsame Schallwaffen, die wie es heißt, Bewußtlosigkeit herbeiführen konnten, Unterwasserstädte und anderes mehr. Eigenartige Dämonen geistern durch die Verse des Mahab-

harata; sie wurden als »Nivatacavacas« bezeichnet, was »gekleidet in luftdichte Rüstung« bedeutet.
Auch J. A. B. van Buitenen, der eine der neuesten Übersetzungen des indischen Originaltextes erarbeitete, kann nicht umhin, die Nivatacavacas als Wesen in Raumanzügen zu betrachten. Allerdings hält er die Texte ganz vorsichtig für frühe Zukunftsvisionen, eben uralte Science-fiction-Geschichten. Die Verfasser jener Schriften müssen wahrhaft technisch-futurologische Genies ersten Ranges gewesen sein, wenn sie ihre Ideen tatsächlich ausschließlich aus Quellen reiner Intuition und purer Phantasie bezogen. Sind wir heute etwa in der Lage, uns Technologien des zehnten Jahrtausends auszumalen? Und – *wir* haben aufgrund der rasanten Entwicklung der letzten 100 Jahre immerhin eine gewisse Vorstellung möglicher künftiger Innovationen, z.B. im Bereich der Genetik, Elektronik, Raumfahrttechnologie. Den altindischen Autoren hingegen fehlten jegliche derartige Anhaltspunkte.
Im zweiten Buch des Mahabharata, dem »Buch der Versammlungshallen«, werden riesige, am Himmel schwebende Strukturen geschildert. Der Dämonenkönig Salva verfügte über die Himmelsstadt Saubha. Den Texten zufolge bewegte sie sich mit ungeheurer Geschwindigkeit durch die Luft, überwand große Entfernungen in kürzester Zeit. Van Buitenen sieht in dieser »Stadt der Lüfte nichts anderes als eine bewaffnete Station mit Flammenwerfern und donnernden Kanonen, ohne Zweifel ein Raumschiff«. In der Tat sind nach den Überlieferungen des Mahabharata einige jener geheimnisvollen Städte im Weltraum angesiedelt, so auch die Stadt des indischen Kardinalgottes Indra. Manche dieser ausgedehnten Komplexe könnte man sich in heutigen Begriffen wohl als Weltraumbasen oder -kolonien vorstellen – den Zukunftsplänen der NASA nicht unähnlich –, vielleicht auch als Generationenraumschiffe, gigantische kosmische

Lebenssamen, deren Saatgut aus kompletten außerirdischen Zivilisationen bestünde.

Ähnlich futuristisch anmutende Aussagen wie in den Texten des Mahabharata finden sich auch im *Srimad Bhagavatam* sowie anderen vedischen Schriften und Mythen der Inder. Über diese äußerst merkwürdigen schriftlichen Überlieferungen hinaus gibt es weitere, noch ungleich ältere Hinweise, die möglicherweise ebenfalls auf eine Präsenz fremder Intelligenzen schließen lassen. Einige dieser Hinweise reichen sogar zurück in frühere Erdzeitalter.

Ein Beispiel: Vor rund 580 Millionen Jahren vollzog sich in der Biosphäre unseres Planeten eine recht plötzliche Wandlung. Die Ozeane der Erde boten vor dieser Umbruchphase, die den Übergang von der Erdfrühzeit zum Erdaltertum markiert, ein ziemlich eintöniges Bild. Die Faunen jener urzeitlichen Gewässer bestanden aus primitiven ein- oder mehrzelligen Lebensformen, deren Organisationsstufe gerade diejenige rezenter Quallen erreichte. Im Kambrium, der ersten Epoche des Erdaltertums, kam es dann jedoch zu einer radikalen, ja explosionshaften Entstehung neuer Formen. Abgesehen von den Wirbeltieren waren nunmehr alle wesentlichen Stämme anzutreffen. Wie kam es zu dieser Blüte, zu diesem offensichtlichen Sprung in der Entwicklung des Lebens? Veränderungen in Flora und Fauna gehen normalerweise langsam vonstatten – Prinzip: *Evolution* anstelle von *Revolution*. Abgesehen davon sollten zumindest einige Übergangsglieder zwischen den alten und neuen Formen existieren, doch bislang fehlen solche Verbindungen an der Grenze Präkambrium/Kambrium vor knapp 600 Millionen Jahren.

Ursprünglich glaubten die Wissenschaftler, die »missing links« in Gestalt der *Ediacara-Fauna* gefunden zu haben. Die ältesten bekannten Fossilien dieser seltsamen Tiergruppe haben vor 680 Millionen Jahren gelebt, die jüngsten stammen aus der Zeit des kambrischen Umbruchs. In den dazwischenliegenden 100 Millionen Jahren haben die Ediacara-Wesen, die als Ursprung aller nachfolgenden Tierstämme betrachtet werden, der Evolution eigenartigerweise praktisch völlig getrotzt – zumindest sind keine Veränderungen an ihnen feststellbar. Am merkwürdigsten und interessantesten zugleich ist aber, daß diese Tiere einen von ihren Nachfolgern stark abweichenden Körperbauplan besitzen. Der Tübinger Paläontologe Professor Adolf Seilacher hält die Ediacara-Wesen, von denen einige völlig fremdartig strukturiert sind, in keinerlei Weise für potentielle Urahnen der späteren Formen. Die »Ediacaras« sind offensichtlich Vielzeller ohne Stützskelette, einige erinnern an Medusen und Würmer, andere besitzen überhaupt kein Pendant. Für Seilacher stellt die Ediacara-Fauna ein schiefgegangenes Experiment der Evolution dar, er bemerkt sogar: »Das Konstruktionsprinzip dieser Ediacara-Wesen ist so wenig vergleichbar mit den Bauprinzipien aller späteren und heutigen Vielzeller, daß sie eigentlich eher die Lebensform darstellen könnten, die wir immer auf irgendwelchen Planeten im All vermuten.«

Der deutsche Geologe Dr. Johannes Fiebag folgert aus diesen Äußerungen Professor Seilachers, daß es sich bei der Ediacara- Fauna möglicherweise um ein sehr frühes Lebensexperiment außerirdischer Intelligenzen gehandelt hat, das jedoch nicht nach Plan verlief und nach Ablauf von 100 Millionen Jahren durch ein neues und tatsächlich erfolgreiches (kambrische Fauna) ersetzt wurde. Alternativ dazu könnte die Ediacara-Fauna seiner Ansicht nach »die eigentliche eingeborene irdische Lebensform des späten Präkambriums« darstellen. »Ihre Entwicklung endete jedoch in einer Sackgasse und wurde zu Beginn des Kambriums künstlich durch das gezielte Einsetzen neuer Tierstämme beendet.«

Von einer Zivilisation, die ein über 100 Millionen Jahre

währendes Experiment gezielt durchzuführen vermag, sollte man eigentlich erwarten können, daß sie mit Hilfe ihrer unvorstellbar fortgeschrittenen Technik und Wissenschaft das Zeitphänomen (-problem) wie auch sämtliche erforderlichen biologischen Kenntnisse über die diversen Lebensprozesse fest im Griff hat. Eine solche Art Superzivilisation hätte ein Ediacara-Experiment sicher nicht nötig, zumindest würde es gelingen. Demnach wäre möglicherweise der zweiten Variante der Vorzug zu geben: Die Ediacara-Fauna als eigentlich terrestrische Lebensform gegen Ende des Erdaltertums blieb in der Entwicklung stecken und wurde künstlich ersetzt, die Evolution wurde »getriggert«, es kam zur Lebensexplosion! Griff also eventuell damals bereits eine alte Weltraumzivilisation als übermächtige, »göttliche« Hand in die Geschicke und Abläufe unserer Welt ein? Gibt es aus jenen frühen Zeiten irgendwelche Hinweise auf fremdes Weltraumleben?

In den vergangenen Jahren hat sich mehr und mehr herausgestellt, daß lange vor jener prähistorischen Zeit bereits außerirdische Lebensformen existierten. Einige Wissenschaftler, Paläontologen, die auf früheste Organismenreste spezialisiert sind, konnten Strukturen – offensichtlich Fossilien von Mikroben – ausfindig machen, die älter als unsere gesamte Erde sind! Sie können folglich nicht von hier stammen. Tatsächlich wurden sie auch keineswegs in irdischem Material gefunden, sondern in Steinen aus dem Weltraum, im Inneren von Meteoriten. Die beiden englischen Astrophysiker Fred Hoyle und N. Chandra Wickramasinghe vermuten sogar, daß Kometen und Meteoriten das Leben überhaupt erst auf die Erde gebracht haben. In diesem Falle wären wir Menschen das gegenwärtige Endresultat einer zwar natürlichen, aber gleichfalls durch außerirdische Einflüsse angeregten Entwicklung. Die beiden Forscher glauben, daß heute wie eh und je immer wieder auch neue Krankheitserreger aus kosmischen Quellen auf die Erde »herabregnen« und Epidemien hervorrufen können. In meinem Buch »Gefahr aus dem All – Die Erde im Visier« gehe ich u. a. ausführlich auf meteoritische Lebensspuren bzw. die interessanten und durchaus ernst zu erwägenden Gedanken von Hoyle und Wickramasinghe ein. Hier deshalb nur einige kurze Bemerkungen.

Abgesehen von den verschiedensten erdgeschichtlichen, astrophysikalischen wie auch kosmochemischen Begründungen gehen die beiden Engländer in ihrer Beweisführung beispielsweise auch von den oft unverständlichen, weil allzu phänomenalen Eigenschaften diverser Mikroorganismen aus. Manche von ihnen ertragen radioaktive Strahlungsdosen, Temperaturen oder Druckwerte, wie sie auf der Erde überhaupt nicht vorkommen. Von der evolutionären Seite bestand also keinerlei Notwendigkeit, solche Fähigkeiten auszubilden. 1967 gelangten mit einer unbemannten Raumsonde zufälligerweise einige Bakterien auf den Mond. Sie blieben dort zwei Jahre und – überlebten! Diese enorme (um nicht zu sagen *abnorme*) Anpassungsfähigkeit an absolut unirdische Gegebenheiten weist einerseits auf die prinzipielle »Weltraumtauglichkeit« von »Lebenssamen« hin, andererseits auch auf einen universell strukturierten kosmischen »Genpool«, bestehend aus Standardgenen, die für alle möglichen planetaren Umwelten geeignet sind und sich je nach den betreffenden Gegebenheiten unterschiedlich entfalten.

Gerade in der Welt der Mikroorganismen stoßen wir ja auf eine Vielfalt von unheimlichen, außergewöhnlich fremdartig wirkenden Erscheinungen. Neben den Bakterien sind es vor allem die Viren, Wesen einer Schattenzone zwischen Leben und Tod, die wie Eindringlinge aus anderen Welten anmuten. Ihr Ursprung ist ungeklärt, ihre oftmals bedrohliche Natur erwiesen. Noch fremdartiger und geheimnisvoller als die Viren schließlich nehmen sich die Prione aus. Bei ihnen handelt es sich um organismenartige Strukturen, die langsame degenerative Erkrankungen des zentralen Nervensystems auslösen. Sie vermehren sich im Gehirn, enthalten jedoch anscheinend nicht die geringsten Spuren von Nukleinsäuren, die als Träger der Erbinformationen auch für eine erfolgreiche Reproduktion erforderlich sind. Niemand weiß bis dato, wie die Prione es dennoch fertigbringen, sich zu vermehren. Wissenschaftlern bleibt lediglich die Vermutung, daß diese wohl ausschließlich aus Proteinen bestehenden Strukturen in die Nervenzellen eindringen und deren Erbgut auf eine völlig unverstandene Weise zur Erfüllung ihrer eigenen zerstörerischen Zwecke zwingen.

Fremdartige Faunen, kosmische Keime, Bakterien, Viren und Prione – es gibt noch viele Rätsel in der Welt des Lebens, nach wie vor das größte unter ihnen jedoch ist der Ursprung des Lebens selbst. Eine ganze Reihe von Fakten weist in dieser Frage zu den Sternen, in den Kosmos.

Während Professor Hoyle – übrigens einer der bedeutendsten Wissenschaftler der Gegenwart – und sein Kollege an einen natürlichen Prozeß denken (Kometenstaub), hält ihr Landsmann, der englische Biologe, Mathematiker, Physiker und Medizin-Nobelpreisträger Francis Crick ein künstlich beeinflußtes Szenario für denkbar. Es deutet ähnlich den Hypothesen um die kambrische Lebensexplosion und die rätselhafte Ediacara-Fauna auf die Möglichkeit hin, daß unser Planet gewissermaßen einem kosmischen Langzeitexperiment unterworfen ist. Im übertragenen Sinne mag unsere Welt, unsere eigene Zivilisation auf dem unsichtbaren Objektträger eines superzivilisatorischen Mikroskops liegen.

Doch zurück zur Grundidee von Francis Crick. Er bezweifelt, daß Mikroorganismen ohne einen gezielt entwickelten, also künstlichen Schutzmechanismus den Flug durchs All und durch die Erdatmosphäre unbeschadet überstehen können. Seinen Ideen zufolge brachte eine Art Raumschiff oder Raumkapsel das Leben vor Jahrmilliarden auf die Erde, einen lebensfreundlichen, aber damals noch sterilen jungen Planeten, der die Saat willig aufnahm und zur Blüte brachte.

Auch Crick geht von einer sehr früh erfolgten Entwicklung hochstehender galaktischer Kulturen aus: »Es ist wahrscheinlich, daß unserer Erde nicht unähnliche Planeten bereits 6,5 Milliarden Jahre vor der Bildung unseres eigenen Sonnensystems existierten.

Wir wissen, daß zwischen dem Erscheinen von Leben auf der Erde (woher auch immer es kam) und der Entwicklung unserer technologischen Gesellschaft nicht viel mehr als vier Milliarden Jahre vergingen. Die verfügbare Zeit macht es deshalb möglich, daß technologische Gesellschaften irgendwo in der Galaxis existierten, sogar noch vor der Entstehung der Erde. Aus diesem Grund sollten wir eine neue ›Infektions‹-Theorie erwägen, nämlich, daß eine primitivere Form von Leben von einer technologisch fortgeschrittenen Gesellschaft eines anderen Planeten mit Bedacht auf der Erde angesiedelt wurde.«

Das von Crick diskutierte Raumschiff könnte bei einer Nutzlast von einer Tonne natürlich Billionen von Mikroorganismen transportieren, sinnvollerweise verschiedene für diesen »Auftrag« geeignete Arten. Diese anpassungsfähige und resistente Organismenbrut könnte bei Temperaturen um den absoluten Nullpunkt (bei minus 273 Grad Celsius) eine etliche Millionen Jahre währende Reise durchs All überstehen und auf relativ vielen Planeten Fuß fassen.

Für Professor Crick, der wesentlich an der Entschlüsselung der molekularen Struktur der DNS (Desoxyribonukleinsäure, Trägersubstanz der Erbinformation) beteiligt war, weist u. a. die erstaunliche Einheitlichkeit eben dieses genetischen Codes auf eine potentielle kosmische Herkunft des

Lebens hin. Auf der Urerde dürften sich nämlich eher mehrere voneinander verschiedene Formen parallel zueinander herausgebildet haben.

Außerirdische Phänomene bestimmen unsere Welt anscheinend in unterschiedlichster Hinsicht. Heilige Bücher sind verfaßt worden, deren Worte uns oft sprachlos zurücklassen. Heute glauben wir, in einigen jener längst vergangenen Götter- und Engelserscheinungen Wesen von fremden Sternen zu erkennen. Sind diese Fremden möglicherweise auch verantwortlich für religiöse Visionen aus jüngerer Zeit oder diverse paranormale Effekte? Oder verlieren wir uns hier doch allzusehr in Spekulationen, Ideenfetzen und seltsam nostalgisch-utopischen Träumereien? Vielleicht. Doch was ist Realität, was Vision? Der amerikanische Schriftsteller Ambrose Bierce notierte einmal: »Wirklichkeit, das ist der Traum eines verrückten Philosophen!«

Was sind Träume?!

6 Die Realität des Traumes
Phantasien, Visionen und Einflüsse einer kosmischen Intelligenz

Gerade die bohrendsten Fragen, die existentiellen, diejenigen über die ersten und letzten Dinge, entziehen sich offenbar mit größter Beharrlichkeit einer sicheren Beantwortung. Die im Rahmen menschlicher Möglichkeiten gefundenen und als Tatsachen erkannten Wahrheiten sind Produkte des Humangeistes und gehören dessen jeweiliger Erfahrungsstufe an. Wie ältere naturwissenschaftliche Modellvorstellungen durch neuere Ideen abgelöst wurden, die sich durch einen erweiterten Geltungsbereich rechtfertigen, so mag es für uns nie zugängliche, unvergleichlich höhere Geltungsbereiche geben, die entsprechend höhere Wirklichkeitsordnungen darstellen. So, wie die Sinnesorgane nur kleine, enge Bereiche aus der Gesamtheit aller Signale auswählen und jene erfahrbar für uns gestalten, indem sie die Sinnfülle sinnvoll reduzieren, so mag uns auch nur ein Anteil einer bestimmten Wirklichkeitsordnung zugeführt werden. Könnte es sein, daß wir gelegentlich, in ganz besonderen Situationen, Einblicke in die ferneren Bereiche gewinnen? Ist menschlicher Geist überhaupt in der Lage, sich irgend etwas vorzustellen, das nicht auch real – das heißt, innerhalb einer bestimmten Realität niedrigerer oder höherer Ordnung – existiert?
In unserem Gehirn findet der Kosmos Raum, doch ist das nicht nur der bisher erfaßte Strukturgehalt des materiellen, raum-zeitlichen Universums. Das Gehirn als Mikrokosmos, bestehend aus Myriaden von Zellen – Einheiten, die den nach unserem Begreifen logischen Naturgesetzen gehorchen –,

kann als Gesamtheit die Grenzen des logischen, physischen Raums überschreiten und in die Dimensionen von Phantasie, Traum und Ahnung gleiten.
Träume führen uns in den verborgenen Spiegelsaal von Geist und Seele, in ein Reich, das unsere Empfindungen tausendfach reflektiert. Die schwarzen Draperien fallen von den Wänden, das blitzende Strahlengewirr der Gedankenbilder bricht sich kaleidoskopartig im Kristall und löst alle bisherige Parallelität und Logik in geheimsten, geheimnisvollsten Visionen auf, gleichsam in den Hauch uralter Erinnerungen.
Wirklichkeit – eine Unwägbarkeit. Zuweilen scheint es, als ob sie sich durch das Filter von Phantasie und Traum schemenhaft auf der geistigen Netzhaut abzeichnet, unerkannt.
Wir dürfen ahnen. Das Unbekannte ruft. Wie ein kalter Wind schlägt es uns entgegen und demonstriert seine Macht. Durch Unendlichkeit.

> »Den Wenigen, welche mich lieben und welche ich liebe – Denjenigen, welche fühlen, mehr, als Denen, die da denken – den Träumern, und ihnen, die ihr Vertrauen in Träume setzen als in das einzig Wirkliche ...«
>
> EDGAR ALLAN POE (1809–1849), Widmung zu »Heureka – Ein Essay über das Materielle & Spirituelle Universum« (1848)

Am Anfang schuf Gott Himmel und Erde; die Erde aber war wüst und wirr, Finsternis lag über der Urflut, und Gottes Geist schwebte über dem Wasser.
Gott sprach: Es werde Licht. Und es ward Licht. Gott sah, daß das Licht gut war. Gott schied das Licht von der Finsternis, und Gott nannte das Licht Tag, und die Finsternis nannte er Nacht. Es wurde Abend, und es wurde Morgen: erster Tag.«
Am 24. Dezember 1968 lenkt das *Apollo-8-Raumschiff* mit seiner Besatzung, den Astronauten Frank Borman, James A. Lovell jr. und William A. Anderson, in den Mondorbit ein. Während der Umrundung des Mondes (insgesamt zehnmal) zitieren die Astronauten aus der biblischen Schöpfungsgeschichte. Ihre Lesung war in einer spektakulären Direktübertragung weltweit zu verfolgen. Zum ersten Mal in der Geschichte hatten Menschen einen fremden Himmelskörper erreicht, ein Menschheitstraum war in Erfüllung gegangen – endlich war der Flug zum Mond Wirklichkeit geworden. Und nach zwei weiteren, vorbereitenden Missionen gelang nur wenige Monate später – am 20. Juli 1969, 21 Uhr 18 Minuten mitteleuropäischer Zeit – die endgültige Erfüllung der seit Jahrhunderten lebendigen Vision, in dem Mo-

ment, in dem die Beine der *Apollo-11*-Landefähre »Eagle« (Adler) den Mondboden berührten.
Insgesamt landeten zwischen 1969 und 1972 sechs Mondfähren mit jeweils zwei Astronauten auf dem Erdbegleiter. – Das *Apollo*-Projekt ist wohl das herausragendste, ehrgeizigste und abenteuerlichste Unternehmen, das je von Menschen begonnen und durchgeführt wurde. Nur der feste Glaube an den Erfolg, nur die Ausdauer und Beharrlichkeit der Beteiligten konnte zu diesem fernen Ziel führen. Doch am Anfang standen »Spinner und Phantasten«. Die ersten Raumfahrtpioniere wurden in keiner Weise ernst genommen. Die meisten ihrer akademischen Zeitgenossen hatten für sie nur Spott übrig. Konnten ihre Gedanken denn mehr sein als wahnwitzige Produkte einer haltlosen, überschäumenden Phantasie, bestenfalls zu weit hergeholte und zu ernst genommene Science-fiction-Ideen?
Zu den ersten Protagonisten einer fundierten Raketentheorie zählt der russische Provinzlehrer und »Weltraum-Träumer« Konstantin E. Ziolkowski (1857–1935), der sich selbst als »reinrassigen Autodidakten« bezeichnete. Zum Teil blieb ihm gar nichts anderes übrig, als sich bestimmte Kenntnisse ohne Hilfe anderer anzueignen, denn seit einer schweren Scharlacherkrankung im Alter von zehn Jahren war Ziolkowski taub.
Schon als Kind startete er »bemannte Luftschiffe« – in Form von Papierdrachen, an denen er kleine Schächtelchen mit Käfern und ähnlichen »Passagieren« angebracht hatte. Im gesetzten Alter von 70 Jahren lief er wie ein Gammler durch die Straßen, langhaarig, mit gelben Flecken und Löchern in den Hosen, die von diversen aggressiven Säuren angefressen waren.
Ziolkowski war ein eifriger, doch keineswegs wirrer oder konzeptloser Experimentator. Einmal schrieb er: »Ohne Berechnungen ging es bei mir nie ab. Sie lenkten meine Gedan-

ken und Träume.« Als entsprechend konkret erwiesen sich diese Träume. Jener überaus bemerkenswerte russische Gelehrte erkannte die Grundprinzipien der Raumfahrt und beschrieb, wie eine mit Flüssigtreibstoff befüllte Stufenrakete die erforderliche Leistung zum Verlassen der Erdatmosphäre entwickeln könnte.

Ein anderer Träumer aus Passion und Berufung war der Amerikaner Robert Hutchins Goddard (1882–1945). Im Alter von sechzehn Jahren sann er, in einem Kirschbaum sitzend, über eine Marsrakete nach – angeregt durch die Lektüre von H. G. Wells' Science-fiction-Roman »Krieg der Welten«, in welchem feindliche Wesen vom Mars die Erde bedrohen.

Der Griff nach den Sternen ließ Goddard sein ganzes Leben lang nicht los. Er befaßte sich hauptsächlich mit Antriebstechniken und geeigneten Raketentreibstoffen. 1926 baute er dann die erste flugfähige Rakete. »Und wie von Ziolkowski und Goddard erträumt..., zählten zu den ersten Raumfahrtprojekten ein die Erde umkreisendes Wissenschaftslabor zur Überwachung unseres Planeten aus großer Höhe und eine Sonde, um nach Leben auf dem Mars zu fahnden. So schnell können in unserer Zeit Träume in Erfüllung gehen.« Mit diesen Worten kommentiert der amerikanische Astronom Carl Sagan jene Pioniertaten und die Revolution der Weltraumtechnik. Doch wie schwer hatten es ihre Vordenker!

Anfang der zwanziger Jahre unseres Jahrhunderts legte ein gewisser Hermann Oberth der Universität Heidelberg ein seltsames Manuskript mit dem Titel »Die Rakete zu den Planetenräumen« als Dissertation vor. Seine Arbeit wurde als »zu phantastisch« abgelehnt. Oberth hatte in seinem Werk alle grundlegenden Gesetze und Formeln der Raketentheorie vorgelegt, er gilt als der eigentliche »Vater der Raumfahrt« und war Lehrer Wernher von Brauns.

Oberth schickte sein Manuskript an rund 20 Verleger, ohne Erfolg. Die Vorstellung, eine Rakete zum Mond zu schießen, bezeichneten die meisten schlicht als »Irrsinn«. So ist es eben: Graf Zeppelin galt als »flugverrückt«, Professor Goddard und seine Geistesverwandten folgerichtig als »mondverrückt«. Noch 1956 nannte ein deutscher Professor alle Voraussagen, Menschen würden einstmals tatsächlich mit einer Rakete auf dem Mond landen, »groben Unfug«. Nur 13 Jahre später erfrechten sich dann die Astronauten Armstrong, Aldrin und Collins, eben diesen groben Unfug doch tatsächlich vor den Augen der ganzen Welt zu treiben! Was sich besagter Professor zu jener erstaunlichen Stunde wohl im stillen gedacht haben mochte?

Viele der großen Menschheitsträume haben sich bereits erfüllt, eine weit umfassendere Zahl harrt noch ihrer Verwirklichung. Immer noch hoffen wir auf das Allheilmittel, suchen wie die alten Alchemisten nach einem Stein der Weisen und dem Lebenselixier, träumen von Teleportation, Zeitreisen oder Flügen durch andere Dimensionen. Der geniale amerikanische Elektrotechniker Thomas Alva Edison, jener Mann, der so viel Licht in unser Leben brachte, träumte von der Kommunikation mit Verstorbenen mittels eines technischen Mediums. Etwa um die gleiche Zeit, zu der Oberth seine Doktorarbeit fertiggestellt hatte, befaßte sich Edison mit einer ganz außergewöhnlichen Mischung metaphysisch-technischer Philosophien. Seine Ausgangsüberlegungen muten gewissermaßen an wie ein Energieerhaltungssatz lebendiger Strukturen: »Ich glaube, daß Leben ebenso unzerstörbar ist wie Materie. Es hat auf dieser Welt immer eine bestimmte Quantität an Leben gegeben, und es wird immer dieselbe Quantität geben. Man kann Leben nicht erschaffen, man kann es nicht zerstören, man kann es auch nicht vervielfältigen.« Wenn das Leben eines Individuums ein ewig währendes Phänomen wäre, könnte eine Kontaktaufnahme mit den »Geistern« von Verstorbenen demnach im Bereich des Möglichen liegen, zumindest mit Hilfe eines elektrischen »Signalverstärkers«. Lassen wir noch einmal Edison selbst zu Wort kommen: »... ich behaupte, daß es möglich ist, einen Apparat zu konstruieren, der so empfindlich reagiert, daß er – falls es Persönlichkeiten in einer anderen Existenz oder Sphäre gibt, die mit uns in Verbindung zu treten wünschen – ihnen zumindest diese Möglichkeit einräumt ...«

Dazu noch eine kuriose Geschichte am Rande: 1967 soll Edison dann angeblich selbst aus dem Reich der Toten zu einem Traummedium, der Deutschen Sigrun Seutemann, über seine frühen Anstrengungen gesprochen haben, Geräte zur Aufzeichnung von Stimmen aus dem Jenseits zu entwickeln.

Nicht nur im übertragenen Sinne erweisen sich Träume als wesentliche Motoren der Innovation. Sie sind es gelegentlich auch in einer viel direkteren Weise.

Nicht wenige große Künstler waren fasziniert vom Inhalt ihrer Träume und Alpträume. Sie verstanden es, ihre nächtlichen Ausflüge ins Unbewußte im Wachzustand zu reproduzieren und gegebenenfalls zu ergänzen. Eine große Zahl phantastischer Werke der bildenden und darstellenden Kunst bezieht ihre schöpferische Gewalt aus Träumen, wenn auch zum Teil aus solchen, die durch Fieber oder Drogengenuß erzeugt und geprägt waren. So »versorgte« sich der amerikanische Dichter Edgar Allan Poe oft mit Trauminhalten, wenn er seine unheimlichen Geschichten verfaßte. Auch Robert Louis Stevenson griff in seinen spannenden Erzählungen auf Träume zurück. Da er an Tuberkulose litt, suchten ihn häufig Fieberphantasien heim, wobei er manchmal gar in Fortsetzungen träumte. Die Grundlagen zu seiner meisterhaften Schauergeschichte jener Doppelexistenz des »Dr. Jekyll und Mr. Hyde«, des gediegenen, allseits geachteten Arztes, der sich durch ein Elixier zeitweilig in eine sadistische Bestie zu verwandeln vermag, entstammten derartigen Alpträumen.

Doch nicht nur künstlerische Werke, auch technische oder wissenschaftliche Inspirationen entspringen zuweilen den Traumwelten.

Der so geheimnisvolle Universalgelehrte und vermeintliche Schwarzkünstler Albertus Magnus soll im 13. Jahrhundert eine derart anregende Vision gehabt haben: Ihm war von höchster Stelle Auftrag und Ehre zuteil geworden, die Pläne zum Bau des Kölner Doms zu entwerfen. Selbst Albertus, der Große, fühlte sich überfordert, die Architektur für ein derartiges Bauwerk zu schaffen. Ein Problem löste das andere ab. Die gewaltige Aufgabe brachte den mittelalterlichen Gelehrten an den Rand der Verzweiflung, ihm fehlte jegliches Konzept, die rettenden Ideen wollten sich einfach nicht einstellen. In dieser mißlichen Situation soll Albertus dann endlich, wie es heißt, eine visionäre Eingebung gehabt haben. Eines Nachts zeichneten sich an den Wänden seiner Klosterzelle die ersehnten Pläne zum Bau des mächtigen Domes ab, wie projizierte Leuchtzeichen schienen sie dort zu stehen. In diesem Moment lösten sich die Nebel des Zweifels, endete die quälende Ziellosigkeit. Albertus Magnus konnte nun ans Werk gehen. Für uns bleibt das Mysterium dieser konkreten Vision bestehen, ein Mysterium mehr im Leben jenes mysteriösen Mannes.

Im Jahre 1893 befaßte sich der amerikanische Assyrologe H. V. Hilprecht mit zwei babylonischen Achatfragmenten unbekannter Herkunft. Anscheinend datierten sie auf die Zeit des Königs Kurigalzu, 1300 vor Christus. Sicher war dies allerdings nicht. Hilprecht wußte weder, woher die Stücke stammten, noch welchem ursprünglichen Zweck sie dienten. Bald hatte er dann jedoch einen sehr aufschlußreichen Traum, in dem ihm ein Priester aus Nippur erschien und erklärte, die Fragmente seien Teile eines Rollsiegels, das in drei Ringe zerschnitten worden sei, um Ohrringe für eine Statue des Gottes Ninib daraus anzufertigen. Spätere Untersuchungen bestätigten diese »Traumdeutung« der archäologischen Fundobjekte: Tatsächlich gab es drei Einzelstücke. Sie paßten exakt aneinander und trugen neben Kurigalzus Schriftzug auch die Keilschriftsymbole des Ninib. – Irgendwie mußten Hilprecht alle Fakten bereits bekannt gewesen sein, als er seinen intensiven Wahrtraum hatte, doch vermochte er im wachen Zustand keine logischen Folgerungen daraus zu ziehen. Die wesentlichen Querverbindungen stellte er erst im Schlaf her!

»Lassen Sie uns lernen zu träumen, meine Herren, und dann werden wir vielleicht die Wahrheit finden«, bemerkte der deutsche Chemiker August Kekulé von Stradonitz auf einem Wissenschaftlerkongreß im Jahre 1890. Jahrelang hatte er vergeblich nach der Strukturformel des Benzolmoleküls gesucht. Eines Tages nickte er übermüdet in seinem Lehnstuhl ein, sein Gehirn aber konnte nicht so schnell abschalten. Immer noch kreisten die Atome und Molekülverbände vor seinem geistigen Auge, als plötzlich eine ringförmige Figur auftauchte. Und genau das war es! Kekulé wurde schlagartig wach – er hatte soeben die Struktur des Benzolkerns geträumt, die sechs Kohlenstoffatome verbanden sich zu einem Ring, eine andere Möglichkeit gab es nicht!

Träume lassen den Gedanken einen größeren Freiraum, lösen uns von Vorurteilen. Offenbar sind unsere Denkmuster häufig zu verkrampft, zu festgefahren, wodurch sich unsere Fähigkeiten zwangsläufig reduzieren. Das zeigt auch das Beispiel des französischen Philosophen Condorcet. Es heißt, er habe im Traum mathematische Gleichungen lösen können, vor denen er normalerweise resignieren mußte.

Der Mensch ist und bleibt ein größtenteils unbekanntes Wesen. Ein Drittel unseres Lebens verschlafen wir – und treten

dabei in eine geheimnisvolle Welt ein, die uns zuweilen um einiges phantastischer und abwechslungsreicher erscheint als die tagtäglich erlebte und erlittene Realität.
Doch was sind Träume eigentlich? Wann träumen wir? Und, zu welchem Zweck?
Tatsächlich ist es doch geradezu erschreckend, daß wir insgesamt etwa 20 bis 30 Jahre unseres Lebens verschlafen! Philosophen sahen im Schlaf den kleinen Bruder des Todes, einige folgerten, daß auch der Tod nur eine größere Erholungspause zwischen den Leben sei, so wie auch der Schlaf einer körperlichen Erfrischung diene. Die wirklichen Zusammenhänge jedoch sind bis heute kaum verstanden.
Beinahe noch schwieriger verhält es sich mit den Träumen. Sigmund Freud bezeichnete sie als »Wächter des Schlafes«. Er glaubte, im Traum würden oft Wünsche wahr, die sich im realen Leben nie erfüllten. Wünsche, die man sich selbst nicht einzugestehen wagte, hätten in verschlüsselter Traumform eine besänftigende Wirkung. Solcherlei Träume sollten Konflikte entschärfen, die den Betroffenen ansonsten schlaflos zurücklassen würden. Doch all dies waren mehr oder weniger nur ungesicherte Gedanken und Hypothesen. Erst um 1950 herum fanden Wissenschaftler heraus, wann überhaupt wir träumen. Als vorteilhaft für die anfänglichen Experimente erwies sich paradoxerweise die menschliche Vergeßlichkeit, die bei Träumen besonders ausgeprägt zutage tritt. Wir kennen das alle: Gerade erst sind wir aufgewacht, können uns aber beim besten Willen nicht daran erinnern, wovon wir eben noch geträumt haben – dennoch sind wir uns absolut sicher, vor einigen Augenblicken noch in ein interessantes Traumabenteuer verwickelt gewesen zu sein. Forscher bemerkten nun, daß während des Schlafes Perioden mit einer sehr schnellen Rollbewegung der Augen auftreten. Sie bezeichneten diese Erscheinung als *REM-Phase* (von *R*apid *E*ye *M*ovement – schnelle Augenbewegung).

8

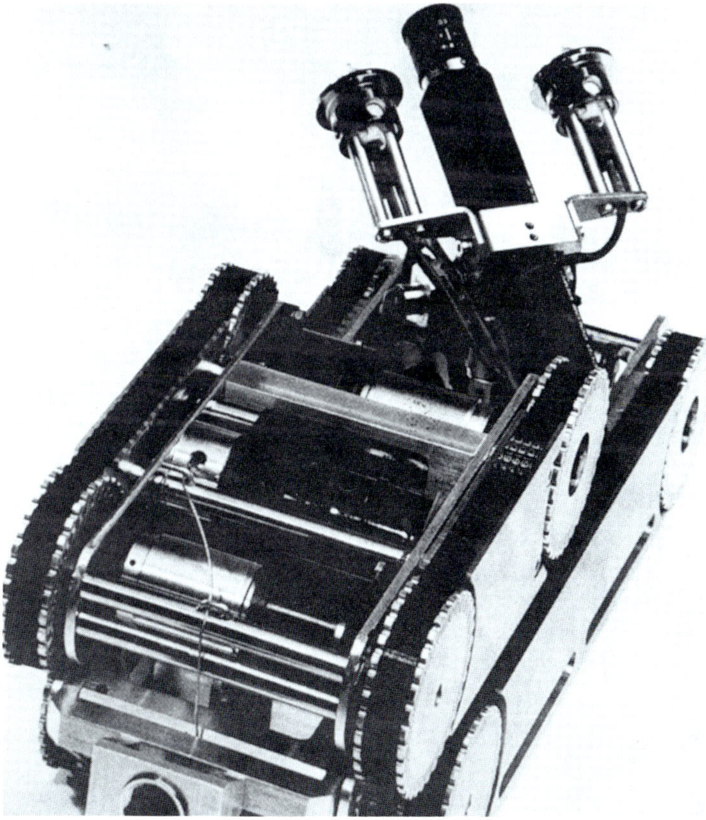

9

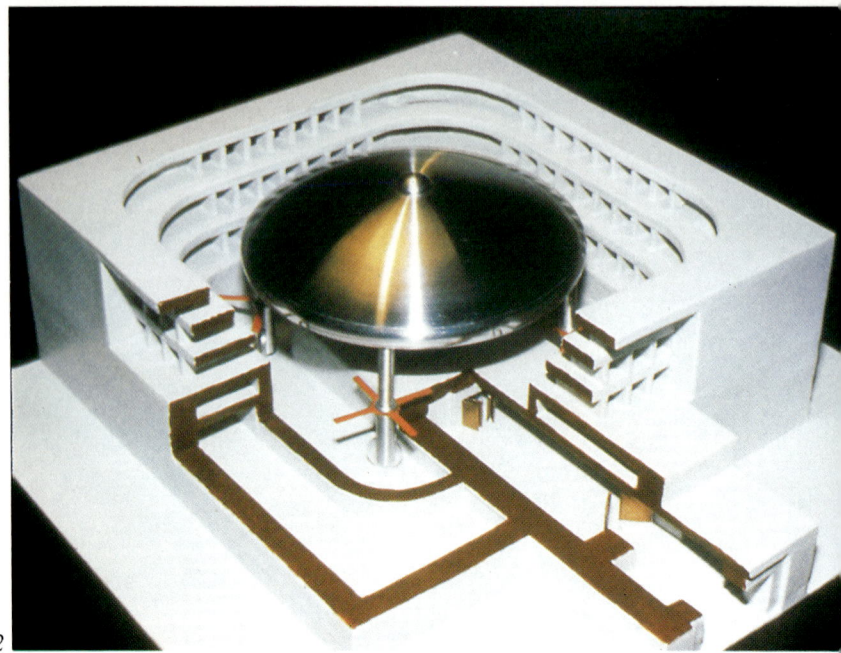

12

8 Zwei Welträtsel auf einen Blick: Der Sphinx, schweigender Wächter in den Sanden Wüste, und – im Hintergrund – ein künstlicher Berg voller Geheimnisse, Monument Pharao Cheops. Diese größte aller ägyptischen Pyramiden steht geometrisch in er Beziehung zum ebenso mysteriösen Hundsstern Sirius. Vielleicht birgt sie auch die Lös für das mehr als erstaunliche Dogon-Rätsel.

9 Mit Hilfe dieses kleinen Roboters entdeckte der deutsche Ingenieur Rudolf Gan. brink im Frühjahr 1993 eine bislang unbekannte Tür am Ende eines exakt auf den Si ausgerichteten, 65 Meter langen Schachtes im Inneren der Cheops-Pyramide. Befir sich hinter dieser steinernen Falltür eine weitere, seit dem Pyramidenbau ungeöff. Kammer? Welche neuen Überraschungen erwarten die Archäologen hier?

10, 11 Göttererscheinungen aus der indischen Mythologie: »Hari«, die höchste Pers lichkeit Gottes, erscheint auf den Flügeln des gewaltigen »Garuda-Vogels« (links); Manifestation des Mondgottes »Soma« (rechts). – Spiegeln solche alten Überlieferun Begegnungen mit technologischen Hochzivilisationen aus dem All wider?

12 Zwei voneinander unabhängige Rekonstruktionen, die sich dennoch widerspruch zusammenfügen lassen: Der NASA-Chef-Ingenieur Josef Blumrich ließ aus den biblisc Texten des Propheten Ezechiel ein absolut sinnvolles Raumschiff wiedererstehen. He Herbert Beier, gleichfalls Ingenieur, konzentrierte sich seinerseits auf die alttestame rische Schilderung des Tempels, zu dem Ezechiel von unbekannten Wesen gebracht wor war. Beides, Gebäude und Fluggerät, passen nach dem Schlüssel-Schloß-Prinzip e› ineinander.

Wurden Versuchspersonen während der REM-Phase geweckt, erinnerten sie sich praktisch stets an ihre Träume. Wurde ihr Schlaf hingegen in einer Ruhephase der Augen unterbrochen, konnten sie nur selten von einem Traumerlebnis berichten. Allem Anschein nach fanden die Träume allesamt in der REM-Phase statt. Tatsächlich bestätigten auch weitere Experimente diese Idee.

Mittlerweile sind auch die Zentren des REM-Traumschlafes einigermaßen gut im Gehirn lokalisiert. Eines davon liegt tief im Inneren unseres Denkapparates, auf der Mittellinie des Stammhirns, und wird daher *Raphe-System* genannt (das griechische Wort »raphe« bedeutet Naht, Linie). Beiderseits dieses Gebietes befinden sich zwei kleine bohnenförmige Strukturen, die wegen ihrer bläulichen Farbe als *Locus coeruleus* (blaue Stelle) bezeichnet werden. Zerstört man diese Hirnregionen, so findet kein REM-Schlaf mehr statt.

Auf die eine oder andere Weise muß gerade der Traumschlaf eine sehr wesentliche Bedeutung für den lebenden Organismus besitzen. Versuchspersonen, denen die nächtliche Ruhe für mehrere Tage entzogen wurde, verbrachten einen ungewöhnlich hohen Anteil ihres anschließenden Erholungsschlafes im REM-Zustand.

Nach allen Forschungen ist aber immer noch unklar, welchen Nutzen wir aus dem REM-Schlaf ziehen, ja warum wir überhaupt schlafen müssen. Der schottische Psychiater Ian Oswald von der Universität Edinburgh hat Hinweise dafür gefunden, daß der REM-Schlaf zur Aufrechterhaltung der Gehirnfunktionen erforderlich ist, während die dazwischenliegenden Tiefschlafphasen der Regeneration von Körpergewebe dienen. Doch welchen Sinn und Zweck Träume haben, bleibt auch ihm verborgen.

Eine interessante These haben die beiden Londoner Wissenschaftler Christopher Evans und Edward A. Newman schon vor längerer Zeit aufgestellt. Ihrer Meinung nach resultiert aus dem Traumvorgang gezieltes Vergessen. Analog einem Computerspeicher, der von Zeit zu Zeit von überflüssigen und überholten Informationen »gereinigt« werden müsse, um seine Leistungsfähigkeit zu bewahren, würde das Gehirn sich während des Träumens selbst »neu programmieren«. Während dieser »Aufräumarbeiten« kämen natürlich die unterschiedlichsten Informationen zum Vorschein. Sie würden im Traum oftmals zu seltsamen und nicht selten unlogischen Handlungen verwoben. Die wenigsten Träume, die uns allnächtlich begleiten, verbleiben auch in unserem Bewußtsein. In der Tat vergehen ihre Inhalte wie im Fluge. Mit Blick auf die Gedanken von Evans und Newman macht diese Flüchtigkeit Sinn. Wir sollen schließlich in den Traumphasen doch gerade vergessen!

Liegt die Bestimmung von Träumen wirklich allein im Abwerfen geistigen Ballastes? Unmöglich. Bestenfalls beschreibt diese Idee einen Teilaspekt der komplexen Vorgänge und Phänomene, mit denen uns der Traumschlaf konfrontiert. Träume spiegeln nicht nur unsere realen Erlebnisse wider, sie nehmen genauso Einfluß auf unser Denken und Handeln, unsere Kreativität. Solcherart nächtliche Gedankengebilde scheinen ganz und gar nicht dem Auslöschen bestimmter Gedächtnisinhalte zu dienen, eher schon der Erkenntnis und Erinnerung. Mehr noch: Einige außergewöhnliche Träume geben uns offensichtlich sogar Einblicke in die Zukunft. Wie können wir dieses Phänomen begreifen? Bis heute überhaupt nicht – wir stehen vor einem echten Rätsel.

Traumprophetien begleiten, faszinieren und verblüffen Menschen seit Jahrtausenden. Große Ereignisse der Geschichte ebenso wie aufsehenerregende, weltbewegende Schicksalsschläge und Katastrophen wurden von einzelnen vorausgesehen, »vorausgeträumt«.

Wenige Tage vor seiner Ermordung träumte Abraham Lin-

coln von einem Sarg, der im Weißen Haus aufgestellt war. Weinende Menschen schritten vorüber und erwiesen dem Toten die letzte Ehre. Im Traum ging Lincoln auf einen der Wachsoldaten zu und fragte ihn, wer da gestorben sei, worauf er die Antwort erhielt: »Der Präsident, von einem Mörder erschossen.« Bald sollte sich dieser Traum, den Lincoln noch seiner Frau erzählt hatte, bewahrheiten. Zahlreiche ähnliche Beispiele sind bekannt. Der österreichisch-ungarische Bischof Joseph Lanyi träumte die Ermordung des österreichischen Thronfolgerpaares voraus und versuchte noch, Erzherzog Franz Ferdinand zu warnen. Doch vergeblich. Im Juli 1914 fielen die königlichen Hoheiten in Sarajewo jenem Anschlag zum Opfer, der katastrophale Folgen für die gesamte Welt haben sollte.
Berühmt sind die Traumprophetien des Edgar Cayce. Dieser Visionär, der von 1877 bis 1945 lebte, sah in tranceartigen Zuständen die verschiedensten Weltereignisse voraus, Wirtschaftskrisen, Kriege, geologische Katastrophen. 1967 schrieb sein Biograph Jess Stearn über ihn: »Eine seiner berühmtesten Prophezeiungen, die sich aber erst noch erfüllen muß, betrifft die Sowjetunion. Es dürfte seine letzte große Weissagung gewesen sein, denn er machte sie wenige Monate vor seinem Tod. Er kündigte darin das Ende des Kommunismus in Rußland an und sah das Land sogar zur Hoffnung der Welt werden: ›Aus Rußland kommt die Hoffnung der Welt. Nicht mit dem, was manchmal als Kommunismus oder Bolschewismus bezeichnet wird. Nein. Vielmehr Freiheit, Freiheit! Jeder Mensch wird für seine Mitmenschen leben. Das Prinzip wurde dort geboren. Jahre werden vergehen, bis es eine konkrete Form annimmt. Doch aus Rußland kommt wieder die Hoffnung der Welt.‹« Tatsächlich hat sich der erste Teil dieser erstaunlichen Prophezeiung mittlerweile erfüllt.
Ähnlich verhält es sich mit den Feldpostbriefen des Andreas

Rill, eines deutschen Soldaten, der im Ersten Weltkrieg mit einem geheimnisvollen Kriegsgefangenen zusammentraf. Dieser »merkwürdige heilige Mann«, wie Rill ihn nannte, war wohl ein französischer Geistlicher aus dem elsässischen Kloster Sigolsheim nahe Colmar. Rills Aufzeichnungen zufolge sagte er den weiteren Verlauf des Ersten Weltkrieges, die Errichtung der Weimarer Republik, Beginn und Ende des Zweiten Weltkrieges und andere bedeutende historische Ereignisse voraus.

Nicht immer fällt es leicht, die so vielfältigen wie verblüffenden Visionen und Traumahnungen zu beurteilen. Prinzipiell sind bei einer ganzen Reihe von ihnen Irrtümer, Fehlinterpretationen, bewußter Schwindel oder schlicht Zufälle bestimmt nicht auszuschließen. Nach einschneidenden, weltbewegenden Ereignissen sind mit garantierter Sicherheit auch Personen zur Stelle, die »alles bis ins Detail« vorhergesehen haben wollen. Nur selten lassen sich solche Aussagen überprüfen. Zeugen oder genau datierbare Dokumente können sich selbstverständlich als sehr aufschlußreich erweisen.

Denken wir nur an den Untergang des Ozeanriesen »Titanic« im April 1912. Viele meldeten sich später und behaupteten, das Unglück »gespürt« oder regelrecht vorhergesehen zu haben. Können wir ihnen allen uneingeschränkt Glauben schenken? Wirklich bemerkenswert in diesem Zusammenhang ist dagegen folgende Geschichte:

14 Jahre vor jener riesigen Schiffskatastrophe erschien der Roman »Futility – Nichtigkeit« von Morgan Robertson. Die Story handelte von einem luxuriösen Ozeandampfer, der – genau wie die spätere Titanic – für unsinkbar erachtet wurde und als das größte Schiff seiner Zeit galt. Eine erstaunliche Zahl technischer Details – Abmessungen, Gewichte, Antriebseinheiten etc. – stimmten mit dem »Nachbild« des Romans, mit der echten Titanic überein. Doch

nicht nur darin ähnelten sich die beiden Schiffe in mehr als auffallender Weise. Auch ihre Schicksale sind identisch. Genau wie das Original stößt das fiktive Schiff in einer kalten Aprilnacht mit einem Eisberg zusammen und versinkt im Atlantik. Geradezu unglaublich – der Name des Romanschiffes: *The Titan!* Wahrhaft die Spitze des Eisbergs! Gewissermaßen hatten hier Phantasie und Realität im Abstand von 14 Jahren eineiige Zwillinge gezeugt!
Träume und Traumprophetien führen uns auch wieder zur geheimnisvollen Mythologie Ägyptens, zu den Hieroglyphentexten und magischen Schriften.
Schon um den Entzifferer der altägyptischen Symbole selbst, Jean François Champollion, ranken sich wundersame Geschichten und Vorsehungen. Als er geboren werden sollte, war seine Mutter schwerkrank, und wohlberechtigte Ängste quälten die Familie Champollion. In der Not wurde ein recht wunderlicher Zeitgenosse, der Nachbar Jacquou, zu Rate gezogen. Er verbrachte seine Tage im angrenzenden, uralten und längst aufgelassenen Klosterbau Lundieu. Dieser Jacquou stand im Ruf eines Mystikers und pflanzenkundigen Zauberers, eines faustischen doctor mirabilis, der um das Verborgene und Rätselhafte wußte und mit seinen vielseitigen Naturkenntnissen über die »Dinge, die die Welt im Innersten zusammenhalten« schon vielen Menschen geholfen hatte.
Auch im Falle der Madame Champollion ist sich Jacquou der richtigen Zauberkur sicher. Er behandelt die Kranke nach einer besonderen Rezeptur und verspricht ihr schnelle und vollkommene Genesung. Auch über das Kind äußert er sich in prophetischer Weise. Ein Sohn soll es werden, doch niemand von geringer Bedeutung. Im Gegenteil, der junge Champollion solle »den Ruhm kommender Jahrhunderte überstrahlen«! Tatsächlich erfüllten sich nicht nur die ersten beiden Prophezeiungen!

Der kleine Jean François mutete gelinde gesagt schon etwas merkwürdig an. Gesichtszüge und -farbe wirkten weniger französisch als vielmehr orientalisch! Selbst die Hornhaut der Augen war nicht etwa wie eigentlich zu erwarten weiß, sondern ganz deutlich gelb gefärbt. So, wie es sich für einen echten Orientalen geziemen würde. Fast schien es, als ob in Champollion ein richtiger Altägypter reinkarnierte, um der Welt endlich den Inhalt der bis dahin unentzifferten Hieroglyphenschriften nahezubringen.

In alten Zeiten waren Träume, Visionen, Prophetien gerade in Ägypten von großer Bedeutung. Pharaonen und Priester maßen ihnen hohen Realitätsbezug und einen entsprechend hohen Wert bei. Ja, Träume galten ihnen als von den Göttern gesandte Eingebungen, Traumdeuter-Priester fungierten als Medium zwischen dem Träumenden und seinem Gott.

Als junger Prinz schlief einmal Thutmosis IV. vor über 3000 Jahren erschöpft von der Jagd im Wüstensand ein, nahe des Großen Sphinx von Gizeh. Im Traum erschien ihm der Sphinx lebendig, der steinerne Löwenmensch sprach zu ihm und weissagte, Thutmosis würde Pharao werden, wenn er die Sande, welche das mächtige Standbild damals zur Hälfte im Wüstenboden begruben, fortträumen ließe. So steht es auf einer Stele, einer Inschriftentafel am Fuß der geheimnisvollen Statue zu lesen. Auch wenn das Ende des Textes fehlt, so ist doch bekannt, daß die Tatzen des gewaltigen Wächterwesens von Gizeh vom Staub der Wüste befreit wurden und Thutmosis tatsächlich als Pharao in die ägyptischen Königslisten einging.

Gläubige Ägypter, die Kontakt zu ihren Göttern suchten, um deren heiligen Rat zu erfragen, begaben sich in Tempel oder Höhlen, in denen sie oft nächtelang alleine auf prophetische Träume warteten. Auf einer Stele des Äthiopierkönigs Tanwetamani, der in Ägyptens Spätzeit herrschte, heißt es

schließlich: »Siehe da, der Traum spricht wahr. Wer ihm folgt, wird Nutzen davon haben, wer ihn nicht versteht, dem ergeht es übel.«
Im Mittelalter wurden Träume und ihre Inhalte ähnlich ernst genommen. Im zehnten Jahrhundert praktizierten Mönche des Augustinerklosters von Donegal in Irland quälende Riten in Höhlen, wiederum um Visionen und prophetische Träume gleichsam heraufzubeschwören.
Auch Thomas von Aquin, jener etwas zu neugierige Schüler von Albertus Magnus, glaubte an die Macht der Träume, Zukünftiges vorwegzunehmen. Martin Luther fürchtete gar das teuflische Element des Traumes und bat deshalb zu Gott, er möge nicht durch die Kraft der Träume zu ihm sprechen, könnte sich doch die Gewalt Satans in den Visionen manifestieren und dem Geist des »Empfängers« aufprägen.
Künftige Einzelschicksale künden sich in Träumen ebenso an wie weltbewegende Katastrophen. Der Tod einer nahestehenden Person oder, ganz allgemein, einschneidende Lebensereignisse sind häufige »Motive« prophetischer Träume. Manchmal liegen zwischen Vorahnung und Erfüllung nur wenige Stunden, in anderen Fällen dagegen Monate oder gar Jahre.
1965 träumte ein Vikar aus dem englischen Nottinghamshire dreimal von Kirchen, die er inspizierte. Bei der ersten handelte es sich um ein schönes mittelalterliches Bauwerk. Die zweite, ein mächtiges und düsteres Gebäude, stammte aus viktorianischer Zeit. Im dritten Traum fiel ihm nicht nur die Kirche selbst auf, sondern auch der Umstand, vom Ende des Kirchhofes aus die Ruinen von Schloß Hadleigh bei Benfleet in Essex sehen zu können.
Ein Jahr später trat der Pfarrer sein Amt in einer neuen Gemeinde an. Als er das Gotteshaus sah, erinnerte er sich sofort: Das war die Kirche aus seinem ersten Traum! Nach

weiteren fünf Jahren nahm der Geistliche eine Stelle in Beckenham, Kent, an. Und wieder glich das Original dem Traumbild. Fassungslos stand der Pfarrer vor der gewaltigen viktorianischen Kirche, die er nie zuvor gesehen hatte – außer in seinem zweiten Traum. Auch die letzte nächtliche Schauung des englischen Vikars erfüllte sich, allerdings erst nach zwölf Jahren. 1977 wechselte er nach Bury St. Edmunds in Suffolk. Besonders überrascht war er nun nicht mehr, vom Kirchhof aus die Ruinen einer alten Abtei zu sehen, die denen von Schloß Hadleigh täuschend ähnelten.

Anfang der sechziger Jahre trug sich in Indianapolis, USA, ein ganz außergewöhnlicher Mordfall zu, der gleichfalls mit einer geträumten Vorahnung in Verbindung gestanden haben soll. Am 7. August 1962 wartete Mrs. Ruth Ammer zu Hause auf ihren Mann. Nachdem sie das Mittagessen zubereitet hatte, setzte sie sich in einen Sessel und schlief ein. Im Traum suchte sie das Schuhgeschäft ihres Mannes auf. Sie betrat den Laden – alles schien wie gewohnt. Unvermittelt wandelte sich dieser harmlose Traum dann jedoch in einen schockierenden Alptraum. Ein Unbekannter drang in das Geschäft ein und richtete ihren Mann regelrecht hin. Er band seine Hände auf dem Rücken zusammen und schlug ihm mit einem schweren Hammer Kopf und Gesicht ein. Atemlos wachte Mrs. Ammer auf. Immer noch war sie allein zu Hause. Ihr Mann verspätete sich nur selten. Also hatte sich die unterschwellige Besorgtheit im Schlaf mit ihrem Unterbewußtsein verbündet und eine passende Horrorgeschichte zurechtgebastelt. Natürlich versuchte die Frau sich sofort selbst zu beruhigen. Wahrscheinlich hatte ihr Mann nur noch eine dringende Arbeit zu erledigen. Doch Mrs. Ammer beschloß, ihm das Essen ins Geschäft zu bringen und nach dem Rechten zu sehen. Die Eingangstüre war nur angelehnt, im Verkaufsraum niemand zu sehen. Erregt ging die nun auf alles gefaßte Frau hinein. Hinter dem Ladentisch entdeckte sie die grausam verstümmelte Leiche ihres Mannes. Der Alptraum hatte seinen Platz in der Realität eingenommen – unauslöschbar. Mrs. Ammer berichtete der Polizei von ihrem Traum, von dem sie kurz vor der Tat, vielleicht aber auch gleichzeitig mit ihr, heimgesucht worden war. Aus dem Traum kannte sie den Mörder, wußte, wie er aussah und welche Kleidung er trug. Zwar waren ihre Beschreibungen sehr genau, doch was sollten die Beamten mit diesem »Phantombild« anfangen? Ernst nehmen konnten sie die Schilderungen ganz gewiß nicht. Zunächst. Der weitere Verlauf der Handlung blieb jener grenzenlosen Macht des Zufalls überlassen: Einige Zeit nach dem Verbrechen wurde ein Polizeibeamter auf ein interessantes Gespräch aufmerksam. Zwei Männer unterhielten sich darüber, eine Person gesehen zu haben, die sich in der Toilette eines nahegelegenen Gasthofes die blutverschmierten Hände wusch. Die beiden Zeugen beschrieben den Verdächtigen bei einer ausführlichen Befragung genau so, wie ihn auch Mrs. Ammer anhand ihres Traumes wiedergab. Aufgrund dieser Schilderungen konnte der Mörder, ein gewisser William Edmonds, identifiziert und verhaftet werden. Die Geschworenen verurteilten Edmonds mit nur einer Gegenstimme. Sie allein bewahrte ihn vor dem elektrischen Stuhl.

Träume scheinen also keineswegs immer »Schäume« zu sein. Wieder und wieder bewahrheiten sich teils auch ziemlich ausgefallene Traumerlebnisse. Offenbar verstärken bestimmte außergewöhnliche Situationen solche paranormalen Effekte.

Menschen, die Begegnungen mit unbekannten Flugobjekten hatten, leiden in der Folgezeit oftmals an mehr oder weniger schnell verklingenden Schlafstörungen, die teils mit hellseherischen Träumen verbunden sind. So erging es auch einem 22jährigen Franzosen aus Pont-de-la-Roque, der am 29. Januar 1968 die Landung eines leuchtenden, scheibenförmi-

gen Flugobjektes gesehen haben will. Wie er berichtet, war er nicht fähig, sich während der Sichtung zu bewegen. Er wollte fliehen, doch fehlte ihm die Kontrolle über seine Glieder. Dabei war ihm nicht klar, ob er durch ein unbekanntes Kraftfeld festgehalten wurde oder aber die pure Angst ihn lähmte. Wie dem auch sei, in den auf dieses unheimliche Erlebnis folgenden zwei Wochen wurde der Zeuge von Schlafstörungen geplagt und hatte in dieser Phase einen Wahrtraum, durch den er eine Brandkatastrophe in einer Ölraffinerie vorhersah.
Nach wie vor hüllen sich die Traumphänomene in eine mehr als rätselhafte Aura. Sie versetzen uns gelegentlich in andere Räume, in andere Zeiten. Vergangenheit, Gegenwart und Zukunft scheinen sich in einem »Zeitschaum« aufzulösen. Und es sind keineswegs nur Phantasiewelten oder irreale Handlungsabläufe, in die uns der träumende Geist einbezieht. Das prophetische Element der Traumvisionen ähnelt einem mentalen »Zeitrutsch«, einem Beben im Raum-Zeit-Gefüge. Unvermittelt vermögen wir dadurch zu Kausalitätssündern zu werden, zu Geisterfahrern auf der Autobahn der Zeit. Weisen diese geistigen Vorwegnahmen künftiger Ereignisse darauf hin, daß unsere Zukunft vorausbestimmt und festgelegt ist? Stößt unser Unterbewußtsein Türen auf, die normalerweise für uns verschlossen sind, oder rennen wir vielmehr offene Türen ein, an denen wir im Wachzustand sehenden Auges und nüchternen Verstandes achtlos vorüberlaufen?
Zuweilen vermögen sich unsere nächtlichen »REM-Ausflüge« als Tunnel in andere Bewußtseinsebenen zu gestalten. Ja, es scheint solche fremdartigen, nur selten zugänglichen Existenzbereiche sogar tatsächlich zu geben. Von diesem Phänomen legen unter anderem auch die Nahtoderlebnisse bzw. die oft damit verbundenen außerkörperlichen Erfahrungen Zeugnis ab, die im englischen Sprachraum als *NDEs*

(= Near-Death-Experience) bzw. *OBEs* (= Out-of-the-Body-Experience) bekannt sind. Menschen, die an der Schwelle zum Tod standen oder gar bereits als klinisch tot galten, bevor sie dann doch noch ins Leben zurückgerufen werden konnten, berichten häufig von dieser so unheimlichen wie phantastischen Erfahrung. Plötzlich löst sich ein unbekannter, immaterieller Teil vom Körper und schwebt zumeist in einigem Abstand über oder neben ihm. Wie auch immer man diese unbegreifbare Komponente des menschlichen Organismus auch nennen mag – ob Plasmakörper, Astralgeist oder einfach Seele –, er erweist sich als eigentliches Ich. Der Betroffene beobachtet sich, seinen eigenen physischen Körper, aus einer Art Vogelperspektive, die Diesseits und Jenseits miteinander zu verbinden scheint.

Der amerikanische Psychologe Dean Sheils von der Universität Wisconsin befaßte sich in den siebziger Jahren mit dem Phänomen der OBEs, das weltweit anzutreffen ist. Er analysierte auch Aufzeichnungen über mehr als 70 nichtwestliche Völker. 95 Prozent von ihnen hatten Erfahrungen mit OBEs. Untersuchungen an englischen und amerikanischen Universitäten ergaben, daß ein hoher Anteil der Befragten gleichfalls außerkörperliche Zustände durchlaufen hatte. Der amerikanische Arzt und Philosoph Raymond A. Moody hat im Lauf der Jahre Hunderte von NDE- und OBE-Fällen untersucht. Bis in viele Einzelheiten hinein ähneln sich die Berichte in oft verblüffender Weise. Auffallend viele Menschen, die für kurze Zeit »drüben« waren, in der anderen, »jenseitigen« Welt, haben ihre Rückkehr ins Leben ausdrücklich bedauert. Wäre ihnen die Wahl freigestellt gewesen, sie wären nie wieder zurückgekommen. Immer wieder schildern sie ein Gefühl von Schwerelosigkeit, Leichtigkeit und Freiheit, sie schienen nach ihrer »Rettung« einem harmonischen Reich wunderbarer Farben und Formen, traumhafter Landschaften und Musik entrissen worden zu sein. »Auf einmal

erfüllten mich die denkbar wohltuendsten Gefühle. Nichts auf der Welt existierte mehr, es gab nur noch Frieden, Wohlbehagen, Harmonie – vollkommene Ruhe. Alles, was mich je bedrückt hatte, schien von mir genommen zu sein, und ich dachte bei mir: ›Oh, wie still und friedlich. Ich habe ja überhaupt keine Schmerzen mehr.‹« Mit diesen Worten erinnert sich eine Frau, die nach einem schweren Herzanfall wieder ins Leben geholt wurde, an ihre Nahtoderfahrung. Interessanterweise gestaltet sich bei den Sterbenden das Verhältnis zu ihrem eigenen Körper recht unterschiedlich. Einige sind an dessen weiterem Schicksal interessiert, während andere ihm völlig gleichgültig gegenüberstehen. Ein Mann, der sich bei einem Sturz schwere Verletzungen zugezogen hatte und bereits herztot war, beschreibt seine Gefühle: »Einmal – also, ich lag da auf dem Bett, aber zugleich konnte ich tatsächlich das Bett sehen und auch den Arzt, wie er sich um mich bemühte. Ich verstand das alles überhaupt nicht, aber ich sah meinen eigenen Körper auf dem Bett liegen – und da tat es mir richtig weh, als ich auf meinen Körper schaute und sah, wie schlimm er zugerichtet war.«
In einem anderen OBE-Fall, den Raymond A. Moody in seinem Buch »Leben nach dem Tod« zitiert, schildert ein Mädchen seine außerkörperliche Erfahrung nach einem schweren Autounfall, in den es verwickelt war. »Da im Wagen, inmitten all der Leute, die sich ringsum angesammelt hatten, konnte ich meinen vollständig zusammengequetschten Körper sehen – aber wissen Sie, sein Anblick löste keinerlei Gefühle in mir aus. Irgendwie war er für mich jetzt der Körper eines ganz anderen Menschen, vielleicht auch nur ein bloßer Gegenstand ... Zwar wußte ich, daß das mein Körper war – aber er ließ mich vollkommen gleichgültig.«
Kürzlich veröffentlichte der amerikanische Arzt Dr. Melvin Morse aus Seattle im US-Bundesstaat Washington seine Un-

tersuchungen über NDEs und OBEs *bei Kindern.* Gerade deren Berichte – und Morse analysierte Hunderte davon – belegen die Authentizität der Erlebnisse, schließlich sind Kinder frei von wissenschaftlichen oder anderen Vorurteilen.
Wie auch immer die Mehrheit in der medizinischen Wissenschaft zu derartigen Fällen und Berichten stehen mag, ich persönlich kann sie nur bestätigen, da ich in meiner Kindheit selbst eine außerkörperliche Erfahrung hatte, ohne ihr allerdings zunächst irgendeine besondere Bedeutung beizumessen. Erst viele Jahre später erfuhr ich von der »Außergewöhnlichkeit« dieser Art von Erfahrung und daß die Forschung dem Thema gemeinhin weder Aufmerksamkeit noch Glauben schenkt. Das überraschte mich in der Tat sehr, hatte ich mich damals doch selbst gesehen – aus der Vogelperspektive. In einer Höhe von etwa fünf bis sieben Metern schwebte ich über meinem Körper und betrachtete ihn völlig teilnahmslos. Ich befand mich an der Schwelle zum Tod, wäre fast verblutet. Aus meiner neuen Sicht allerdings interessierte mich das nicht. So beobachtete ich einfach, abwartend, was wohl weiter geschehen würde. Doch mein eigentliches Ich, das Etwas, welches da oben einige Meter über dem Boden war, fühlte sich völlig sicher. Genauso plötzlich, wie ich in jene merkwürdige Perspektive geraten war, genauso plötzlich glitt ich anschließend auch wieder in meinen Körper zurück, unspürbar, übergangslos. Es steht eindeutig fest: NDEs und OBEs sind absolut real!
Manche sehen in solchen Erlebnissen eine Generalprobe auf den Tod. Das ist möglich. Wir werden ihn vielleicht ersterben! Mag der Tod doch nur der Beginn eines neuen Bewußtseinszyklus sein, so wie Thomas A. Edison ihn sah: Leben geht lediglich von einer Energieform in die andere über.
Unsere gegenwärtige physische Realität, das faßbare, überschaubare Universum um uns herum, mag nur eine Seite im

Buch der Wirklichkeit wiedergeben. Unsere Welt ist keine rein materiell bestimmte Struktur. Auch unser Organismus, unser Gehirn würde ohne Phantasie und Intuition, ohne Geist und Seele gewissermaßen einem unmöblierten Zimmer ähneln. Traumprophetien, Visionen, NDEs und OBEs scheinen uns in unbekannte Seinsebenen zu führen. Sie geben uns für begrenzte Zeiträume augenscheinlich die Gelegenheit, im Buch der Wirklichkeit *zu blättern*.
Der englische Physiker David Bohm glaubte, daß eine ganze Reihe von Phänomenen, welche normalerweise für grundverschieden voneinander gehalten und somit getrennt betrachtet werden, auf anderen Realitäts- bzw. Seinsebenen zu einer gemeinsamen Erscheinung verschmelzen können. Seine Modellvorstellungen liefern auch ungeahnte Erklärungsansätze für die Existenz paranormaler Effekte.
Weit fortgeschrittene Zivilisationen im All, insbesondere solche, die bereits den Übergang vom technisch-materiellen zu einem vorwiegend geistigen Status vollzogen haben, dürften gerade in diesem Para-Bereich enorm weiterentwickelte Kenntnisse und Fähigkeiten besitzen. Hermann Oberth war fest überzeugt von der Möglichkeit, daß eine Kontaktaufnahme zu fremden Planeten auf dem PSI-Weg möglich sei. Tatsächlich scheint der Gedanke doch einigermaßen abwegig, kosmische Hochzivilisationen würden Weltraum-Kommunikation lediglich mit Hilfe von Radiobotschaften betreiben. Dieser von uns gegenwärtig beschrittene Weg der Nachrichtenübermittlung ist gewiß kein universelles Non-Plus-Ultra. Wie bereits Oberth nahelegte, wäre interstellare Telepathie möglicherweise eine angemessenere Methode zum Austausch kosmischer Botschaften, dies gerade zwischen hochstehenden Zivilisationen. Allerdings, eine Beeinflussung primitiverer Planetenbewohner durch solche telepathischen Signale wäre prinzipiell gleichfalls denkbar. Stellen wir uns nur einmal vor, ein Szenarium dieser Art würde

auch unsere irdische Zivilisation betreffen. Könnte die fremde Macht auf diesem Wege eventuell immer wieder mit uns in Kontakt treten? Was hätte es dann mit Wahrträumen und Visionen auf sich? Sie würden wohl in einem gänzlich anderen Licht erscheinen!
In besonderem Maße trifft das alles auf religiöse Visionen zu. Interessanterweise treten zusammen mit ihnen gar nicht selten recht merkwürdige Himmelserscheinungen auf, welche in einem anderen Kontext fraglos als unidentifizierte Flugobjekte eingestuft würden.
Die Marienerscheinungen von Fatima (1917), bei denen drei Kindern mehrmals eine als Jungfrau Maria identifizierte »schöne Dame« begegnete, wurden von der berühmten »tanzenden Sonne« begleitet. Am 13. Oktober 1917 erwarteten rund 50 000 bis 70 000 Menschen dieses Phänomen, das den Kindern bereits während der vorausgegangenen Vision von der Mariengestalt angekündigt worden war. Tatsächlich – um die Mittagszeit riß der bis dahin wolkenverhangene Himmel auf, es blitzte und donnerte, und ein leuchtend silbernes Objekt, eine schwankende, rotierende Scheibe oder Kugel wurde sichtbar. Ihr scheinbarer Durchmesser wurde mit dem der Sonne verglichen. Der lautlos schwebende Körper schleuderte vielfarbig schillernde Lichtgarben von sich. Das gelbe, grüne, rote, blaue und violette Leuchten wurde von den Wolken und vom Erdboden reflektiert. Die feurige Scheibe schwankte hin und her und stoppte ihre wilde Rotation mehrmals. Als sie zum dritten Mal loszuwirbeln begann, verstärkte sich ihr ohnehin gleißendes Licht noch weiter. Mit einem Male stürzte das Objekt auf die riesige Menschenmenge herab. Die zuvor wie gebannt zum Himmel starrenden Massen stürmten voller Angst auseinander, der Feuerball aber erhob sich wieder in die Höhe und verschwand. In den Jahren 1959 und 1960 wurde die »Tanzende Sonne« dann auch über Lissabon gesehen. Im

März 1968 kam es auf der philippinischen Insel Cabra genau wie im »Fall Fatima« zu einer Marienvision, der die Erscheinung einer rotierenden, in allen Spektralfarben am Himmel leuchtenden Scheibe folgte. Auch dieses Wunder war während der Vision angekündigt worden. So hatten sich dann auch auf Cabra immerhin 3000 Menschen versammelt, um Augenzeugen des unerklärlichen Himmelsschauspiels zu werden.

Erscheinungen und Visionen nach dem Fatima-Muster erregten ebenso in Deutschland Aufsehen: Zwischen dem 9. Oktober 1949 und dem 31. Oktober 1952 wurde auf einem Hügel am Ortsrand der kleinen fränkischen Gemeinde Heroldsbach bei Forchheim mehrmals eine schwebende Frauengestalt gesehen, die vom Himmel herabkam und aus einem strahlenden Licht heraustrat.

In jüngerer Zeit sind ähnlich unbegreifliche Vorkommnisse zudem auch aus den ehemaligen Ostblockländern bekannt geworden. Seit 1981 ist der Ort Medjugorje/Herzegowina wiederholt Stätte solch rätselhafter Marienerscheinungen gewesen, in der Ukraine kam es 1987 mehrmals zu derartigen Visionen. Ein Augenzeuge berichtete von dort: »Eine furchtbare Wolke stand über Tscherwonograd, und darin war ein furchtbares Getön. Am gleichen Abend begannen die Erscheinungen ...« Erinnern diese wenigen Worte nicht auffallend an Schilderungen in den biblischen Texten?

Worum handelt es sich wirklich bei all diesen Phänomenen? Sind es Wachträume oder Hologramme? Wodurch entstehen sie, worin liegen ihre innersten Ursachen?

»Nehmen Sie an, wir würden eines Tages entdecken, daß es etwas gibt wie den Geist, der die Materie beherrscht, wie es ja parapsychologische Forschungen heute anzudeuten scheinen«, so spekulierte einmal der amerikanische Astrophysiker Professor J. Allen Hynek in einem Interview, »nehmen Sie an, daß wir in einer Million Jahren lernen würden, was

eine irgendwo im Weltraum angesiedelte Zivilisation vielleicht schon gelernt hat, wie man von hier zum Mars einen Gedanken anstatt einer physikalischen Maschine aussenden kann, der dort in die Wirklichkeit umgesetzt werden könnte. Ich kann mir überhaupt nicht vorstellen, was dann alles geschehen würde. So wie ich nicht die geringste Vorstellung darüber habe, wie die Wissenschaft in einer Million Jahren aussehen wird. Ganz gewiß wäre ein Mensch unserer Tage, der plötzlich Millionen Jahre weiterversetzt würde, völlig perplex und könnte überhaupt nichts verstehen – genau wie ein Pygmäe aus Afrika, der unvermittelt hierher versetzt würde, Augen und Ohren beim Anblick eines Fernsehapparates aufreißen würde. Wie wollen sie zum Beispiel so jemandem erklären, daß gerade in dem Augenblick, in dem wir miteinander sprechen, ganze Fernsehbilder den Raum durchqueren? Wenn Sie versuchen, das einem Eingeborenen zu erklären, würde *er* schlicht erklären, Sie seien verrückt und redeten Unsinn. Es ist aber kein Unsinn! Manchmal denke ich, daß die Wirklichkeit nichts anderes als eine vieldimensionale Kontinuität ist, und die physikalische Welt, die uns umgibt, nur eine Augenblicksaufnahme dieser viel umfassenderen Wirklichkeit, von der sich eine andere Facette zum gleichen Augenblick in einer anderen Welt zeigt.«
Haben wir es im Falle der Marienerscheinungen etwa mit der Fortsetzung eines uralten, seit biblischen Zeiten gepflegten Cargo-Kultes zu tun? Stellen Wahrträume und Visionen gewissermaßen Projektionen durch fremde Intelligenzen dar, sozusagen interstellare Botschaften in Form telepathischer Hologramme? Freilich, das ist reine Spekulation. Aber der Gedanke liegt dennoch nahe. Der Gedanke einer weit überlegenen Fremdintelligenz, die sich stets unserem jeweiligen Entwicklungsstand anzupassen vermag, einer Zivilisation, die gleichzeitig offen und verdeckt vorgeht, uns über ihre eigentlichen Ziele und Absichten im unklaren läßt,

durch ihre Manifestationen verwirrende Phänomene hervorruft – ohne aber durch all diese Aktivitäten die Evolution von Erde und Menschheit negativ zu beeinflussen.
Nach Ansicht des franko-kanadischen Astrophysikers Dr. Jacques Vallée existiert seit Schöpfungsbeginn ein kosmisches »Kontrollsystem«, das mit der Evolution des menschlichen Bewußtseins in enger Verbindung steht. Dieses Kontrollsystem sei letztlich auch für das Erscheinen von UFOs und unbekannten Wesen verantwortlich, bei denen es sich nach Vallée allerdings um Intelligenzen aus anderen Dimensionen handelt.
Im Gegensatz dazu vermutet Dr. Johannes Fiebag in seinen umfangreichen Arbeiten zu außerirdischen Kontakten mit der Menschheit, daß es sich bei den beobachteten Phänomenen oftmals um »Projektionen« handelt, die unserer Psyche von überlegenen Wesen aufgedrängt werden, von Wesen allerdings, welche denselben Dimensionen angehörten, in denen auch wir zu Hause sind.
Die eigentliche Natur solch hochgradig entwickelter und flexibler Geschöpfe wäre für uns in keinerlei Weise ergründbar. Wir hätten mit einer latenten Macht zu tun, deren Wirken einem »Grenzbereich« entstammte, aus dem wir keine gültigen Beweise für ihre reale Existenz beziehen würden. Und dies wiederum könnte freilich Absicht oder auch Notwendigkeit sein, eine galaktische Philosophie oder aber zwangsläufige Folge aus der Natur jener hypothetischen Wesenheiten. Transmaterielle Entitäten, reine Geistwesen gewissermaßen, vielleicht aber auch biologisch anders geartete Geschöpfe physischer Konstitution, wären möglicherweise in der Lage, ihr äußeres Erscheinungsbild situationsbedingt zu modulieren und damit verschiedengestaltig vor uns zu treten, ungreifbar, unbegreifbar.
Traumgebilde oder Visionen mögen de facto Direktbegegnungen mit fremden Seinshaftigkeiten unbekannter Reali-

tätsebenen darstellen oder aber Produkte einer sehr fortgeschrittenen Technik anderer Weltraumzivilisationen. Die visionären Erscheinungen und nahezu geisterhaft wirkenden Gestalten würden sich dann quasi als Fernsehübertragungen in unser Bewußtsein deuten lassen, gesteuert durch den Sender einer fremden Intelligenz. Für uns noch undenkbar. Aber, erinnern wir uns in diesem Zusammenhang nur an Professor Hynek und sein »Pygmäenbeispiel«. Solche Überlegungen stellen Ideenkeime dar, allererste Ansatzpunkte für ein Verständnis des Unverständlichen, das ohne Frage existiert. Unzählige paranormale Erlebnisse auf der ganzen Welt sprechen dafür. Tausende Menschen gleichzeitig sahen unidentifizierbare Flugobjekte, Tausende nahmen Phänomene wie die »tanzende Sonne« von Fatima wahr. Diese Massensichtungen als Massenhalluzinationen abzutun, wäre zu einfach.

Professor Fred Hoyle aus England ist davon überzeugt, daß unser Weltall von einer kompletten Hierarchie an Lebensformen und Intelligenzen bevölkert ist – darunter auch »gottartigen«, uns nie zugänglichen Wesen außerhalb der für uns maßgeblichen Raumzeit; diese Wesen wären seiner Ansicht nach sogar imstande, die Grundgesetze der Natur festzulegen beziehungsweise abzuändern. Superintelligenzen dieser »reinsten Form« dürften uns in jeder Hinsicht zu fern sein, um weiter über ihre Fähigkeiten einigermaßen sinnvoll nachzudenken, auch wenn solche Spekulationen unzweifelhaft von großem Reiz sind. Anders verhält es sich mit hochtechnisierten Zivilisationen, welche dieselbe kosmische Umwelt mit uns teilen, das für uns erfahrbare Universum. Wir können uns Gedanken machen über ihre mögliche Biologie, ihre Technologie, ihren Heimatplaneten usw. Wir könnten uns auch fragen, wo sich solche Wesen höchstwahrscheinlich aufhalten oder verbergen würden, wenn sie *hier* wären, *hier* in unserem Sonnensystem. In diesem

menschlichen »Weltraumreservat« existieren noch immer genügend unerforschte Regionen, in denen heimliche Besucher aus dem All gigantische Strukturen – Orbitalstationen, Sternenkreuzer, was auch immer – problemlos vor uns geheimhalten könnten. Denn selbst unsere mittlerweile einigermaßen vertraut erscheinende kosmische Heimat ist in Wirklichkeit eine riesige, fremde, gefährliche Wüste, ein Reich der Dunkelheit und Rätsel. Nichts täuscht darüber hinweg!
Wo also könnten *sie* sich aufhalten, welche Möglichkeiten und Hinweise für *ihre* Anwesenheit gibt es? Unternehmen wir nun einmal eine Traumreise durch die Gefilde unserer so unheimlichen planetaren Nachbarschaft, hinaus in die dunklen, entlegenen und immer noch mysteriösen Zonen des gravitativen Einzugsgebietes der Sonne, um Antworten auf diese spannenden Fragen zu erhalten.

7 Fremde im Sonnensystem?
Geistermonde, verlorene Planeten und seltsame Lichter

Gibt es fremdes Leben in unserem Sonnensystem, jenseits der Erde, auf irgendeinem der anderen Planeten, Monde oder Asteroiden? Forscher, die sich mit dieser Frage beschäftigen, konnten bis heute keine Antwort auf sie finden – was allerdings nur wenig verwundert. Zwar haben unbemannte Sonden den interplanetaren Raum durchstreift und dabei auch unsere Nachbarwelten angesteuert, doch bieten all die bisherigen Missionen bestenfalls einen einigermaßen repräsentativen Querschnitt, einen groben Überblick über die wesentlichsten Phänomene. Immer noch gibt es dort draußen weit mehr Unerforschtes als Bekanntes, in Staub und Gas gehüllte Planetenoberflächen, nie gesehene Landschaften, im Dunkel verborgene Himmelskörper. – Wie sollte es anders sein, hält doch unsere Erde selbst noch genügend Unentdecktes und Unvermutetes für uns bereit.
1976 nahm die Marssonde »Viking I« eine kleine Stichprobe vom Boden des Roten Planeten und untersuchte sie auf die Anwesenheit lebendiger Mikroorganismen. Entgegen manchen Behauptungen fiel dieses Experiment eher positiv denn negativ aus, allerdings sind zum endgültigen Beweis weitere ähnliche Versuche erforderlich. Jedenfalls ist keineswegs ausgeschlossen, daß primitives Marsleben existiert, im Gegenteil. Zudem ist Mars nicht der einzige Himmelskörper des Sonnensystems, der – abgesehen von der Erde – Leben tragen könnte. In Betracht gezogen haben Wissenschaftler unter anderem die Atmosphäre des Jupiter, die Meere unter dem Eis-

panzer seines Mondes Europa, den Saturntrabanten Titan oder gar das Innere von Kometenkernen.
Nur wenige Forscher jedoch haben sich Gedanken über eine ganz andere Spielart der Präsenz von Leben im Sonnensystem gemacht, über eine sicherlich etwas exotischere, spektakulärere, keineswegs aber unwahrscheinlichere Möglichkeit.
Denkbar ist, daß primitive Lebensformen unter den eisigen Polkappen von Merkur oder Mars keimen, denkbar ist – wie Fred Hoyle glaubt –, daß Bakterien und Viren aus Kometenstaub auf die Erde herabfallen, denkbar ist, daß – wie Francis Crick vermutet – gesteuerte Raumkapseln fremder Intelligenzen das Leben vor Unzeiten auf die Erde lenkten, denkbar ist schließlich auch, daß Relikte dieser Fremden im Raum und auf den Planeten als kosmisches Strandgut verstreut sind oder: daß außerirdische Basen und Raumschiffe sich in schlecht zugänglichen oder schwer überblickbaren Regionen des Sonnensystems aufhalten – noch heute! Unerkannt. Sie müßten dazu nicht einmal besonders gut versteckt oder getarnt sein, ihre Größe könnte sogar im Bereich von einigen 100 Kilometern liegen. Objekte dieser Ausdehnung sind astronomischen Teleskopen durchaus zugänglich, selbst dann, wenn sie sich jenseits der Plutobahn befinden. Doch, sie wären lediglich als mehr oder weniger helle Lichtpünktchen erkennbar, formlos und ohne Struktur. Sie wären von einem natürlichen Himmelskörper nicht zu unterscheiden – solange sie keine unverständlichen Bahnmanöver ausführten oder anderweitig ungewöhnlich auffielen.
Kennen Astronomen Beispiele solch »verhaltensgestörter« Himmelskörper, »Geisterobjekte«, die vielleicht nur einmal aus dem Nirgendwo auftauchten und dann genauso plötzlich auf Nimmerwiedersehen verschwanden, wohin auch immer? Liegen in den Plattenarchiven der professionellen Sternwarten möglicherweise gar Fotografien gigantischer nichtirdischer Weltraumbasen, ohne daß irgendwer davon weiß?

> »Wir würden für zukünftige Generationen eher dumm aussehen, wenn wir fortfahren würden, auf fernen Sternen zu suchen, während die Antwort hier, direkt in unserem Sonnensystem, zu finden war.«
>
> MICHAEL D. PAPAGIANNIS, Astronom

Sie sind also der Mann, der vorgibt, den Planeten innerhalb der Merkurbahn gesehen zu haben«, stellte Urbain J. J. Leverrier, hochberühmter Entdecker des Planeten Neptun, einigermaßen verärgert von seinem Gegenüber fest. »Seien Sie gewiß, Sie haben sich eines großen Vergehens schuldig gemacht, indem Sie Ihre Beobachtung neun volle Monate für sich behalten haben, einmal vorausgesetzt, Sie haben sie überhaupt gemacht. Berichten Sie mir nun unverzüglich und ohne jede Ausflüchte, was Sie gesehen haben!« – Leverrier war bekannt für seine aufbrausende, schroffe und gelegentlich arrogante Wesensart, die er besonders seine französischen Landsleute spüren ließ, so auch den Landarzt und Amateurastronomen Lescarbault aus Orgères nahe Orleans.

Am 26. März 1859 hatte Lescarbault einen schwarzen Punkt vor der Sonnenscheibe vorüberwandern sehen. Der unbekannte Himmelskörper bewegte sich über die obere Hälfte der Sonnenscheibe hinweg und blieb länger als eine Stunde im Blickfeld.

Erst Ende Dezember übermittelte der Arzt seine außergewöhnliche Sichtung an Urbain Leverrier, den Mathematiker und Fachastronomen. Mit einem mürrischen Blick überflog Leverrier die Zeilen. Der kühle Rechner mit dem hitzigen Temperament schüttelte den Kopf: »Wie in aller Welt«, dachte er bei sich, »wie konnte jener Ignorant, dem möglicherweise eine bedeutsame Zufallsentdeckung geglückt war, nur so viel Zeit bis zur Meldung seiner Beobachtung verstreichen haben lassen! Eine völlig unverständliche Nachlässigkeit!« Wie auch immer, die Behauptungen, die Lescarbault in seinem Brief aufstellte, mußten überprüft werden. Also begab sich Leverrier höchstpersönlich nach Orgères und überfiel dort den nichtsahnenden Landarzt, ohne sich auch nur vorzustellen. Nachdem er Lescarbault beinahe wie einem ungehorsamen Schüler die Standpauke gehalten hatte, begann der – verständlicherweise einigermaßen befremdete – Arzt, seine Beobachtung »befehlsgemäß« so genau wie möglich zu rekonstruieren. Die Geschichte klang in der Tat vielversprechend, und Leverrier ließ seinen »Informanten« kaum einen Satz beenden, ohne sogleich wieder eine neue Frage einzustreuen.

»Zeigen Sie mir Ihr Teleskop, ich möchte es auf optische Fehler untersuchen. Ich will auch das Chronometer sehen, mit dessen Hilfe Sie die Durchgangszeit gemessen haben!« – »Mein Teleskop zeige ich Ihnen sehr gerne, doch ein Chronometer besitze ich leider nicht. Ich benutze statt dessen meine Taschenuhr, die mich auch stets auf meinen Reisen begleitet und sehr zuverlässig ist. Die Sekunden messe ich hiermit« – Lescarbault deutete auf ein Seidenpendel – »und die Zeiten sind korrekt.« Ein wenig verwundert, doch in einem immerhin gemäßigteren Ton erkundigte sich Leverrier nun nach den Aufzeichnungen über die betreffende Sichtung. Lächelnd ging Lescarbault hinüber zu seiner respektablen Bücherwand und griff zielsicher nach der neuesten Ausgabe des astronomischen Tabellenwerks »Connaissance des Temps«. Die Daten waren auf ein mit Laudanum beflecktes Streifchen Papier gekritzelt, das als Lesezeichen darin diente. Leverrier war nicht besonders zufrieden. »Haben Sie versucht, die Entfernung des Planeten zu berechnen?« – »Ich bin kein Mathematiker, und so fehlen mir bedauerli-

cherweise die nötigen Kenntnisse, um solche Kalkulationen erfolgreich durchzuführen. Dennoch, versucht habe ich es immer wieder«, entgegnete Lescarbault. Gründlich, wie er war, wollte Leverrier freilich auch diese Notizen sehen, mochte doch darunter eine nützliche Information sein.
»Meine Schmierzettel?« Der Arzt war überrascht, doch freute er sich über das große Interesse an seiner astronomischen Arbeit. »Papier ist bei uns hier ein ziemlich rarer Artikel. Ich bin sowohl ein Tischler als auch ein Astronom; ich rechne in meiner Werkstatt, und ich schreibe auf die Bretter, und wenn ich sie für neue Berechnungen zu verwenden wünsche, hobele ich das alte einfach weg.« Nun war Leverrier seinerseits überrascht – und sichtlich enttäuscht. In der Schreinerwerkstatt des Doktors fand sich das »Notizbrett« glücklicherweise doch noch in einem unversehrten Zustand. Zwar waren die Berechnungen darauf absolut nutzlos für Leverrier, viel wichtiger aber war, daß sie ihm die Ehrlichkeit des einzigen »Zeugen« jenes seltsamen Ereignisses bewiesen. Schlagartig taute der bislang so reservierte wie herrische Gelehrte auf und gratulierte dem Arzt von Orgères herzlich zu seiner wichtigen Entdeckung. Er war nun von der Realität der Sichtung überzeugt und veranlaßte daher später in Paris sogar, daß Lescarbault von Napoleon II. zum Mitglied der Ehrenlegion ernannt wurde. Eine Geschichte mit Happy-End also.
Was aber hatte Lescarbault vor der Sonne beobachtet? War es ein Planet?
Bereits einige Jahre früher, am 8. Mai 1845, konnte der französische Amateurastronom verfolgen, wie der sonnennächste Planet Merkur vor der Sonnenscheibe vorüberzog – als kleiner, schwarzer und kreisrunder Fleck. Solche Passagen kommen immer nur dann vor, wenn die Schnittlinie der Bahnebenen von Merkur und Erde sich nahe oder auf der Verbindungslinie zwischen Erde und Sonne befindet. Läuft

Merkur gerade dann in diesen Raumbereich, wandert er von der Erde aus gesehen scheinbar direkt über die Sonne hinweg. Der letzte Durchgang dieser Art fand am 6. November 1993 statt, der nächste wird sich am 15. November 1999 ereignen.

Lescarbault wußte also aus eigener Anschauung, wie ein Merkurvorübergang aussieht. Tatsächlich, die Ähnlichkeit mit seiner neuen Sichtung war verblüffend. Doch an jenem 26. März stand Merkur an einem ganz anderen Ort, das war sicher. Auch die Venus projiziert sich gelegentlich auf die Sonnenscheibe, allerdings seltener als Merkur. Zur betreffenden Stunde aber befand sie sich ebenfalls weit abseits des Geschehens. Nur ein bislang unentdeckter Planet schien die mysteriöse Beobachtung Lescarbaults erklären zu können, ein Planet, der sich aller Wahrscheinlichkeit nach sogar noch innerhalb der Merkurbahn bewegte, in extremer Sonnennähe.

1846 hatte Leverrier den fernen Neptun entdeckt – am Schreibtisch! Aus den beobachteten Abweichungen, die der benachbarte Planet Uranus in seiner Bewegung gegenüber dem theoretischen Bahnverlauf zeigte, schloß der geniale französische Mathematiker auf das Schwerefeld eines zusätzlichen Planeten, bestimmte rein rechnerisch die Position dieses nie zuvor gesehenen Himmelskörpers und traf ins Schwarze: Der deutsche Astronom Galle fand Neptun fast genau am angegebenen, vorausberechneten Ort.

Auch Merkur verhielt sich anders, als eigentlich zu erwarten. Sein sonnennächster Punkt – die Astronomen sprechen vom Perihel – verlagert sich unerwartet schnell. Störeffekte durch die bekannten Himmelskörper reichten zur Erklärung nicht aus, folglich mußte auch hier ein verborgener Planet im Spiel sein. Diese Gedanken hatte Leverrier bereits vor der merkwürdigen Sichtung des französischen Landarztes entwickelt. Als dessen Bericht dann bekannt wurde und sich darüber hinaus als glaubwürdig erwies, schien zunächst alles zusammenzupassen. Lediglich die Masse des planetaren Neulings reichte nicht aus, um die Periheldrehung des Merkur vollständig zu erklären. Fortan glaubte Leverrier, der gerade aufgefundene Himmelskörper wäre nur der größte Vertreter einer ganzen Gruppe sonnennaher Weltraumbrocken und gab ihm bereits euphorisch den Namen »Vulkan«. Nur eigenartig, daß dieser Vulkan ein so seltener Gast auf der kosmischen Bühne war. Als 1860 eine totale Sonnenfinsternis stattfand, suchten zahlreiche Astronomen auf Leverriers Veranlassung die sonst völlig überstrahlten Regionen nahe der nun zeitweilig verdunkelten Sonnenscheibe nach dem »intramerkuriellen Planeten«, nach »Vulkan« ab – allerdings ohne jeden Erfolg. Erst 1878 – mittlerweile war Leverrier gestorben – gab es neue Sichtungsmeldungen, der Vulkan lebte wieder auf! Am 29. Juli 1878 verfinsterte sich die Sonne über den Vereinigten Staaten. Von Wyoming aus verfolgte der kanadische Astronom James Craig Watson den Ablauf des spektakulären Himmelsgeschehens und entdeckte nahe der Sonnenscheibe einen unidentifizierbaren Stern, kurz darauf sogar noch ein weiteres Objekt, das in keiner Karte verzeichnet war. Eines dieser Objekte fiel auch dem New Yorker Astronomen Lewis Swift auf, der die Finsternis vom Pike's Peak in Colorado aus beobachtete. Mindestens ein unbekannter Weltraumkörper hat sich damals also allem Anschein nach in unmittelbarer Nachbarschaft der Sonne befunden. War es Vulkan? 1966 und 1970 nahm der Astronom Henry Courten diesen Planeten sogar auf, wieder während Verfinsterungen der Sonne. Seitdem jedoch ist der so rätselhafte Himmelskörper nicht wiedergefunden worden, trotz der ständigen rapiden Verbesserung der astronomischen Beobachtungsinstrumente und -techniken. Die meisten Astronomen haben daher die Beobachtungen des »Vulkan« ohne große Umschweife als schlichte Fehlsichtungen abgetan. Besonders, weil auch die schnelle Periheldrehung des Merkur seit Albert Einstein erklärt ist. Sie ergibt sich aus seiner Allgemeinen Relativitätstheorie zwangsläufig als Folge der starken Krümmung des Raum-Zeit-Kontinuums in der Nähe des mächtigen gravitativen »Potentialtopfes«, den die Sonne als Hauptmasse unseres Systems erzeugt. Deshalb ist auch kein weiteres Schwerefeld in Form eines zusätzlichen störenden Planeten mehr erforderlich, um Merkurs Bahnverhalten verstehen zu können.

Dennoch bleiben wir unbefriedigt zurück, bleiben, wie der englische Weltraumexperte Willy Ley es ausdrückte, »nagende Zweifel zurück. Was sah Lescarbault über die Sonnenscheibe hinwegziehen? Für ihn bestand keine Veranlassung, ein Märchen zu erzählen, und selbst Leverrier vertraute seinen Worten. Desgleichen erhebt sich die Frage, ob Watson alle die ihm unterschobenen Fehler gemacht hat, verstärkt durch die anderen Fehler von Swift. Es ist wesentlich leichter zu glauben, daß beide tatsächlich etwas gesehen haben.«

Ein ähnlich rätselhaftes Objekt wurde auch wiederholt in der Nähe des Planeten Venus gesehen. Über einen Zeitraum von mehr als 200 Jahren beobachteten einige der angesehensten Astronomen eine Art Satellit um das helle Gestirn. Der erste, dem dieser Trabant auffiel, war der Italiener Giovanni Domenico Cassini, Entdecker der später nach ihm benannten größten Trennungslinie im Saturnring. 1672 gelang ihm die erste Sichtung des Venusmondes, doch gab er seine Beobachtung nicht bekannt. Erst als er den vermeintlichen Trabanten am 18. August 1686 ein zweites Mal aufspürte, berichtete er der Fachwelt davon. Im Fernrohr zeigte der Himmelskörper die gleiche Lichtgestalt wie die Venus – Sichelform –, war allerdings nur ein Viertel so groß. 1672 vermochte Cassini das Objekt rund zehn Minuten zu sehen, bevor es in der hellen Morgendämmerung verschwand.

Beim zweiten Mal dauerte die sichtbare Erscheinung etwa 15 Minuten an.

Der nächste, der den Venusmond sah, war der englische Instrumentenbauer James Short. Sein Bericht aus dem Jahr 1740 gleicht den Beschreibungen von Cassini auffallend. Wieder zeigte sich eine kleine zusätzliche Sichel in der Nähe der Venus; Short verfolgte den Satelliten immerhin eine ganze Stunde lang. Im Mai 1759 sah dann auch der deutsche Astronom Andreas Mayer aus Greifswald den geheimnisvollen Himmelskörper. Gleich drei Tage hintereinander sichtete der berühmte Astronom Lagrange den Venussatelliten, ja, er bestimmte sogar dessen Bahn. Das Objekt schien die Venus senkrecht zur Ekliptik zu umkreisen, in diesem Fall gleichbedeutend mit einer polaren Umlaufbahn.

1761 war *das* Jahr überhaupt in der Chronik des insgesamt doch recht »teleskopscheuen« Venusmondes. Über ein Dutzend weiterer Sichtungsmeldungen sind damals bekannt geworden. Es war auch eines der seltenen Jahre, in denen die Venus vor der Sonne vorüberzog. Würde sich der Venustrabant bei dieser Gelegenheit vielleicht als eigener kleiner Schatten neben dem Planeten vor der gleißenden Sonnenscheibe abzeichnen? Tatsächlich glaubte der Krefelder Astronom Abraham Scheuten einen solchen zusätzlichen Schatten gesehen zu haben. Andererseits hatte auch der Engländer Samuel Dunn aus Chelsea den Planetendurchgang verfolgt, ohne aber einen zweiten Fleck entdecken zu können. Wenige Jahre später wurde der Venusmond dann doch wieder gesehen, diesmal von dem Kopenhagener Astronomen Christian Horrebow. Er beobachtete das »unzuverlässige« Gestirn am 3. Januar 1768. Es blieb für lange Zeit das letzte »Lebenszeichen« des ungewöhnlichen Venusbegleiters. Erst nach weit über 100 Jahren – 1886 – machte der schon bald lästige Satellit erneut auf sich aufmerksam. Nun endlich bekam dieses Phantom auch einen Namen:

Der Astronom Houzear beschloß, den Venusmond »Neith« zu taufen, nach der ägyptischen Göttin des Wissens. Dennoch, die Gelehrten vermochten *ihr* Wissen um Neith nicht zu mehren. Nur einmal noch erschien dieses Geisterobjekt. Am 13. August 1892 sah es der amerikanische Astronom Edward Emerson Barnard, wiederum in unmittelbarer Nachbarschaft der Venus. Barnard hatte schon früher gelegentlich nach dem Venusmond gesucht, ohne jedoch so recht an dessen reale Existenz zu glauben. Nun aber erblickte er Neith mit eigenen Augen. Und die waren berühmt gut. Wenn Barnard sagte, daß es nichts zu sehen gab, dann war für niemanden etwas zu sehen. Wenn jedoch wirklich ein schwaches Sternchen im Gesichtsfeld vorhanden war, dann entging es Barnard bestimmt nicht. Keiner konnte ihm leicht widersprechen, zu oft hatte er die Güte seiner Adleraugen bereits unter Beweis gestellt. – Barnard hatte nun tatsächlich ein Objekt ganz in der Nähe der Venus gesehen. Eine Verwechslung mit irgendeinem Hintergrundstern kann ausgeschlossen werden. Auch die schnellen Erklärungen, Barnard habe einen unbekannten Planetoiden oder eine kurzlebige Nova gesehen, befriedigen nicht. Sie berücksichtigen auch in keiner Weise die übrigen Beobachtungen von Neith.
Wieder stellt sich die Frage: Was für ein Objekt erschien damals, was sahen Cassini, Barnard und die anderen Astronomen in der Umgebung der Venus? Wenn dieser Planet tatsächlich einen Trabanten besäße, müßten wir spätestens seit den Raumsondenmissionen von *Mariner, Pioneer-Venus, Magellan* und anderen davon wissen. Doch nichts dergleichen. Weder Riesenteleskope noch ferngesteuerte Sonden zeigen auch nur eine Spur dieses mysteriösen Satelliten. Ob Neith einst wieder auftauchen wird, auf irgendeiner Fotografie, ganz unvermittelt? Schon einmal sind zwischen zwei Sichtungen fast 120 Jahre verstrichen. Zuletzt sah Barnard das »Phantom« – im Jahr 1892. Wird Neith um die Jahrtau-

sendwende wieder ein Gastspiel geben? Werden wir dann, im Falle des Falles, das Rätsel vielleicht lösen, mit noch besseren Kenntnissen und Instrumenten? Möglicherweise. Möglicherweise werden wir einst auch den Verbleib des ebenso rätselhaften »Vulkan« zu klären fähig sein.

Gesetzt den Fall, sowohl Neith als auch Vulkan sind reale Objekte – und die zahlreichen Sichtungen erfahrener Beobachter sprechen deutlich dafür –, dann kann es sich bei beiden freilich nur schlecht um Himmelskörper des Sonnensystems im üblichen Sinne handeln. Ein Planetentrabant beispielsweise ist entweder vorhanden, oder er ist es eben nicht. Auch wenn die Beobachtungsbedingungen wechseln, im großen und ganzen ist das Verhalten eines einmal aufgefundenen natürlichen Objektes absehbar und nach einiger Zeit auch vorausberechenbar.

Das offenkundig sporadische Erscheinen von Neith und Vulkan hingegen entspricht einem Bild, das sich mit einer ganz und gar anderen Sorte von Himmelsobjekten in Verbindung bringen läßt. Kein natürlicher Körper, weder Planet, Trabant noch Asteroid, kann jenes so unstete Verhalten erklären – somit bleibt nur die alternative These eines künstlichen Ursprungs. Zeitweilig im Planetensystem stationierte Mega-Raumschiffe könnten in der Tat für etliche der ansonsten völlig unverständlichen Sichtungen verantwortlich sein.

Erinnern wir uns nur an den »Stern des zehnten Monats«, den die Dogon-Ahnen während der Zeit der Nommo-Landung am Himmel leuchten sahen. Der Gesamtüberlieferung zufolge konnte sich hinter diesem seltsamen »Stern« de facto doch gar nichts anderes verbergen als ein gewaltiges Mutterschiff jener fremden Kultur, eine künstliche Welt, »geparkt« in einer geeigneten Umlaufbahn um die Erde. Zu jener Zeit hätte ein hypothetischer Beobachter auf einem benachbarten Planeten, sagen wir einmal ein »Mars-Barnard«,

wohl festgestellt, daß die Erde zwei Monde besitzt, anstatt des einen, bisher einzig bekannten. Und er wäre genauso überrascht gewesen, diesen neuen Trabanten nach einiger Zeit nicht wieder auffinden zu können ...
Interstellare Weltraum-Archen, Transportsysteme oder riesige Generationenschiffe würden auf ihrem Weg durch das Sonnensystem sicherlich haltmachen. Ihre Mannschaft würde die Lokalität erkunden, sie würde hier neue Energie- und Rohstoffquellen vorfinden und hätte Gelegenheit, eine kosmische Reisepause einzulegen und eventuell erforderliche Reparatur- bzw. Wartungsarbeiten durchzuführen. Im Interesse einer solchen weltraumfahrenden Kultur dürfte vielleicht auch liegen, zivilisatorische »Filialen« zu errichten, Raumbasen zur Erforschung des planetaren Systems, insbesondere des von einer aufblühenden Intelligenz bevölkerten Planeten Erde.
Außenstationen dieser Art mögen umfangreich konzipiert und auf einen langfristigen Betrieb ausgerichtet sein, auf Zeiträume von Jahrtausenden oder gar Jahrmillionen. Genausogut mögen sie auch einem nur relativ kurzen Einsatz dienen. Wie auch immer, selbst aufwendige Komplexe planetaren Ausmaßes wären für uns lediglich als kleine Lichtpünktchen zu erkennen. Der Durchmesser des »Vulkan« wurde seinerzeit auf etwa 800 Kilometer geschätzt, derjenige der Neith sogar auf 3000 bis 4000 Kilometer; Neith, ein künstliches Sternenschiff von der Größe des Erdmondes also!
Denkbar ist außerdem auch eine feste Stationierung kleinerer Basen auf einzelnen, natürlichen Himmelskörpern.
Zur Beobachtung der Erde bietet sich freilich in erster Linie der Mond an. Gibt es vielleicht sogar Hinweise, verdächtige Anzeichen für Aktivitäten fremder Intelligenzen auf diesem uns nächstgelegenen Himmelskörper? Wenn ja, welche?
Nach kosmischen Maßstäben befindet sich der Mond nur

einen »Katzensprung« von uns entfernt. Obwohl er bereits Besuch von Menschen erhalten hat und nicht nur im Zuge der *Apollo*-Missionen ausgiebig erkundet worden ist, bergen seine kraterdurchsetzten Landschaften noch immer einige der hartnäckigsten Weltraumrätsel. Nach wie vor wissen wir nur wenig über seinen inneren Aufbau, nichts über seine Herkunft. Der Mond straft diejenigen Wissenschaftler Lügen, welche behaupteten, ein Steinchen von dessen Oberfläche würde ihnen genügen, um seinen Ursprung und seine Entstehungsgeschichte ein für allemal zu klären. Doch die Forschung tritt nach wie vor auf der Stelle. Auch heute noch diskutieren Wissenschaftler eine ganze Reihe teils sehr voneinander verschiedener Entstehungstheorien. Einige sagen, der Mond sei gewissermaßen ein Kind der Erde; vor Äonen habe ein Zusammenstoß unseres Planeten mit einem etwa marsgroßen Himmelskörper seine Entstehung bewirkt. Diese Kollisionskatastrophe führte zum Auswurf einer glutflüssigen Gesteinsfontäne, bestehend aus einem Gemisch von Erd- wie Planetenmaterial, die sich in einer Umlaufbahn um die Erde wieder verdichtete und zur Mondkugel formte. Computersimulationen, die vor wenigen Jahren durchexerziert wurden, zeigen, daß solch eine ziemlich rabiate Geburt theoretisch möglich gewesen wäre. Andere Experten können sich mit dieser Idee nicht abfinden und behaupten, Erde und Mond seien so etwas wie ein Zwillingsplanet, beide hätten sich praktisch direkt nebeneinander gebildet, aus zwei benachbarten Verdichtungen innerhalb eines Gürtels der solaren Urwolke. Doch müßten Erde und Mond dann eigentlich chemisch und strukturell ähnlicher sein, als sie es tatsächlich sind. Also bleibt zuletzt noch der Umkehrschluß, daß der Mond seinen Ursprung irgendwo fernab der Erdbahn nahm und daher nicht näher mit unserem Planeten verwandt ist. Vor langer Zeit muß er dann in die Nähe der Erde geraten und von ihrem Schwerefeld eingefangen wor-

den sein. Aber: Die dabei frei werdenden Kräfte hätten den Mond eigentlich zerreißen müssen. Also wieder ein unbestreitbares Problem. Alles in allem scheint somit die kollisionsbedingte Abspaltung von der Erde am plausibelsten. Auf den ersten Blick. Dabei ist schnell vergessen, daß als »Monderzeuger« ein immerhin marsgroßer Einschlagkörper erforderlich ist. So ein Objekt läßt sich nicht ganz einfach aus dem Hut zaubern, nicht einmal so leicht aus der planetaren Urwolke. Wenn dieser Körper aus ihr stammte, warum gelangte er dann auf eine Kollisionsbahn? Wenn nicht, woher kam er dann? Nichts täuscht letztlich darüber hinweg: Die Herkunft des Mondes ist auch heute noch unbekannt.
Einen gänzlich unkonventionellen Ausweg aus der Mondmisere versuchten bereits 1970 die beiden russischen Wissenschaftler Michail Wasin und Alexander Scherbakow zu finden. In einem Artikel in der Zeitschrift »Sputnik« fragten sie damals: »Ist der Mond ein Produkt intelligenter Wesen?« Sie vermuteten, der gesamte Mond sei ein künstlicher Himmelskörper, eine riesige außerirdische Basis, noch besser getarnt als das Raumschiff »Todesstern« aus dem Science-fiction-Streifen »Krieg der Sterne«. Wasin und Scherbakow sahen in der verhältnismäßig geringen mittleren Dichte des Mondes ein Anzeichen dafür, daß dessen Inneres in Wirklichkeit hohl ist. Die für uns sichtbare Oberfläche wäre nur eine lockere Gesteinsschicht, aufgetragen auf einen dicken Schutzpanzer gegen einschlagende Meteorite. Abstürzende Asteroiden könnten lediglich mehr oder weniger große »Beulen« in der robusten Außenwand des »Raumschiffs Luna« erzeugen – die bekannten Meteoritenkrater. Viele Kilometer unter den Mondlandschaften würde sich eine – vor kosmischen Einflüssen und menschlichen Blicken bestens geschützte – Weltraumzivilisation verbergen, in einer eigenen utopischen Welt, einer künstlichen Biosphäre.

So attraktiv und verlockend diese Hypothese auch klingt, sie ist schlichtweg falsch. Spätestens seit den seismographischen Messungen der *Apollo*-Missionen direkt auf der Mondoberfläche steht fest, daß unser Trabant keineswegs hohl ist. Ein künstlicher Ursprung des Mondes ist also ohne Zweifel und im wahrsten Sinne des Wortes »zu weit hergeholt«. Wie aber steht es mit der Anwesenheit von nichtmenschlichen Kulturen auf dem Mond, mit der Möglichkeit fremder Basen auf dessen Oberfläche? Existieren Hinweise darauf, daß Außerirdische auf unserem Trabanten stationiert sind, um uns von dort aus zu überwachen und die Erde ohne Schwierigkeiten wieder und wieder aufzusuchen, vielleicht schon seit vielen Jahrtausenden?
Der amerikanische Autor George H. Leonard ist davon überzeugt. Er will auf NASA-Aufnahmen bereits gewaltige domartige Bauten, riesige Häuser und Türme, ausgedehnte Tunnelsysteme und kilometertiefe Bohrlöcher auf der Mondoberfläche entdeckt haben. Leonard behauptet auch, in diesen Kratern zahlreichen UFOs auf die Spur gekommen zu sein. Beweise für die Existenz fremdzivilisatorischer Mondbasen glaubte auch der kürzlich verstorbene Pilot Fred Steckling in der Hand zu halten. Wie Leonard beruft er sich auf eine Reihe seltsam anmutender Strukturen auf *Apollo*-Aufnahmen. Die meisten dieser Interpretationen lassen sich nur schwer nachvollziehen. Oft bedarf es schon einer gehörigen Portion an Phantasie, um in den wiedergegebenen Objekten irgendwelche geometrischen Muster und regelmäßige Strukturen zu finden, die auf einen künstlichen Ursprung hindeuten könnten. Vielmehr erweisen sie sich beinahe stets unfraglich als gewöhnliche mondgeologische Formationen – Parasitkrater, Terrainabsenkungen, schroffe Abbrüche an Zentralbergen usw. – oder auch einfach als Bildfehler und Reflexe.
Sind damit alle Überlegungen zur Anwesenheit von Außer-

irdischen auf dem Mond ad absurdum geführt? Erübrigen sich sämtliche Gedanken über fremde Mondbasen, von denen aus uns mächtige Wesen von anderen Sternen seit unbestimmter Zeit aufmerksam observieren? Oder gibt es doch noch andere, realistischere Gründe und Phänomene, welche die Frage nach unbekannten Intelligenzen auf dem Mond zumindest in den Rahmen des Erwägbaren rücken?
Stellen wir uns nur einmal vor, Astronauten eines Monderkundungsunternehmens verlassen die Landefähre und brechen mit ihrem vierradgetriebenen Rover zu einer abenteuerlichen Spritztour durch die staubigen, kraterbedeckten Hochebenen des Mondes auf. Sie erreichen den Wall eines der größeren Einschlaglöcher und beginnen einen beschwerlichen Aufstieg, hinauf über die steilen Schutthänge, über lunares Geröll, zertrümmerte Felsbrocken und geschmolzenes Gestein aus kosmischer Urzeit. Endlich nähern sich die Astronauten der oberen Wallkrone des Kraters. Sie müssen nur noch an einigen mächtigen Felsblöcken vorübergehen, um freie Sicht in das Innere des Kraterrundes zu gewinnen. Nun bietet sich ihnen der ungehinderte Ausblick in die Tiefe des riesigen Einschlagtrichters. Doch was sie dort unten, inmitten der ausgedehnten Ebene sehen, verschlägt ihnen den Atem. Eingebettet in das erstorbene Grau jenes kargen Mondtals hebt sich unzweifelhaft eine monumentale künstliche Struktur aus der Meteoritenasche ab, ohne Frage die Basis einer außerirdischen Rasse! Doch keinerlei Anzeichen jedweder Aktivität, alles scheint verlassen und leblos. Einem ägyptischen Totentempel gleich ragt der furchteinflößende Komplex aus dem Wüstenstaub einer anderen Welt. Eine Vision? Unablässig starren die Mitglieder der Mondexpedition auf das Monument. Verwirrt wie fasziniert, neugierig wie schockiert. Wieder zweifelnd. Eine Mond-Fata-Morgana? Wie ein Blitz durchzuckt es die Besucher von der Erde: Aus den Fluchten des Weltraumtempels strahlt ihnen

mit einem Male ein phosphoreszierendes Licht entgegen – sie sind entdeckt!
Eine ähnliche Szene spielt sich in dem amerikanischen Science-fiction-Film »Moontrap – Mondfalle« ab, in dem unser Planet von grausamen Cyborgs – kybernetischen Organismen – bedroht wird, welche auf dem Mond bereits seit Jahrtausenden ein verborgenes Dasein führten.
Hartnäckig halten sich die Gerüchte, daß auch die *Apollo*-Astronauten Begegnungen mit einer fremden Weltraummacht hatten.
Die beiden Besatzungsmitglieder der Landefähre von *Apollo 11*, Neil Armstrong und Edwin »Buzz« Aldrin, sollen kurz nach ihrem Ausstieg am 21. Juli 1969 ein seltsames »Licht« in einem Mondkrater gesehen haben. Dieser Sachverhalt ging auch aus der öffentlichen Fernseh-Übertragung des Funkverkehrs zwischen *Apollo*-Mannschaft und Bodenkontrolle hervor. Darauf brach die Übertragung ab. Zumindest offiziell. Einige Radioamateure allerdings fingen auch das anschließende »Ferngespräch« Mond–Erde auf. Demnach berichtete Armstrong nun, zwei »UFOs« auf dem Rand eines Kraters zu sehen. Folgender Dialog soll zwischen Edwin Aldrin und der NASA-Missionsüberwachung stattgefunden haben:
Aldrin: »Was war es? ... Was zum Teufel war es? Das ist alles, was ich wissen will!«
Mission-Control: »Was ist dort? Mission-Control ruft Apollo 11.«
Aldrin: »Diese Dinger sind gewaltig ... enorm ... O Gott, ihr würdet es nicht glauben! Ich sage euch, hier draußen, hier sind noch mehr Raumschiffe ... aufgereiht auf der anderen Seite des Kraterrandes ... Sie sind auf dem Mond und beobachten uns ...«
Dem herausragenden britischen UFO-Experten Timothy Good, einem der objektivsten Forscher auf diesem Sektor,

ist es vielfach gelungen, außergewöhnlich tiefe Einblicke in die diversen Verwicklungen und Geheimnisse der internationalen UFO-Szene zu gewinnen. Seine intensiven Recherchen im *Apollo-11*-Fall führen ihn zu der Überzeugung, daß die betreffenden Berichte den Tatsachen entsprechen. Good erfuhr auch von einem interessanten Gespräch zwischen Neil Armstrong und einem Professor, dessen Anonymität gewahrt bleiben soll. Im Verlauf der Unterredung fragte jener Professor den Astronauten auch über sein unheimliches Monderlebnis aus:

Professor: »Was geschah da draußen wirklich mit Apollo 11?«

Armstrong: »Es war unglaublich ... natürlich, wir wußten immer, daß es eine gewisse Möglichkeit gab ... Tatsache ist, daß wir gewarnt wurden.«

Professor: »Wie meinen Sie ›gewarnt‹?«

Armstrong: »Ich kann keine Details nennen, außer, daß ihre Schiffe den unseren weit überlegen waren, sowohl größenmäßig als auch technologisch – Junge, waren die groß! ... und bedrohlich ...«

Professor: »Aber die NASA hatte doch nach Apollo 11 noch weitere Missionen?«

Armstrong: »Natürlich – die NASA war zu jener Zeit verpflichtet und konnte keine Panik auf der Erde riskieren ... Aber in Wirklichkeit war es ein schnelles Herumbuddeln und gleich wieder zurück zur Erde ...«

Was auch immer die *Apollo-11*-Crew damals gesehen und erlebt haben mag, schon von der Erde aus werden wir gelegentlich Zeugen mysteriöser Vorgänge auf der nur scheinbar erstarrten, stillen und unveränderlichen Mondoberfläche.

In den vergangenen Jahrhunderten sichteten aufmerksame Beobachter immer wieder seltsame Leuchterscheinungen auf dem Mond. Einer der ältesten Berichte stammt aus dem Jahr 1540. Damals zeigte sich ein außergewöhnlich heller

Lichtfleck auf der Schattenseite des Halbmondes. Genauere Beobachtungen waren zu jener Zeit leider nicht möglich, eine größere Verbreitung des Fernrohrs stand ja noch bevor. Auf jeden Fall muß es sich um ein sehr ausgeprägtes und großflächiges Leuchten gehandelt haben, wenn es mit bloßem Auge ohne weiteres erkennbar war. In den folgenden Jahrhunderten sahen einige der berühmtesten Astronomen, darunter auch Wilhelm Herschel und E. E. Barnard, Lichter auf dem Mond, doch ihre Forscherkollegen blieben skeptisch und lehnten alle Behauptungen über lunare Veränderungen kategorisch ab. Erst gegen Ende der fünfziger Jahre unseres Jahrhunderts wandelte sich das Bild. 1956 nämlich gelang es dem Astronomen Dinsmore Alter, das erleuchtete Innere des Mondkraters Alphonsus zu fotografieren, und zwei Jahre später beobachtete und spektroskopierte Nikolai A. Kozyrew vom Observatorium auf der Krim aus einen Lichtblitz im gleichen Krater. Wenn auch heute noch einige Astronomen die Existenz dieser »moonblinks«, wie sie mittlerweile genannt wurden, leugnen, so belegen doch die weit über 1000 Sichtungen ihre Realität sehr deutlich. Rund ein Dutzend verschiedener Erklärungen wurden bisher angeboten. Sie reichen von Meteoriteneinschlägen über Mondbeben, Hitzeschocks und Einflüssen solarer Aktivität bis hin zu Gezeiteneffekten der Erde. Tatsächlich wirkt das Schwerefeld unseres Planeten über dreißigmal stärker auf den Mond ein als umgekehrt, so daß in dessen Kruste entsprechend vehemente Gezeitenkräfte auftreten. An einigen empfindlichen Stellen könnten sich Risse bilden. Aus dem Mondinnern austretende Gase würden dann von der energiereichen Ultraviolettstrahlung der Sonne zum Leuchten angeregt – eine mögliche Erklärung. Allerdings bleibt fraglich, ob dieser Vorgang dazu ausreicht, eine bis zur Erde sichtbare Erscheinung hervorzurufen, und ob er sämtlichen Beobachtungen gerecht wird.

1969 berichtete der Astronom J. Classen von einer sehr seltsamen Sichtung der kanadischen Mondbeobachterin Pierette Jean. Er schrieb damals: »Zum Schluß seien noch einige merkwürdige Beobachtungen aus neuester Zeit angeführt, die das Lunar and Planetary Laboratory in Tucson (Arizona, USA) am 22. November 1967 brieflich den an der Mondüberwachung beteiligten Stellen mitteilte. Danach bemerkte Pierette Jean am 11. September 1967 im Mare Tranquillitatis einen dunklen Fleck von rechteckiger Gestalt, der sich von West nach Ost bewegte und nahe der Lichtgrenze verschwand. Wenige Minuten später blitzten nahe dem Krater Sabine gelbe Flecke auf, und zwar in einem Falle für Bruchteile einer Sekunde, im anderen Falle für einige Sekunden.« – Gasausbrüche auf dem Mond wären vertikal gerichtet. Da unser Trabant keine Atmosphäre besitzt, gibt es auf seiner Oberfläche auch keinen Wind, der eine Asche- oder Gaswolke seitwärts verfrachten könnte. Bei jener Beobachtung von Madame Jean jedoch bewegte sich die Struktur eindeutig über den Mond hinweg. Interessant ist auch die scharf geometrisch begrenzte Form des Objektes und die Tatsache, daß erst einige Zeit später Lichtblitze registriert wurden.

Die erste Landung von Menschen auf dem Mond wurde offenbar von einer ganzen Reihe seltsamer Phänomene begleitet. Gerade als *Apollo 11* die Umlaufbahn um den Mond erreicht hatte, meldeten Beobachter vom Erdboden aus, daß sich Lichtphänomene in der Nachbarschaft des Mondkraters Aristarchus zeigten. Die »Mission Control Houston« informierte die *Apollo*-Crew und bat um Bestätigung:

Houston: »... Wir haben eine Beobachtung für Euch, die Ihr machen könnt, wenn Ihr da oben etwas Zeit habt. Es wurden einige flüchtige Erscheinungen in der Umgebung des Aristarch gemeldet.«

Aldrin: »Verstanden. Wir sind mit unserem Raumfahrzeug

gerade ins Dunkle gekommen. Bis dahin konnten wir unten nichts erkennen, aber nun ist die Sicht im Erdschein – nun ja, recht gut. Ich sehe jetzt nach hinten. Ich kann die Sonnenkorona jetzt sehen, da wo die Sonne gerade untergegangen ist, und ich will mir die Karte herausholen und sehen, was wir um den Aristarch herum finden können.«
Houston: »Okay. Aristarch ist im Winkel Echo 9 auf eurer ATO-Karte ... Werft einen Blick rüber, ob Ihr dort etwas sehen könnt, was sich lohnt. Kommen.«
Armstrong: »Hey, Houston. Ich sehe jetzt nach Norden zum Aristarch. Ich kann aber auf diese Entfernung nicht mit Bestimmtheit sagen, ob ich wirklich den Aristarch sehe. Aber da ist ein Gebiet, das beträchtlich heller ist als die Umgebung. Es scheint eine gewisse Fluoreszenz zu haben.«
Houston: »Verstanden, Elf. Wir hören mit.«
Aldrin: »Ich sehe jetzt in dieselbe Richtung ... Nun, wenigstens eine der Wände des Kraters ist heller beleuchtet als die anderen ... ich bin nicht sicher, daß ich tatsächlich ein Phosphoreszieren wahrnehme, aber das dort ist eindeutig heller als alles andere in der Nachbarschaft.«
In der Tat eine bemerkenswerte Sichtung der *Apollo-11*-Besatzung. Und, wir erinnern uns: Auch kurz nach der Landung sahen die Astronauten ein mysteriöses Licht innerhalb eines Kraters.
Ausgerechnet zu jener historischen Stunde also regte sich geheimnisvolles »Leben« auf unserem wohl nur scheinbar toten Satelliten. Mehr als ein schlichter Zufall? Deuten die *moonblinks* etwa auf außerirdische Aktivitäten dort oben hin?
Aus dem derzeitigen Faktenmaterial lassen sich nur wenig Schlüsse ziehen. Bei den Mondlichtern mag es sich einfach um Gasausbrüche handeln, doch einige Anzeichen weisen in eine andere, aufsehenerregendere Richtung. Wir müssen die These eines künstlichen Ursprungs jenes geheimnisvollen

Leuchtens gleichwertig mit anderen Deutungen berücksichtigen, wenn wir objektiv bleiben wollen.

Solange niemand diese zusätzliche Möglichkeit in Betracht zieht, solange niemand nach Hinweisen für die Präsenz fremder Kulturen im Sonnensystem sucht, solange wird auch niemand derartige Spuren finden – selbst wenn sie existieren!

8 Weltraumarchäologie
Auf der Suche nach außerirdischen Artefakten

»Wir erblickten unser Expeditionsziel erstmals im Lichte der kleinen, in unendlicher Ferne versinkenden Sonne. Zunächst dachten wir freilich, die geköpften, dreikantigen Türme und verfallenen Monolithe vor uns gehörten einem weniger sagenumwobenen Ort an, nicht aber der Stadt, die wir suchten. Alsbald jedoch belehrte uns die Lage des Ruinenkomplexes, der sich bogenförmig über das nahezu gesamte Areal eines niedrigen, meilenlangen, verwitterten Gneisplateaus hinzog, im Verein mit den architektonischen Formen, daß wir an unserm Bestimmungsort angelangt waren. Keine andere Ruinenstadt auf dem Mars ist auf diese Weise angelegt, und überdies war die fremdartige, vielfältig sich hinaufstufende Architektur, die an die Treppenanlagen des vergeßnen Anakin gemahnte, kennzeichnend für die prähistorischen Erbauer von Yoh-Vombis.
Ich habe die ehrwürdigen Mauern von Machu Picchu aus der Steinwüste der Anden in den Himmel ragen sehen, und ebenso die eisbedeckten, gigantischen Zinnenbauten von Uogam inmitten der eiszeitlichen Tundren auf der Nachtseite der Venus. Doch beides schien mir nun, verglichen mit dem Mauerwerk vor unsern Blicken, erst gestern erbaut worden zu sein. Die gesamte Region, wie sie sich da vor uns breitete, lag weitab aller lebensspendenden Kanäle, in einem Landstrich, darin nicht einmal die primitivste Flora oder Fauna mehr gedeiht. Tatsächlich hatten wir denn auch auf unserem Weg von Ignarh bis hierher nicht die leiseste Spur irgendwelchen Le-

*bens zu Gesicht bekommen. Und hier, an diesem Ort aus nichts als versteinerter Sterilität sowie ewiger Ödnis und Verlassenheit, schien alles Leben vollends unmöglich zu sein.
Ich glaube, daß ein jeder aus unserer Gesellschaft von ähnlichen Empfindungen bewegt war, wie wir da standen und hinüberstarrten, während das fahle, sekrethafte, dünnblütige Licht der scheidenden Sonne auf die finsteren, steinzeitlichen Ruinen fiel.«*

CLARK ASHTON SMITH (1893-1961),
»Die Grabgewölbe von Yoh-Vombis«

> »Vor allem und jedem zurückzuscheuen, was ihm auch nur in etwa ähnelt, bildet einen wesentlichen Bestandteil des menschlichen Wesens. Ähnlich dem Wilden, der nichts so sehr fürchtet wie einen fremden Menschen, ähnlich Robinson Crusoe, der beim Anblick fremder Fußspuren bleich wird, wendet sich der zivilisierte Denker instinktiv von der Überlegung ab, die ihm wesenfremd ist. In sein Weltbild andere denkende Geister als Faktoren aufzunehmen, hat für ihn etwas Schauriges an sich.«
>
> PERCIVAL LOWELL (1855-1916), Marsforscher

Noch heute, nach mehr als 70 Jahren, schaudert uns, wenn wir an die Öffnung des Grabes von Tutanchamun im November 1922 denken und an die damit verbundene augenscheinliche Erfüllung eines jahrtausendealten pharaonischen Fluches: »Der Tod wird denjenigen mit seinen Schwingen erschlagen, der die Ruhe des Pharaos stört.«
Diese so kurze wie beängstigende Verwünschung, angeblich als hieroglyphische Inschrift eingeritzt in ein kleines Tontäfelchen aus der Vorkammer des Grabes, sollte bald zur bitteren Realität werden: Der Graböffnung folgte eine unerklärliche Serie von Todesfällen; von den 20 leitenden Teilnehmern der Ausgrabung starben 13 Personen in geringem zeitlichem Abstand. Bis heute ist ungeklärt, welches Geheimnis sich hinter dieser erschreckenden Tatsache verbirgt, bis heute weiß niemand, welcher magischen Kraft sich die alt-

ägyptischen Priester bedienten, um Frevler der letzten Ruhestätte ihres Gottkönigs noch nach Jahrtausenden tödlich zu strafen. Verbreiteten giftgetränkte Kerzen ihre toxischen Gase während des Abbrennens in der bereits sorgsam verschlossenen Gruft? Breiteten sich gefährliche Pilzsporen und andere Krankheitserreger in den Sargkammern aus? Oder lagerten die alten Ägypter gar radioaktive Substanzen in ihren über all diese Fragen bisher schweigenden Gewölben? Wer wird eine endgültige Antwort finden?
Begeben wir uns für einige Augenblicke zurück in das Ägypten der zwanziger Jahre, in die Zeit archäologischer Sternstunden. Rufen wir uns noch einmal die spannenden Momente der Graböffnung in Erinnerung, so wie sie der Engländer Howard Carter, Entdecker der Tutanchamun-Gruft, erlebte und schilderte: »Langsam, verzweifelt langsam, so schien es uns, wurden die Geröllreste aus dem Gang fortgeschafft, die das hintere Ende der Tür versperrten, bis wir schließlich die ganze Tür vor uns hatten. Der entscheidende Augenblick war gekommen. Mit zitternden Händen schlug ich eine kleine Öffnung in die linke obere Ecke. Dunkelheit und Leere zeigten, soweit eine hindurchgestreckte Eisenstange reichte, daß das, was hinter der Tür lag, leer und nicht wie der eben ausgeräumte Gang ausgefüllt war.
Kerzenproben wurden aus Vorsicht gegen möglicherweise vorhandene giftige Gase gemacht, dann erweiterte ich das Loch, während Lord Carnavon, Lady Evelyn und Callendar (ein Ausgräber) neben mir standen, begierig, den Urteilsspruch zu hören. Zuerst konnte ich nichts sehen, da die aus der Kammer entweichende heiße Luft das Licht der Kerze zum Flackern brachte. Als meine Augen sich aber an das Licht der Kerze gewöhnten, tauchten bald Einzelheiten im Inneren der Kammer aus dem Nebel auf, seltsame Tiere, Statuen und Gold – überall glänzendes, schimmerndes Gold; den anderen, die neben mir standen, muß es wie eine

Ewigkeit erschienen sein – ich war vor Verwunderung stumm.«
Der Finanzier dieser weltbedeutenden Ausgrabung, seine Lordschaft, der fünfte Earl of Carnavon, wartete höchst angespannt an der Seite von Howard Carter. Schließlich wurde das Schweigen unerträglich, er fragte den Archäologen: »Können Sie etwas sehen?« Worauf Carter erwiderte: »Ja, wunderbare Dinge!« Ein kurzer, schlichter Wortwechsel, in dem jedoch die gesamte abenteuerliche Atmosphäre, die Erregung und Freude der Entdecker schwingt. In diesem Dialog lebt das Bewußtsein des historischen Moments. – Carter stieß seinerzeit ein Tor in die menschliche Vergangenheit auf. Als er in jene Grabstätte eindrang, betrat er augenblicklich eine fremde Welt, war plötzlich umgeben, ja umfangen von Räumlichkeiten und Gegenständen, die ihm Sitten und Bräuche, Gesellschaft und Religion einer vergangenen Hochkultur plastisch, greifbar, lebendig vor Augen führten. Gerade in diesem intensiven Zeiterlebnis liegt das unwiderstehliche Abenteuer »Archäologie«. Das Unmögliche wird möglich: ein Zeitsprung! Die Wiederbelebung eines erstorbenen Jahrtausends realisiert sich im direkten Kontakt mit nie zuvor gesehenen Gewölben, Schätzen und Kostbarkeiten jener fernen Zeit. Hier, im unmittelbaren Erfühlen der Ewigkeit wie der Vergänglichkeit gleichermaßen, werden wir zu Zeugen unser selbst. Hier blättern wir im vergilbten, geisterhaften Familienalbum der Menschheit.
Die Luft, die Carter aus den dunklen Königskammern entgegenschlug, stammte noch aus der Zeit des Pharao. Jener schwache Wind ließ das Kerzenlicht der Ausgräber unstet flackern; fast schien es, als ob die Seele des toten Königs selbst den Raum durchzog und dem längst Vergangenen noch einmal Leben einhauchte, für einen ganz kurzen Augenblick ...
Als der Amerikaner Neil Armstrong als erster Erdenbewoh-

ner den Mond betrat, stieß er ein Tor in die menschliche *Zukunft* auf. – Schritt für Schritt erobern wir Zeiten und Räume, bahnen uns Wege in unsere unendliche Umwelt, die erst jenseits der Wolken ihren eigentlichen Anfang nimmt! Werden einst Archäologen auch auf anderen Welten mit ihrer Spurensuche der Vergangenheit beginnen? Werden sie fündig werden? Welche Schätze mögen dort vielleicht noch einer Entdeckung harren, Relikte noch fernerer Zeiträume, Hinterlassenschaften nichtmenschlicher Kulturen?
Nicht allein unsere Erde, möglicherweise gar das gesamte Sonnensystem könnte sich als ergiebiges Betätigungsfeld für Archäologen erweisen. Sicher, leicht dürfte es nicht sein, in kosmischen Weiten nach solchen materiellen Zeugnissen fremder Hochzivilisationen zu spähen. Fraglos ist hierzu viel, sehr viel Aufwand und Geduld erforderlich. Doch auch die irdische Archäologie entwickelt sich oftmals zu einem nervenaufreibenden Geschäft voller Rückschläge, voller Mißerfolge und Enttäuschungen, selten gekrönt von glänzenden, zeitlosen Entdeckungen.
Vielleicht aber wird irgendwann, in hoffentlich nicht allzuferner Zukunft, einem Weltraum-Champollion oder Astro-Carter ein Fund glücken, der freilich aufsehenerregender als alles bislang Dagewesene wäre, der jede andere archäologische Rarität in den Schatten stellen würde – als erstes Artefakt einer unbekannten kosmischen Rasse, die einst dem Sonnensystem ihren Besuch abstattete.
Sogar noch heute, im »Raumfahrtzeitalter«, könnten beinahe sämtliche Gefilde unseres planetaren Systems theoretisch einem Tummelplatz außerirdischer Intelligenzen gleichen, ohne daß wir jedwede nachweisbaren Spuren und Anzeichen dafür entdecken würden. Das Hin und Her um die Auffindung des Venusmondes oder auch des intramerkuriellen Planeten Vulkan belegen das sehr deutlich. Selbst das »Licht« direkt vor unserer kosmischen Haustüre, unser eige-

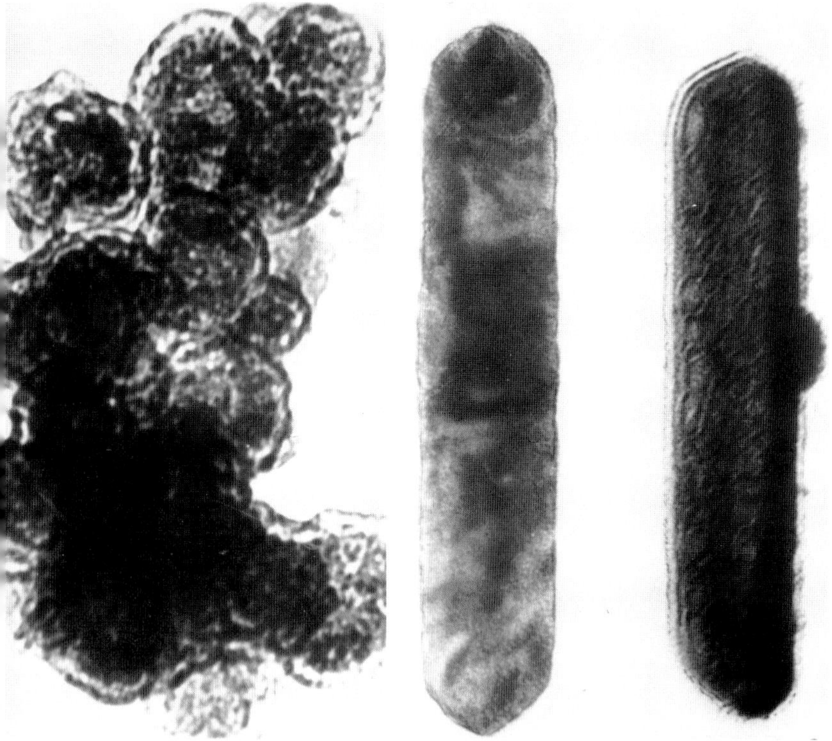

14

15

16

17

19

14 Außerirdische Mikro-Organismen? 1969 fiel über Australien der berühmte
urchison-Meteorit«. Er gehört einer sehr seltenen Meteoritengruppe an und enthält
kturen, die einige Wissenschaftler für extraterrestrische Mikroorganismen halten.

Lebensformen der geheimnisvollen »Ediacara-Fauna«, gleichsam Fremdkörper in
irdischen Evolution. Der Biologe und Nobelpreisträger Francis Crick hält es für mög-
 daß eine fremde kosmische Intelligenz Leben künstlich auf der Erde gesät hat. Stellt
Ediacara-Fauna ein frühes Experiment dieser Art dar?

Die Kathedrale von St. Mary bei Bury St. Edmunds, England. Sie erschien einem
rer in einem von mehreren Wahrträumen.

Das »Sonnenwunder« von Fatima, Portugal. Am 13. Oktober 1917 erlebten Zehn-
ende von Augenzeugen ein unerklärliches Phänomen, eine wirbelnde Lichtscheibe
Himmel, die Ähnlichkeit mit einigen modernen UFO-Sichtungen besitzt.

Fotografie einer unerklärlichen Lichtgestalt über der koptischen Kirche von Zeitun
Kairo, 1968. Sind Kirchen Kraftzentren für fremdintelligente Erscheinungen?

Bei der Suche nach außerirdischen Zivilisationen setzen Astronomen riesige Radio-
kope ein – hier das 100-m-Teleskop von Effelsberg in der Eifel, das größte freibeweg-
e Radioteleskop der Welt.

Der kleine Planet (Asteroid) Gaspra, aufgenommen im Oktober 1991 von der
lileo«-Raumsonde auf ihrem Weg zum Jupiter. Gaspra kreist im gewaltigen Asteroiden-
el zwischen Mars und Jupiter um die Sonne.

Der immer noch rätselhafte Mars-Mond »Phobos«. Eine Aufnahme der »Viking«-
de. Bis heute ist der Ursprung der parallelen Rillen ungeklärt.

Sonnenuntergang auf einer fremden Welt. Unser geheimnisvoller roter Nachbar-
iet Mars im Abendlicht.

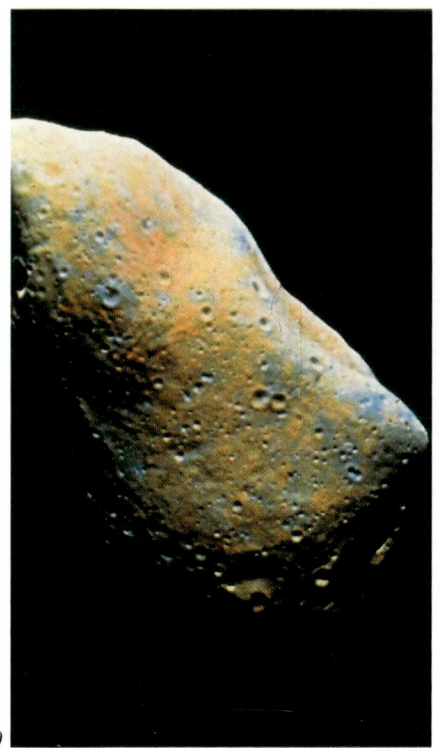

20

22

ner so naher Mond, birgt Rätsel über Rätsel. Überall noch finden sich weiße Flecken auf der Landkarte des Sonnensystems. Auch die Schwärze zwischen den einzelnen Welten ist erfüllt von Geheimnissen – das Unbekannte und Unerforschte umgibt uns allerorts.

Fragen wir zunächst noch einmal: Wo könnten sich intelligente Wesen aus dem All aufhalten und besonders gut verstecken, wenn sie unser Sonnensystem erst einmal erreicht hätten?

Außerirdische, die gewissermaßen »unter sich« bleiben wollten, unentdeckt, hätten, wie gerade angedeutet, recht viele Möglichkeiten. Ein hervorragender Aufenthaltsort beispielsweise wäre der »Saturnring der Sonne« – der zwischen Mars und Jupiterbahn gelegene Trümmergürtel der Planetoiden oder Kleinplaneten. Ohne unser Wissen könnte dort bereits seit Jahrtausenden ein »Klub der Anonymen Außerirdischen« existieren.

Schon vor Jahrhunderten war so manchem Himmelsforscher aufgefallen, daß die Planetenabstände im Sonnensystem ziemlich unharmonisch verteilt sind. Besonders eine weite Leerzone zwischen Mars und Jupiter störte das Gesamtbild beträchtlich. Als dann endlich eine Hilfsregel gefunden worden war, die die verschiedenen Entfernungen der Planeten einigermaßen wirklichkeitsgetreu wiedergab, zeichnete sich das bestehende Problem noch deutlicher ab, denn: Auch diese Regel verlangte nach einem weiteren Planeten im besagten Gebiet. Eine Gruppe deutscher Astronomen wollte gerade mit einer systematischen Suche nach diesem Himmelskörper beginnen, als sie auch schon die Nachricht von dessen Entdeckung erreichte. Tatsächlich hatte der italienische Astronom Piazzi in der Neujahrsnacht 1801 ein Objekt aufgespürt, das die Sonne genau in der erwarteten Distanz umläuft. Piazzi taufte den neuen Planeten »Ceres«. Bald sollten noch weitere Entdeckungen folgen: In der ver-

meintlichen Lücke »marschiert« ein ganzes Heer von Planeten um die Sonne. – Mittlerweile wissen wir, daß dort draußen Millionen und Abermillionen Weltraumbrocken umherschwirren, von denen nunmehr rund fünftausend genau registriert sind. Sie alle besitzen relativ geringe Ausmaße – Ceres als größter Repräsentant weist einen Durchmesser von knapp 1000 Kilometern auf. Da alle übrigen Planeten einschließlich Pluto weit voluminöser sind, bürgerte sich für jene neue »Familie« die Bezeichnung Kleinplaneten, Planetoiden oder auch Asteroiden ein.
Natürlich beschäftigten sich die Astronomen bald mit der Frage, welche Geschichte dieser kreisende kosmische Geröllhaufen wohl haben mochte. Wie waren die Planetoiden entstanden, woher stammten sie?
Allem Anschein nach hatte vor undenklichen Zeiten eine gigantische Katastrophe im interplanetaren Bereich zwischen Mars und Jupiter stattgefunden. Aus irgendwelchen nicht näher bekannten Gründen mußte wohl ein einziger, vollständiger Planet – der *zehnte* Planet des Sonnensystems – zerborsten sein. Demnach also wäre der »Saturnring der Sonne« ein ausgedehntes Trümmerfeld, der kümmerliche Überrest des ursprünglichen Planeten, den man auch »Phaeton« oder »Aztec« nannte. Eine Explosion dieser einstigen zusätzlichen Welt allerdings wäre ein ziemlich unwahrscheinliches Ereignis gewesen. Die Zerstörungsursache muß wohl in enormen Kollisionen mit anderen massiven Himmelskörpern gelegen haben. Die meisten Astronomen glauben heute sogar an eine ganze Reihe ehemaliger Urplaneten in jener Zone; das Schicksal eines jeden von ihnen wurde nach und nach in Zusammenstößen mit benachbartem Weltraumgeröll besiegelt. In diesem zyklopischen Planetenmahlwerk wurden sie unerbittlich immer stärker zertrümmert und verteilt.
Die größten Asteroidenbrocken besitzen Durchmesser von

einigen 100 Kilometern. Im Bereich der »Kilometerklasse« existiert nach modernen Schätzungen schon eine halbe Million Objekte dort draußen. Erst recht unübersichtlich wird die Situation dann bei den »Fliegengewichten« von vielleicht nur einigen Millionen Tonnen Masse und etwa 100 Meter Durchmesser. Myriaden solcher Weltraumtrümmer ziehen um unsere Sonne. Zwischen ihnen könnten sich ohne weiteres Raumschiffe ähnlichen Ausmaßes verbergen. Ganz wie natürliche Himmelsobjekte würden sie langsam einer Kreisbahn um die Sonne folgen und wären demnach in keiner Weise von ihnen zu unterscheiden. Wie der amerikanische Physiker Robert A. Freitas vom Xenology Research Institute im kalifornischen Sacramento betont, selbst größere künstliche Sphären – Raumbasen mit Durchmessern von gut zehn Kilometern – ließen sich nicht von gewöhnlichen Asteroiden des Gürtels unterscheiden. Mit anderen Worten: Wenn wir auch bis dato keine außergewöhnlichen, weil außerirdischen bzw. künstlichen Objekte im solaren Trümmergürtel gefunden haben, heißt das noch lange nicht, daß es sie dort nicht gibt. Möglicherweise zeigen einige der Entdeckungsfotos vermeintlicher Kleinplaneten in Wirklichkeit die Oberflächen weit entfernter fremder Raumkolonien. Noch läßt sich dieser Gedanke nicht nachprüfen. Nur mit sehr großem Aufwand und einer gezielten Auswahl »verdächtiger« Körper könnte man vielleicht Hinweise auf deren künstlichen Ursprung finden – beispielsweise in Form ungewöhnlicher Reflektionsspektren, Lichtwechsel oder Energieabstrahlung. Falls die uns unbekannte Besatzung einer solchen Station jedoch nicht daran interessiert ist, deutlich auf sich aufmerksam zu machen, dann dürften wir uns wenigstens zur Zeit mit einem endgültigen Beweis ihrer Existenz sehr schwer tun. Doch: Die Nichtexistenz eines solchen Beweises ist kein Beweis für die Nichtexistenz einer fremden Kultur im Sonnensystem!

Auch der US-Astronom Michael D. Papagiannis, einer der führenden und international anerkannten SETI-Forscher, hält die Anwesenheit außerirdischer Basen durchaus für denkbar. Er geht noch einen Schritt weiter: »Wir könnten sogar die Möglichkeit in Betracht ziehen, daß die starke Aufspaltung der Bestandteile des Asteroidengürtels das Resultat der Abbautätigkeit extraterrestrischer Kolonien ist.« Schließlich bieten sich die Asteroiden als ideale Rohstoffquellen förmlich an. Metallische Kleinplaneten bieten Eisen und Nickel in Hülle und Fülle, kohlenstoffhaltige Asteroide liefern organische Substanzen, darüber hinaus auch Wasser (somit gleichzeitig auch Wasserstoff und Sauerstoff). Alle erforderlichen Baumaterialien wie auch Energieträger wären also an Ort und Stelle vorhanden. Nicht zu vergessen: Auch die benachbarten Planeten und deren Trabanten könnten als praktisch unerschöpfliche Reservoirs angesteuert werden. Wasser in gefrorener Form findet sich auf dem Mars ebenso wie auf den äußeren Jupitermonden. Die Atmosphäre des Jupiter selbst besteht hauptsächlich aus Wasserstoff und Helium.

Noch einmal zurück zu den Asteroiden. Nicht alle von ihnen kreisen im Hauptgürtel zwischen Mars und Jupiter. Es gibt eine ganze Menge planetarer Sonderlinge in unserem Sonnensystem, und immer wieder finden Astronomen neue »Irrläufer«. Gerade in der letzten Zeit hat die Zahl solcher Entdeckungen deutlich zugenommen.

Schon länger bekannt sind die – erdbahnkreuzenden – »Apollos«, eine Gruppe von Asteroiden, deren erstes Mitglied, der Kleine Planet *Apollo,* im Jahr 1932 gefunden wurde. Einige dieser kosmischen Bomben kommen der Erde empfindlich nahe, im Lauf der Erdgeschichte sind schon etliche von ihnen mit unserem Planeten zusammengestoßen. Insgesamt dürfte es etwa 100 000 solcher Weltraumbrocken im erdnahen Raum geben. Für eine außerirdische Kultur böte sich freilich auch hier eine elegante Möglichkeit, sich absolut incognito an die Erde heranzupirschen. Interplanetare Naherkundungsschiffe würden auf derartigen Bahnen genausowenig auffallen wie Raumbasen weiter draußen im Asteroidengürtel. Astronomen würden den Körper einfach als neuen »Apollo« registrieren!

Ein besonders mysteriöses Objekt geriet im November 1991 ins Blickfeld des amerikanischen »Spacewatch«-Teleskopes, einer Anlage zur Suche nach erdnahen Weltraumkörpern. Damals bewegte sich ein winziger Lichtpunkt auf die Erde zu und näherte sich ihr Anfang Dezember bis auf 460 000 Kilometer. Mehr als überraschend: das Ergebnis der Bahnanalyse. 1991 VG – so die vorläufige Bezeichnung für das rätselhafte Gebilde – läuft nahezu auf demselben Orbit wie unsere Erde! Zufall? Handelt es sich um einen außergewöhnlichen Planetoiden, der von seiner Ursprungsbahn abgekommen ist, oder eher um ein künstliches Objekt? Astronomen der Europäischen Südsternwarte (ESO, European Southern Observatory) haben den geheimnisvollen Weltraumgast gründlicher ins Visier genommen und konnten dabei einen Lichtwechsel feststellen, »leichte Blitze«, die sie an die Sonnenreflexionen bei künstlichen Erdsatelliten erinnerten. Die Wissenschaftler überlegten daher, ob es sich bei 1991 VG eventuell um ein außer Kontrolle geratenes Raketenteil irdischer Herkunft handeln könnte. Aber, sollten nicht die Raumfahrtagenturen davon Kenntnis besitzen? Rückrechnungen haben außerdem gezeigt, daß das mysteriöse Objekt als passiv dahinschwebender Weltraumschrott niemals nahe genug an die Erde herangekommen wäre, um einem Raketenstart zu entstammen.

Was auch immer sich hinter 1991 VG verbergen mag, dieses Beispiel beweist einmal mehr: Eine Unterscheidung zwischen »natürlich« und »künstlich« ist bei vielen Weltraumkörpern schlicht unmöglich.

Immer wieder tauchen neue rätselhafte Erscheinungen aus der kosmischen Nacht auf, immer wieder erinnern sie uns an die gigantischen, unerschöpflichen wie unergründlichen Dimensionen des Alls. Wir wissen wenig. Wie Robert A. Freitas einmal bemerkte, 99 Prozent unseres Sonnensystems sind unerforschtes Territorium. Und überall, an allen Ecken und Enden, in jedem planetaren Winkel, nah und fern, könnten sich nichtmenschliche Zivilisationen unbemerkt aufhalten – ob nun in einem Orbit um die Venus, im Planetoidengürtel oder bei einem fernen Eismond.
Die Rätsel des Sonnensystems sind vielgestaltig und allgegenwärtig. Im Jahre 1905 sah der Astronom William H. Pikkering mit dem größten Linsenfernrohr der Welt, dem Ein-Meter-Yerkes-Refraktor der Chicagoer Sternwarte, ein sternartiges Objekt in der Umgebung von Saturn. Offenbar hatte er einen neuen Saturnmond entdeckt. *Themis,* wie Pickering ihn nannte, löste sich jedoch wie Neith und Vulkan bald wieder im Nichts auf.
1877 entdeckte der Amerikaner Asaph Hall die beiden winzigen Monde des Mars. Er nannte sie *Phobos (Furcht)* und *Deimos (Schrecken)*, nach den beiden tapferen Söhnen des Kriegsgottes Ares, der das griechische Äquivalent zum römischen Mars war. Bald gab besonders Phobos, der Innere der beiden Trabanten, Rätsel auf. Dieses »Möndchen« – sein Durchmesser liegt bei nur knapp 30 Kilometern – umrundet Mars im geringen Abstand von nicht ganz 6000 Kilometern. Je näher ein Satellit seinen Mutterplaneten umläuft, desto schneller muß er sich um diesen Planeten drehen; andernfalls würde ihn dessen Schwerkraft abstürzen lassen. Infolgedessen rast Phobos um die Marskugel, schneller als sie selbst sich um ihre eigene Achse dreht. Die Situation ist also gegenüber Erde und Mond genau umgekehrt. Entsprechend geht Phobos auch nicht im Osten, sondern vielmehr im Westen auf, zieht in nur wenigen Stunden über das lachsrote

Marsfirmament und geht anschließend im Osten unter. Eine verkehrte Welt! Doch es wird noch merkwürdiger.
1945 fiel dem amerikanischen Astronomen B. P. Sharpless auf, daß Phobos seinen ohnehin rasanten Umlauf immer noch ein wenig beschleunigt! Der kleine planetare »Schnelläufer« schien ständig daran zu arbeiten, seine Rekordzeit von Mal zu Mal zu verbessern. Gleichzeitig änderte sich allerdings auch die Phobosbahn selbst, ganz unmerklich. Sie »schrumpft« mehr und mehr zusammen. Ein völlig logischer Zusammenhang, denn: Wenn Phobos an Bahnhöhe verliert, gibt er Energie ab. Diese Energie verwandelt sich in Bewegungsenergie, welche Phobos beschleunigt. Er bewegt sich also auf niedrigerer Bahn schneller um den Mars, dessen Schwerkraft ihn nun noch stärker binden »will«. Nur die erhöhte Geschwindigkeit setzt ihrem Sog einen ausreichenden Widerstand entgegen, der Trabant bleibt in einer Umlaufbahn, stürzt nicht ab. Innerhalb von zehn Jahren nähert sich Phobos auf diese Weise dem Mars immerhin um einen halben Meter. Wenn wir diesen einigermaßen merkwürdigen Vorgang nun einmal hochrechnen, zeigt sich, daß Phobos in rund 100 Millionen Jahren auf den Mars aufschlagen und einen mehrere 100 Kilometer großen Krater in dessen Oberfläche reißen wird.
Warum das alles? Warum ändert Phobos seine Bahn, warum nähert er sich unaufhaltsam seinem roten Mutterplaneten? Raumfahrttechniker kennen ein ähnliches Verhalten von niedrig fliegenden Erdsatelliten, die in der Erdatmosphäre abgebremst werden. Sie verlieren an Höhe und verglühen schließlich in den dichten unteren Schichten der Lufthülle, wenn sie nicht vorher durch Rettungsmanöver vor diesem Schicksal bewahrt werden können. Im Falle von Mars sind die Dinge doch etwas anders gelagert, und das bringt Probleme mit sich. Die Mars-Atmosphäre ist außerordentlich dünn und Phobos ein respektabler Felsklotz, dreimal so

groß wie der Mount Everest. Dieser beachtlichen Masse Widerstand zu leisten, ist nicht leicht. Es sei denn – ja, es sei denn, sie wäre: nur *vorgetäuscht!* Angenommen, Phobos besäße eine ungewöhnlich niedrige Dichte, dann hätte er freilich auch eine entsprechend geringere Masse, mit dem Effekt, daß schon eine relativ »schwachbrüstige« Atmosphäre – sprich: die Mars-Atmosphäre – ihn abbremsen könnte. Eine gründlichere Überprüfung der Situation zeitigt nun allerdings ein wahrhaft überraschendes Ergebnis. Um von den so dünnen Atmosphärenschichten des Mars überhaupt beeinflußt zu werden, müßte Phobos in seinem Inneren praktisch völlig hohl sein! Erst unter dieser absolut exotischen Voraussetzung wird sein Bahnverhalten verständlich. Deshalb fragte auch bereits 1966 der vielzitierte Astronom Carl Sagan, ob Phobos nicht künstlichen Ursprungs sein könnte, erdacht und erbaut von einer hochstehenden Weltraumzivilisation.
Ähnliches mochte eventuell auch auf Deimos zutreffen, den äußeren der beiden Marsbegleiter. »Die Idee, daß die Monde des Mars künstliche Satelliten sind, mag auf den ersten Blick phantastisch erscheinen«, schrieb Carl Sagan seinerzeit. »Meiner Meinung nach verdient sie jedoch ernsthafte Berücksichtigung. Eine der unsrigen weit überlegene technische Zivilisation würde mit Gewißheit fähig sein, schwergewichtige Satelliten zu konstruieren und zu starten. Da Mars keinen großen natürlichen Satelliten ähnlich unserem Mond besitzt, wäre die Konstruktion von großen künstlichen Satelliten für eine in den Weltraum expandierende, fortgeschrittene Marszivilisation entsprechend bedeutsamer ... Es ist durchaus möglich, daß die Erde in einigen Jahrhunderten Satelliten mit einigen Kilometern Durchmesser besitzen wird ... Über eine weit umfassendere Zeitskala hinweg – sagen wir zehn Millionen oder 100 Millionen oder eine Milliarde Jahre – wird die Evolution der menschlichen

Gesellschaft und des Lebens auf der Erde nicht statisch bleiben. Vielleicht wird sich die Menschheit selbst vernichten oder eine Gesellschaft entwickeln, die an technologischen Triumphen uninteressiert ist; vielleicht wird sich eine Gesellschaft entwickeln, die die Erde gänzlich verläßt; oder Naturkatastrophen, tektonisch oder klimatisch, mögen die Zivilisation auf der Erde vernichten. Wir können diese Möglichkeit nicht vernünftig einschätzen, aber es scheint denkbar, daß die Lebensdauer unserer künstlichen Satelliten die Lebensdauer unserer Zivilisation übertreffen könnte. Diese Satelliten würden dann als einzige und bemerkenswerte Monumente einer erloschenen Spezies übrigbleiben, einer Spezies, die einst auf dem Planeten Erde gedieh. Vielleicht beobachten wir eine vergleichbare Situation gegenwärtig auf dem Mars.«

Tatsächlich muß Mars vor langer Zeit, vielleicht vor zwei Milliarden Jahren, weit lebensfreundlicher gewesen sein als heute. Viele Landschaften auf seiner Oberfläche sprechen dafür, daß sich dort einstmals mächtige Ströme durch breite Canyons ergossen und möglicherweise auch ausgedehnte Ozeane existierten, in denen wie auf der frühen Erde erste Urformen des Lebens heranreiften, um die Entwicklung zu einer höheren Biologie einzuleiten. Sagan malte sich aus, wie Phobos als künstlich geschaffener Himmelskörper in seine Umlaufbahn befördert wurde, von einer Marszivilisation auf dem Höhepunkt ihrer Kultur – vor vielleicht einigen 100 Millionen Jahren. Er verweist in diesem Zusammenhang auch auf die weitreichenden Ideen des russischen Wissenschaftlers Felix Zigel, der sich begreiflicherweise darüber wunderte, warum nicht bereits der Astronom John Herschel (Sohn des berühmten William) die beiden Marsmonde auffand. Schließlich verfügte doch auch der jüngere Herschel über ein riesiges Fernrohr, und damals, im Jahre 1862, stand Mars sehr günstig zur Erde. Doch erst 15 Jahre

später, 1877, als Mars wieder besonders nahe an die Erde herankam, fiel das schwache Funkeln von Phobos und Deimos auf – Asaph Hall sah die beiden Satelliten in einem Teleskop, das kleiner war als dasjenige Herschels! Aus dieser einigermaßen paradoxen Situation folgerte Professor Zigel, daß die Marsmonde erst zwischen 1862 und 1877 »entstanden« sind. Irgendwann in einem jener Jahre mußte seiner Ansicht nach eine Marskultur diese beiden künstlichen Himmelskörper in eine Umlaufbahn um ihren Planeten geschossen haben. Diese Marskultur sollte demnach noch heute existieren.
Freilich, Professor Zigels Gedanken sind reine Vermutung. Das Instrument von Hall war zwar relativ klein, doch besaß es hervorragende optische Eigenschaften. Zumindest jedoch eine kuriose Geschichte.
Auch ist immer noch nicht restlos klar, warum besonders Phobos, der »Furchtmond«, sich so schnell der Oberfläche seines Mutterplaneten nähert. In den Lehrbüchern findet sich heute dazu meist die Erklärung, Gezeiteneffekte des Mars würden das Schrumpfen des Orbits verursachen. Bereits Carl Sagan hat diese Möglichkeit untersucht, hält sie jedoch für einigermaßen unwahrscheinlich. Auch diese Geschichte bleibt kurios.
Damit nicht genug. Auch der Rote Planet selbst hüllt sich nach wie vor in Nebel des Geheimnisvollen.
Seit eh und je umgeben zahlreiche Mysterien diesen äußeren Nachbarn der Erde, schon seit Jahrzehnten und Jahrhunderten hat dieser erdähnlichste aller Planeten des Sonnensystems wißbegierige, suchende Menschen in seinen Bann geschlagen, Laien gleichermaßen wie Wissenschaftler. Kurz nach der Entdeckung von Phobos und Deimos fielen dem Italiener Giovanni Schiaparelli seltsame, äußerst feine und sehr gerade Linien auf dem Mars auf, ja er fand ein regelrechtes Netzwerk dieser präzisen Strukturen und nannte sie

»canali«. Bald entwickelte sich die Vorstellung, diese »Kanäle« seien tatsächlich künstlich angelegte Wasserstraßen, riesige Leitungssysteme. Man deutete sie als verzweifelte Versuche einer Marszivilisation, als Versuche, Schmelzwasser von den Polkappen des Roten Planeten in die mehr und mehr ausdörrenden Regionen niedriger Breiten zu führen, hin zu den Kultur- und Lebenszentren des verödenden Planeten. Die Kanäle: ein gigantisches, geniales Bewässerungsnetz zum Erhalt allen höheren Lebens auf einem dem Untergang geweihten Wüstenplaneten! Jahrzehntelang befaßte sich der amerikanische Beobachter Percival Lowell (1855 bis 1916) mit der Erforschung jener faszinierenden Mars-Phänomene, suchte nach Anzeichen für Leben auf dem Mars. Doch viele Wissenschaftler erklärten die Marskanäle als optische Täuschungen. Und wirklich, die meisten von ihnen verschwinden beim Blick durch sehr große Teleskope.
Auch die diversen Raumsonden haben nicht mehr viel von Schiaparellis bzw. Lowells ursprünglichen Kanälen übriggelassen. Dennoch existieren »Mars-Kanäle«! So bemerkte der amerikanische Geophysiker Victor R. Baker von der Arizona-Universität vor wenigen Jahren auf einer dem Mars gewidmeten Planetenkonferenz: »Wenn auch alle Kanäle auf diesem heute trockenen und gefrorenen Planeten sehr alt sind, die Anzeichen für flüssiges Oberflächenwasser in der fernen Marsvergangenheit fördern weiterhin das Interesse an der Möglichkeit, daß Leben einst eine Chance hatte, auf Mars Fuß zu fassen.« Die heute auf Raumsondenaufnahmen erkennbaren Kanäle sind alle natürlichen Ursprungs, sie ähneln großen irdischen Flußbetten, nur führen sie gegenwärtig kein Wasser. Vor Jahrmillionen jedoch müssen die großen Ströme des Mars einen wunderbaren und imposanten Anblick geboten haben. Riesige Wassermassen, von den Sanden des Mars rot gefärbt, ergossen sich durch die breiten Täler. Am östlichen Ende des »Valles Marineris«, ei-

nes Canyon der Superlative, zehnmal größer als der berühmte Grand Canyon in den USA, stürzte vor Urzeiten ein gigantischer roter Wasserfall in die Tiefen der Marslandschaften – ein unvergleichliches Schauspiel, einzigartig in unserem Planetensystem!

Interessanterweise zeigten die ersten Raumsondenaufnahmen des Mars ausschließlich Gebiete, die mit unzähligen Kratern übersät sind. Zu jener Zeit glaubten die Wissenschaftler, Mars sei wohl ein dem Mond sehr ähnlicher Planet. Erst spätere Sondierungen enthüllten die wahren Wunder der roten Nachbarwelt – öde Wüstenlandschaften, ausgedehnte Grabensysteme, Canyons und Kanäle, sowie monumentale Vulkangebirge, gegen die sich der höchste Berg der Erde wie ein Zwerg ausnimmt. Wieviel Unentdecktes mag es noch geben?

Dieses Beispiel zeigt deutlich, wie radikal sich das Bild eines fremden Himmelskörpers von einer Mission zur nächsten ändern kann! Wir haben es mit Untersuchungsobjekten planetaren Ausmaßes zu tun und sind folglich stets auf Stichproben angewiesen. Unser Wissen ist wie so oft auch hier fragmentarisch, Stückwerk.

Dies betrifft unter anderem auch die noch lange nicht geklärte Frage nach gegenwärtigem, wenn auch nur primitivem Leben auf dem Mars. Wiederum verlassen wir uns hier auf völlig unzuverlässige Stichproben, entnommen aus oberflächennahen Schichten zweier Landepunkte der *Viking*-Sonden; zudem sind die betreffenden Experimente widersprüchlich ausgefallen. Also können wir auf diese Frage heute wie eh und je keine sicheren Antworten geben. Und der größte Teil der Marslandschaften hüllt sich weiterhin in Schweigen, bleibt momentan unerreichbar.

Hin und wieder jedoch scheint diese »Funkstille« unterbrochen zu werden. Gelegentlich erregen seltsame Signale vom Mars unsere Aufmerksamkeit.

Ähnlich wie auf dem Mond zeigen sich auch auf der roten Welt unerklärliche Lichter. Einige Beispiele:
- 1896 erschien auf der Marsoberfläche ein hell flimmernder Punkt, verschwand jedoch schon nach wenigen Minuten wieder.
- 1924 versetzte ein greller weißer Streifen den sowjetischen Forscher Barabaschow in Erstaunen. Auch diese Struktur war nur wenige Minuten lang zu sehen.

Vom »Marsleuchten« berichteten ganz besonders häufig japanische Astronomen:
- Am 4. Juni 1937 beobachtete Sizuo Mayeda einen scharf begrenzten, gleißend hellen Lichtpunkt in der Marsregion Tithonis Lacus. Die Erscheinung funkelte wie ein Stern.
- Anfang 1950 sah Tsuneo Saheki eine seltsam gefärbte kreisförmige Wolke von über 700 Kilometer Größe über den Gebieten von Eridania und Elektris auf der Südhalbkugel des Roten Planeten. 1951 entdeckte dann auch er ein auffallend helles Licht wiederum im Tithonis-Lacus-Gebiet. In den Jahren darauf folgten weitere Sichtungen durch Saheki und andere japanische Astronomen.

Wir wissen bis heute nicht, was sich seinerzeit auf dem Mars abspielte. Seit Ende der sechziger Jahre gab es keinerlei neue Berichte über derartige Lichter, doch sind diese Phänomene unzweifelhaft ebenso real wie die immer noch unverstandenen »moonblinks«; dafür spricht allein schon die fachliche Qualifikation der einzelnen Beobachter. Wie schon angedeutet, über die Ursachen jener so rätselhaften Lichtblitze können wir gegenwärtig nur mutmaßen.

Nach allgemeiner Ansicht sind alle Marsvulkane bereits seit langer Zeit erloschen. Sollte das wirklich zutreffen, dann freilich wären die »marsblinks« geologisch nur schwer, wenn überhaupt, zu erklären. Handelt es sich bei all diesen unheimlichen Leuchtphänomenen um atmosphärische Erscheinungen, um Blitze oder Polarlichter? Das ist kaum an-

zunehmen. Wahrscheinlicher wäre ein Zusammenhang mit tektonischen Spannungszonen auf Mond und Mars. Wenn Gestein, z.B. Granit, unter starkem Druck steht, können darüber Fluoreszenzerscheinungen entstehen. Möglicherweise kommt es auf unserem Planeten durch solche Vorgänge zu den sogenannten Erdbebenlichtern. Wie ihr Name schon sagt, treten sie manchmal gleichzeitig, zuweilen auch in Folge von Erdbeben auf. Alles in allem sind diese Phänomene nur sehr selten zu beobachten. Entsprechend zweifelte die wissenschaftliche Welt lange Zeit an deren Realität, und noch heute äußert sich so mancher Geophysiker und Seismologe in diesem Zusammenhang äußerst skeptisch. Dennoch, Erdbebenlichter existieren unfraglich!
Ich selbst konnte während des großen Bebens von Friaul (1976) solche Lichter sehen, die Hunderte von Kilometern vom Epizentrum entfernt in Erscheinung traten. Die Bodenerschütterungen hatten gerade ihren Höhepunkt überschritten, als nur wenige Meter von mir entfernt plötzlich eine etwa zwei Meter messende Lichtkugel aus der Dunkelheit auftauchte. Sie war praktisch aus dem Nichts entstanden. Bereits nach wenigen Sekunden löste sich der weißleuchtende Lichtball wieder auf, um seinen »Auftritt« nach einer nur kurzen Pause zu wiederholen. Danach verschwand er endgültig.
Ob die Fachwelt will oder nicht, Erdbebenlichter sind reale Erscheinungen unserer Welt. Vielleicht lassen sich auch einige UFO-Beobachtungen auf diese Lichter zurückführen, bei denen es sich mit Sicherheit um ein »natürliches« Phänomen handelt. Möglich wäre vielleicht auch, daß ebenso einige Lichter auf Mond und Mars darauf zurückgehen. Doch wären freilich nur sehr ausgedehnte und helle Leuchtphänomene bis hin zur Erde sichtbar.
Wie auch immer, die in der Tat merkwürdigen planetaren »blinks« müssen nicht zwingenderweise auf die Aktivitäten

Außerirdischer hindeuten. Rätselhaft aber bleiben sie in jedem Falle.

Schon seit langem steht der »Wüstenplanet« im Verdacht, von fremden Wesen besiedelt zu sein. Wenn auch die Mars-Sonden keine direkten, endgültigen Hinweise auf eingeborenes Mars-Leben gefunden haben, bleibt nach wie vor die Möglichkeit einer nichtmenschlichen Basis bestehen, einer Forschungs- und Versorgungsstation auf dem erdähnlichsten Planeten des Sonnensystems. Zukünftige Astronauten könnten dort auch Relikte und Artefakte einer vergangenen Hochkultur finden, die einst, vor unvorstellbar langer Zeit aus den Tiefen des Alls kam und sich für einige Jahrhunderte, Jahrtausende, ja vielleicht noch weitaus länger dort niederließ. Gibt es zumindest Hinweise, die für eine solche Annahme sprechen?

Insbesondere die beiden *Viking*-Orbiter sandten seit Mitte der siebziger Jahre unzählige Fotografien der Marsoberfläche zur Erde. Einige dieser vielen 1000 Aufnahmen geben in der Tat merkwürdige Strukturen wieder, Strukturen, denen offensichtlich geometrische Muster und Beziehungen zugrunde liegen, Strukturen, bei deren Betrachtung sich kaum jemand des Eindrucks eines künstlichen Ursprungs erwehren kann.

Die bekannteste, meistdiskutierte, frappierendste und wohl auch umstrittenste Formation ist – ausnahmsweise unumstritten – das »Mars-Gesicht« in der Cydonia-Region auf der Nordhalbkugel des Roten Planeten. Ganz neutral ausgedrückt, handelt es sich bei diesem »Gesicht« um eine etwa zweieinhalb Kilometer lange und 350 Meter hohe Felserhebung, die sehr deutliche humanoide Züge trägt. Die *Viking*-Sonden übermittelten nur wenige Aufnahmen dieser beeindruckenden Formation. Die beiden besten davon besitzen eine Auflösungskraft von rund 50 Metern und zeigen immerhin Augen und Augenbrauen, eine gerade Nase sowie einen halb geöffneten Mund mit Zähnen. Der Kopf trägt eine Art Helm, vielleicht auch als Pagenfrisur interpretierbar.

Leider ist auf allen Fotografien lediglich die sonnenbeschienene Westhälfte des Gesichts deutlich zu sehen; über die unbeleuchtete Seite ist freilich nur wenig bekannt. Die beiden NASA-Ingenieure Vincent DiPietro und Gregory Molenaar vom amerikanischen »Goddard Space Flight Center« führten jedoch Computerbearbeitungen der Originalaufnahmen durch, die zumindest erahnen lassen, daß das »Gesicht« symmetrisch geformt ist.

Als der *Viking-Orbiter* 1976 jene Aufnahmen des so seltsamen, allzumenschlichen Marsfelsens zur Erde funkte, war zunächst jedermann verblüfft. Bald aber erklärte die amerikanische Raumfahrtbehörde diese Erscheinung als bloßes »Spiel von Licht und Schatten«. Und außerdem: Das menschliche Gehirn tendiere dazu, in allen möglichen Objekten irgendwelche Gesichter zu erkennen, egal ob im Wurzelwerk eines alten Baumes, in den Mauerresten einer mittelalterlichen Ruine oder aber in den Aushöhlungen und Furchen verwitterter Felsen. Warum also sollte sich nicht auch auf dem Mars einmal ein steinerner Block finden, dem der Schöpfer »Zufall« menschliche Gesichtszüge angedeihen ließ? So weit – so gut. Doch einige neugierige Zeitgenossen ließ jenes »kleine« Felsgebilde dort auf Mars, so weit draußen im Planetensystem, keine Ruhe. Konnte das wirklich »mit rechten Dingen« zugegangen sein?

Vor einigen Jahren nahm sich der Bildverarbeitungsexperte Mark J. Carlotto von der amerikanischen Carnegie-Mellon-Universität des Rätsels an. 1991 veröffentlichte er seine neuesten Ergebnisse. Mit Hilfe der in der Tat allgegenwärtigen Computerhirne kombinierte er die Bildinformationen sämtlicher vorhandener Fotografien des Marsgesichtes und rekonstruierte dreidimensionale Ansichten des erstaunlichen

Felsens. Und genau in dieser Dreidimensionalität liegt auch der große Unterschied zu all den anderen bekannten Menschengesichtern, die der Zufall zuweilen in den Stein zaubert. Während alle vom Meißel natürlicher Kräfte geschaffene Gesichter und Fratzen nur unter einem ganz bestimmten Blickwinkel als solche erkennbar sind, präsentiert sich das Marsgesicht unabhängig von der Position des Betrachters *stets* als Abbild eines humanoiden Kopfes. Wir sehen uns hier also keineswegs lediglich einem flachen, zweidimensionalen Trugbild gegenüber, keiner einfachen Zufallsprojektion, sondern vielmehr einer plastisch modellierten, gewissermaßen »greifbaren« Form. Durch diese Erkenntnis verringert sich die Wahrscheinlichkeit einer natürlichen Entstehung. Wurde das Mars-Gesicht also von außerirdischen Künstlern gestaltet?

Interessanterweise ist das »Gesicht« nicht die einzige auffallende und geheimnisvolle Formation in den Marslandschaften von Cydonia. Nur wenige Kilometer westlich des etwas melancholisch dreinblickenden Antlitzes liegt die sogenannte »Stadt«. Sie setzt sich aus einer Reihe pyramidenförmiger Objekte zusammen, denen sich außerdem noch ein atriumartiger Komplex anschließt – phantasievoll »Die Festung« genannt. Der Amerikaner Richard C. Hoagland vom »Independent Mars Investigation Team« glaubt verschiedene astronomische Beziehungen zwischen dem Marsgesicht, der Stadt sowie einigen weiteren ungewöhnlichen Gebilden der Umgebung gefunden zu haben. Seinen Untersuchungen zufolge sind sie nach markanten Punkten der scheinbaren Sonnenbahn am Himmel ausgerichtet, ähnlich wie einige archaische Bauwerke auf unserem eigenen Planeten, beispielsweise Stonehenge oder die mexikanischen und ägyptischen Pyramiden. Ein wesentlicher Unterschied allerdings würde sich in der Datierung zeigen. Im Gegensatz zu den »nur« einige Jahrtausende alten irdischen Monumenten

sollen die marsianischen Pendants vor rund einer *halben Million Jahren* nach den Sternen ausgerichtet worden sein, wie Hoagland vermutet. Zu jener prähistorischen Zeit nämlich hätte ein hypothetischer Beobachter vom Zentrum der »Stadt« aus verfolgen können, wie die Sonne zur Sommersonnenwende direkt über den Augen des Gesichtes aufgeht. Interessanterweise zeigt sich das Mars-Antlitz vom besagten Blickpunkt in perfekter Profilansicht.
Zusammen mit dem Kartographen Erol Torun stieß Hoagland noch auf weitere geometrische wie auch astronomische Zusammenhänge. Er betont, daß jede einzelne Beziehung für sich nur relativ wenig Aussagekraft besitzt, daß jedoch die Wahrscheinlichkeit für ein zufälliges Zusammentreffen aller beobachteten Erscheinungen höchst gering ist. Hoagland und Torun befaßten sich unter anderem auch genauer mit einer riesigen pyramidenförmigen Erhebung südwestlich des Mars-Gesichts. Diese fünfseitige Pyramide, etwa zweieinhalb Kilometer breit und 500 Meter hoch, weist mit ihrer Hauptachse direkt auf das Gesicht, sie liegt außerdem genau symmetrisch zum Zentrum der »Stadt« und einem weiteren rätselhaften Objekt, einer kreisrunden, eingesäumten Erhebung, die als »Tholus« bekannt ist. Die beiden amerikanischen Wissenschaftler glauben auch – ganz in der Tradition einiger irdischer Pyramidenforscher –, in der Geometrie der Riesenpyramide verborgene mathematische Konstanten gefunden zu haben. Die Wahrscheinlichkeit einer zufälligen Entstehung bewerten sie mit Null.
Eine andere mysteriöse Pyramidenstruktur befindet sich etwas weiter entfernt, nordöstlich vom Marsgesicht. Sie ist als »Krater-Pyramide« bekannt, da sie direkt an den Rand des Kraters *Deuteronilius* angrenzt. Mit Blick auf die *Viking*-Aufnahmen dieses Gebildes zeigt sich Dr. Carlotto einigermaßen verwundert: »Seltsamerweise nahm der *Viking*-Orbiter eine einzigartige Serie von vier Bildern dieser Struktur

auf, von unterschiedlichen Winkeln aus. Da die Entfernung (und die daraus resultierende Signalverzögerung) zwischen Mars und Erde eine Echtzeit-Kontrolle ausschloß, muß die NASA bereits vorheriges Wissen über die präzisen Planetenkoordinaten dieses Objektes gehabt haben, um die Kamera-Ausrichtung von *Viking* erfolgreich vorprogrammieren zu können. Wodurch nun das Interesse der Weltraumagentur an diesem Objekt erregt wurde, und wie sie die nötigen Informationen für das Peilmanöver erhielt, diese Fragen zählen zu den wirklich befremdlichen Mars-Rätseln.«
Aufgrund all der verblüffenden Zusammenhänge zwischen den nicht minder verblüffenden Mars-Gebilden gehen DiPietro, Molenaar, Hoagland, Torun und Carlotto nunmehr von einem künstlichen Ursprung des Cydonia-Komplexes aus. Ihre Analysen, die auch auf der zweiten Marskonferenz von Boulder, Colorado, vorgestellt wurden, deuten an, daß es sich beim Gesicht, der Stadt, den diversen Pyramiden und einigen anderen Objekten auf der Marsoberfläche um die Ruinen monumentaler Bauten handelt, die ihrer Meinung nach offenbar vor einer halben Million Jahren von einer fortgeschrittenen außerirdischen Kultur errichtet wurden.
Doch welche Beweggründe sollten eine solche Superkultur überhaupt dazu verleiten, ein überdimensionales Gesicht in den Fels zu hauen? Im Prinzip führt uns diese Frage zu nichts anderem als dem fortwährenden Drang des Menschen, natürliches Material wie Holz oder rohen Fels zu bearbeiten und damit als Werkstoff und künstlerisches Ausdrucksmittel zu verwenden. Bevorzugtes Motiv dieser Betätigung ist mit Abstand der Mensch selbst. Wir begegnen seinen Abbildern weltweit, im künstlerischen Schaffen aller Kulturkreise. Neben unzähligen mehr oder minder fein herausgearbeiteten Miniaturen oder teils lebensgroßen Darstellungen finden sich immer wieder auch überdimensionale Skulpturen. Nur wenige, recht willkürliche Beispiele: die ge-

waltigen ägyptischen Memnonskolosse, der heute nicht mehr vorhandene Koloß von Rhodos, der Riesenbuddha von Kamakura in Japan, die vier Präsidentenköpfe von Mount Rushmore in den USA. – Beispiele aus vier unterschiedlichen Kulturen und Epochen. Heute wie eh und je ist Kunst ein wesentlicher Bestandteil unseres Lebens. Sie bildet ohne Zweifel einen Ausgleichs- und Ruhepol zu rein nutzorientierten Projekten der Gesellschaft, charakterisiert diese Gesellschaft darüber hinaus jedoch oftmals besonders deutlich. Die monumentalen, überdimensionierten Bauwerke und Skulpturen sollen offenkundig speziell dem Wunsch, dem geradezu sehnsüchtigen Verlangen nach ewigem Ruhm und Fortbestand Rechnung tragen. Ungeachtet ihres eigentlichen künstlerischen oder gesellschaftlichen Wertes verbindet sich mit ihnen erstrangig die Idee eines möglichst unvergänglichen Zeichens an die Nachwelt.

Wenn wir also danach fragen, ob denn nicht eine außerirdische Hochzivilisation weit Wichtigeres zu tun hätte, als ein riesiges Gesicht in einen Marsfelsen zu meißeln, dann bleibt uns auch nichts anderes übrig, als parallel dazu zu fragen: Welchen Sinn macht eine Aktion, bei der keinerlei Kosten und Mühen gescheut werden, um gewaltige Abbilder von vier bedeutenden amerikanischen Präsidenten in einen Berggipfel zu hauen?

De facto wissen wir freilich bislang immer noch nicht, ob nun jenes Gesicht auf dem Mars lediglich ein verblüffender Zufall und damit Resultat rein natürlicher Kräfte ist oder aber vielleicht – ganz grotesk gesagt – das Konterfei eines »extraterrestrischen Präsidenten« wiedergibt. Selbst ein Abwägen der Wahrscheinlichkeiten führt in dieser Angelegenheit kaum weiter. Worum auch immer es sich letztlich handeln mag, wir sollten zumindest folgendes berücksichtigen: Für Abgesandte einer sehr weit fortgeschrittenen, fremden Technologie, die zu prähistorischer Zeit den Mars erkundete, könnte die Herstellung eines solches Gesichtes nicht mehr Aufwand bedeutet haben als für uns das Aufschichten eines Schneemanns. Ein »ET-Michelangelo«, ausgerüstet mit leistungsfähigen Laserwerkzeugen beispielsweise, könnte den »Großkopf« mühelos, gewissermaßem per Knopfdruck vom Orbit aus in den Naturfels gemeißelt haben – schon heute schneiden und fräsen Laser vorprogrammierte Formen in harte Materialien. Prinzipiell also wären Artefakte nach Art des Mars-Gesichts ohne weiteres möglich und demnach zu erwarten.

Seit den spektakulären *Viking*-Missionen hat sich in der Raumerkundung des Roten Planeten nicht mehr viel Aufregendes getan. Die alten Sonden verstummten, ihr Datenfluß versiegte. Endlich aber, nach einer 16jährigen Zwangspause, startete die NASA ein ehrgeiziges Nachfolgeunternehmen: Am 25. September 1992, 1.05 Uhr Ortszeit, hob die Sonde *Mars-Observer* an Bord einer *Titan-III*-Trägerrakete in Richtung Mars ab. Neben Spektrometern, einem Magnetometer und weiteren wissenschaftlichen Meßinstrumenten befindet sich auf dem *Mars-Observer* auch eine hochauflösende Farbkamera zur Erforschung der Mars-Landschaften mit einer nie zuvor gekannten Detailgenauigkeit. Am 20. August 1993 begann die Einschwenkphase in den Mars-Orbit. Alles verlief genau nach Plan. Zunächst. Doch dann passierte es. Während des Manövers brach der Funkkontakt zum Raumschiff ab. Seit dem 21. August 1993 werden keine Signale mehr aus der Marsbahn empfangen. Mittlerweile steht fest: Das Projekt ist gescheitert, eine Verbindung zur Sonde läßt sich nicht mehr herstellen.

Gegenwärtig allerdings kocht wieder die Gerüchteküche. Am 14. September 1993 nämlich berichtete der amerikanische Reporter Nick Mann von einem gewissen Dr. Benjamin Frania – angeblich ein NASA-Wissenschaftler, der behauptet, die *Mars-Observer*-Sonde habe den Roten Planeten bereits seit dem 18. August umkreist und dabei auch sensationelle Aufnahmen des Mars-Gesichtes geliefert. Frania soll eine dieser Aufnahmen zur Einsichtnahme aus NASA-Quellen erhalten haben. Das Bild zeigt, ganz deutlich, ein ebenmäßiges, strenges Gesicht unzweifelhaft künstlichen Ursprungs. Sollte diese Aufnahme tatsächlich vom *Mars-Observer* stammen, wäre sie ohne Frage schlechthin *der* Beweis dafür, daß unser äußerer Nachbarplanet bereits vor Jahrtausenden von einer fremden Hochkultur besucht worden ist. War *Mars-Observer* in geheimer Mission unterwegs? Wurde er absichtlich zum Schweigen gebracht? Und wenn: von wem und warum? Oder funktioniert er gar in Wirklichkeit nach wie vor reibungslos und liefert Bilder, welche die Öffentlichkeit nicht sehen darf? Diese jüngsten Spekulationen sind ganz bestimmt zu weit hergeholt. *Mars-Observer* war von Anfang an alles andere als ein Geheimprojekt. Es ist schlichtweg Weltraumpech, daß er seine hochinteressanten Aufgaben nun nicht mehr erfüllen kann. Sehen wir also nun von jener dubiosen »Frania-Aufnahme« einmal ab, so bleiben uns nach wie vor zunächst nur die nunmehr schon legendären Cydonia-Aufnahmen der *Viking*-Expedition. Ihren Reiz, ihr Geheimnis haben sie noch lange nicht verloren, sind sie doch immer noch die einzigen Zeugnisse jener kosmischen Sphinx. Sie werden es auch wohl noch für eine Weile bleiben.

Trotz der erstaunlichen Ergebnisse von Mark Carlotto, Richard Hoagland und anderer Wissenschaftler, die das faszinierende Cydonia-Gesicht in seinen Bann schlug, müssen wir allerdings auch weiterhin durchaus mit der Möglichkeit eines natürlichen Ursprungs rechnen; schon zu oft hat die Natur uns schließlich üble Streiche gespielt und auf falsche Pfade gelockt. Doch gerade diese Unwägbarkeiten sind es, die den Krimi der Wissenschaft mit einer Extraportion Spannung würzen.

Mars erweist sich einmal mehr als *der* Rätselplanet im Sonnensystem. Freilich, merkwürdig ist es schon, daß die beiden letzten so hoffnungsvollen Marsmissionen an mysteriösen technischen Problemen scheiterten. Immerhin gingen außer *Mars-Observer* noch zwei weitere Raumschiffe verloren: die beiden sowjetischen *Phobos*-Sonden, die den Roten Planeten im Jahr 1989 ansteuerten. *Phobos 1* verschwand während der Anflugphase; *Phobos 2* erreichte zwar den Mars-Orbit, dann aber brach auch hier der Kontakt völlig unerwartet und blitzartig ab. Schon damals drangen merkwürdige Berichte und Fotografien an die Öffentlichkeit. Diese Aufnahmen zeigen einen unidentifizierbaren Flugkörper, der eine leuchtende Spur hinter sich herzieht und auf die Sonde zufliegt, ein »raketenartiges« Objekt, das »dort eigentlich nicht sein dürfte«, so kommentierten sowjetische Wissenschaftler angeblich diese unheimliche Begegnung. Was wirklich hinter all diesen Geheimnissen steckt? Offenbar kennt niemand darauf eine endgültige Antwort!
Vielleicht aber liegen ja die echten Mars-Rätsel auch ganz und gar im verborgenen. Wenn Menschen dereinst, in hoffentlich nicht zu ferner Zukunft, höchstpersönlich den Boden unseres rätselhaften äußeren Nachbarplaneten betreten, wenn Geologen und Archäologen in den roten Sanden jener fremden Welt zu graben beginnen, vielleicht werden wir erst dann Antworten auf einige unserer so brennenden Fragen erhalten. Vielleicht werden diese Antworten sogar doch überraschender ausfallen, als wir gegenwärtig zu erwarten geneigt sind.

9 Jenseits des Phantastischen
Extraterrestrische Technik:
Gerüchte, Fakten, Spekulationen

Bereits vor undenklicher Zeit, vor vielen Jahrtausenden, hatte der Kampf um Jupiter begonnen. Damals bereiteten sich die interplanetaren Föderationen auf eines der mächtigsten und aufwendigsten Projekte ihrer langen Geschichte vor: Unablässig beförderten gigantische Frachtschiffe Rohmaterialien aus den ausgedehnten Abbauzonen des Asteroidengürtels in eine jupiternahe Umlaufbahn, um dort ein überdimensionales Generatorensystem zu errichten, einen planetaren Rotationsbeschleuniger zur zentrifugalen Sprengung des riesigen Planeten.
Proteste globaler Weltraumschutzorganisationen verhallten wirkungslos. Immer wieder kreuzten kleinere Verbände wendiger Raumjäger nahezu auf Kollisionskurs direkt vor den monumentalen Transportschiffen. Diese flexiblen Geschwader einer unbeirrbar zur Wahrung der Jupiterwelt entschlossenen Opposition versuchten jenem zerstörerischen Großprojekt bereits an den Start- und Verladerampen im Asteroidengürtel Einhalt zu gebieten und die Flugrouten zu blockieren. Doch auch sie mußten schließlich machtlos resignieren.
Im Interesse des menschlichen Gemeinwohls wurde der Plan also verwirklicht, wurde Jupiter, der größte Planet des Sonnensystems, gesprengt. Im Verlauf von Jahrhunderten ordneten Generationen von Raum-Ingenieuren die Weltensplitter um die Sonne an, zu einer Sphäre vom Durchmesser der Erdbahn. Auf der unermeßlich großen Oberfläche dieser Kugelschale künstlicher Planetoiden konnte seitdem die Energie

der Sonne mit einem nie dagewesenen Wirkungsgrad eingefangen werden.
Damit begann das Jahr Eins einer neuen Epoche für das Sonnensystem, für die Menschheit: das Jahr Eins der »Sphärischen Ära«.
Ähnlich diesem Science-fiction-Szenarium stellt sich der anglo-amerikanische Physiker Freeman J. Dyson, einer der phantasievollsten Theoretiker unserer Zeit, künftige Technologien im All vor. In einigen Jahrtausenden dürfte unsere Zivilisation tatsächlich dazu fähig sein, ganze Welten nach Belieben umzuformen, ja komplette Planeten zu desintegrieren und die Trümmer in einer riesigen Sphäre neu um die Sonne zu arrangieren, zum Zweck einer möglichst hohen Energieausbeute. Diese »Dyson-Sphären« wären gewissermaßen gewaltige Sonnenkollektoren, die einen Teil der empfangenen Energie als Infrarotstrahlung nach außen abgeben würden. Etliche, selbst nur mäßig fortgeschrittene galaktische Zivilisationen dürften bereits heute über eine derartige Astro-Technologie verfügen. Und einige solcher Aktivitäten höherentwickelter Fremdwesen müßten schon mit unseren gegenwärtigen astronomischen Detektoren nachweisbar sein.
Vielleicht sollten wir auch bislang noch unerklärliche und merkwürdige Objekte des Universums, die »Weltraum-Exoten«, daraufhin einmal genauer untersuchen, um einen künstlichen Ursprung ihrer Signale dann entweder belegen oder ausschließen zu können.
Andererseits gibt es auch hier, direkt auf unserem Planeten, ganz offenbar Orte, an denen sich außerirdische Phänomene in einer geradezu magischen Weise zu konzentrieren scheinen. Einige dieser Phänomene sind von derart phantastischer Natur, daß so mancher Zeitgenosse ihre reale Existenz schlichtweg nicht verkraften würde und daher seine Augen von vornherein vor dieser Möglichkeit verschließt.
Werfen wir dennoch einen Blick in die Welt dieser verwirren-

den Erscheinungen, auch wenn wir sicherlich noch sehr weit davon entfernt sind, sie zu verstehen, auch wenn wir uns gelegentlich sogar vor ihnen und den Konsequenzen für unser überkommenes Weltbild scheuen mögen.

Doch: Das Unvorstellbare von heute ist oft die selbstverständliche Realität von morgen – und auf anderen Welten mag es heute sogar bereits der Vergangenheit angehören.

Eine jener so besonders geheimnisumwitterten Regionen befindet sich im Westen der USA, im Bundesstaat Nevada. Dort, in einer als »Schwarze Welt« bekannten Zone, haben Augenzeugen in den vergangenen Jahren und Monaten immer wieder die ungewöhnlichsten, unbeschreiblichsten Flugkörper über den Gebirgen der menschenleeren Wüstenlandschaft aufsteigen sehen. Objekte, deren Verhalten allem Irdischen schlichtweg spottet. Doch damit nicht genug...

»Ich habe das Gefühl bekommen,
daß es in der Wissenschaft des
20. Jahrhunderts eine Tendenz gibt, zu
vergessen, daß es auch
eine Wissenschaft des 21. Jahrhunderts
geben wird und sogar eine des
30. Jahrhunderts, von deren Standpunkt aus
betrachtet unsere Kenntnis
des Universums völlig anders sein wird.
Wir leiden vielleicht
unter einem zeitlichen Provinzialismus,
einer Form von Arroganz, die
schon immer die Nachkommen irritiert hat.«

J. Allen Hynek, Astrophysiker (1966)

Rundum Einsamkeit, eine Landschaft fast wie von einer fremden Welt. Nur eine lange, gerade Schotterstraße weist hier, in diesem ausgedehnten Wüstengebiet im Westen der Vereinigten Staaten, auf menschliche Aktivität. Jene verlassene Straße scheint sich bis ins Unendliche fortzusetzen, sie erstreckt sich beinahe bis hin zum Horizont. Gleichsam am Rande der Welt verliert sie sich zwischen den fernen Bergen, die einer magischen Mauer des Schweigens zu gleichen scheinen. Wer dieser Straße folgt, nähert sich unausweichlich einem der geheimnisvollsten Orte unseres Planeten: *Dreamland*.

An einem Mittwochabend im Frühjahr 1989 führte der amerikanische Physiker Robert Lazar seine Frau und zwei Freunde in diesen abgelegensten Landstrich Nevadas, in der Hoffnung, zusammen mit ihnen wenigstens einige der so unheimlichen Vorgänge verfolgen zu können, die sich dort draußen immer wieder abspielen.

Noch bevor die kleine Gruppe ihre Beobachtungsgeräte aufgestellt hatte, wurde die Landschaft durch ein seltsames elliptisches Licht belebt, das sich mit zunehmender Klarheit über der düsteren Bergsilhouette abzeichnete. Es stieg höher und höher auf, bis es ganz unvermittelt einen deutlichen Satz nach rechts machte, so, als ob aus einem Film ein kleines Stückchen herausgeschnitten worden wäre. Nach einigen Minuten verschwand das seltsame Objekt wieder hinter der entlegenen Bergkette.

Eine Woche später fuhr Lazar erneut in die nächtliche Wüste, auch diesmal in Begleitung seiner Frau und zweier Freunde. Wieder erschien der leuchtende Diskus. Und wieder führte er merkwürdige zackige Bewegungen am Himmel aus. Seine Flugroute verlief zunächst knapp über die unregelmäßigen Höhenzüge am Horizont, dann aber schwebte die glühende Scheibe direkt auf die Beobachter zu. Ihr Licht entwickelte sich schließlich zu einem gleißenden Leuchten bald schon bedrohlichen Ausmaßes. Die Lazars und ihre Freunde befürchteten jeden Augenblick eine Explosion und verbargen sich schutzsuchend hinter ihrem Wagen, doch das beängstigende Objekt flog in einem weiten Bogen wieder zurück zu den Bergen, verharrte noch kurz in niedriger Höhe und verschwand anschließend. Eine Vision aus »Dreamland«, dem »Land der Träume«?

Knapp 130 Kilometer nordwestlich der lebenslustigen Wüstenmetropole Las Vegas, Nevada, befindet sich mitten im riesigen Luftwaffenstützpunkt »Nellis« ein streng geheimes Sperrgebiet um den »Groom Dry Lake«. Diese »verbotene Zone« ist allgemein als »Schwarze Welt«, »Area 51« oder »Dreamland« bekanntgeworden, Namen, die mittlerweile bereits von einer regelrechten Aura des Ungewöhnlichen, ja Unheimlichen umgeben sind. Und das aus nur allzu einleuchtenden Gründen. Seit Jahren berichten Augenzeugen von vermeintlichen Testflügen mit mehr als exotischen Fluggeräten. Immer wieder steigen über der *Nellis Airforce Base* Objekte auf, deren Verhalten jeder Beschreibung, jeder Lo-

205

gik spottet. Nicht genug, daß dort der schon einigermaßen gespenstische Tarnkappenbomber »Stealth« erprobt worden ist, zusammen mit anderen, äußerst futuristisch anmutenden Prototypen. Die bizarren Sichtungen geben der Nellis AFB zudem eine weit phantastischere Dimension. Gegenüber einem Reporter der amerikanischen Militärzeitschrift »Gung Ho« ließ ein Luftwaffenoffizier zu den Vorgängen in Nevada durchblicken: »Wir testen hier Flugkörper, die jenseits jeglicher Beschreibung liegen.«
Wer hat diese Maschinen dann aber konstruiert und gebaut? Woher stammen sie? Liefern die Worte eines anderen hochrangigen Militärs hierauf möglicherweise einen Hinweis? »Wir haben Dinge hier«, so bemerkte er, »die dermaßen weit über das Vorstellungsvermögen gewöhnlicher Luftfahrtkenner hinausgehen, daß sie uns tatsächlich so erscheinen, als kämen sie von einem anderen Stern.«
Nur ein anschaulicher Vergleich? Sicherlich sollte man nicht zuviel in solcherlei Bemerkungen hineininterpretieren; doch einige Schilderungen glaubwürdiger Zeugen lassen – sofern wirklich alle Einzelheiten der Realität entsprechen – gar keinen anderen Schluß zu, als daß auf Area 51 außerirdische Technologie existiert.
Bereits Anfang der fünfziger Jahre kamen entsprechende Gerüchte auf. Einige Zeit später behauptete der Techniker Mike Hunt, der damals auf Nellis beschäftigt war, während Wartungsarbeiten an einer Funkanlage in Area 51 einen diskusförmigen Flugkörper gesehen zu haben. Aus den siebziger Jahren stammt unter anderem der Bericht eines Airforce-Piloten, der während eines simulierten Luftkampfes in den gesperrten Luftraum über Dreamland eingedrungen war. Plötzlich tauchte südlich seiner eigenen Position ein scheibenförmiges Objekt auf, dessen Durchmesser der Pilot auf etwa 18 Meter schätzte. Über den Notrufkanal wurde er dann zum Abbruch des Einsatzes aufgefordert. Nach der

Landung wurde er zwei Tage lang verhört, wobei Sicherheitsbeamte ihm auszureden versuchten, irgend etwas Ungewöhnliches gesehen zu haben. Dann, im März 1989, trat Robert Lazar mit seinen sensationellen Enthüllungen an die Öffentlichkeit, zunächst anonym in einem Fernseh-Interview von KLAS-TV, Las Vegas. – Demnach befinden sich insgesamt neun Fluggeräte extraterrestrischer Herkunft in Dreamland, genauer gesagt in den Hangars eines mit dem Kürzel »S-4« designierten Testgeländes auf Area 51. Lazar erklärte, zwischen Dezember 1988 und März 1989 dort mit der Aufgabe betraut gewesen zu sein, das Antriebssystem der fremden Flugobjekte genau zu untersuchen und zu analysieren.
Unglaubliche, geradezu abstrus wirkende Behauptungen! Und doch scheint einiges dafür zu sprechen, daß Lazar die Wahrheit sagt. Auch der ehemalige US-Astronaut Dr. Edgar Mitchell hielt ihn nach einer mehrtägigen Unterredung für glaubwürdig: Lazar war zu gut über alles informiert!
Eigenartigerweise läßt sich Lazars naturwissenschaftliche Laufbahn alles andere als gut zurückverfolgen. Irgendwie und irgendwo aber muß er seine physikalischen Fachkenntnisse erworben haben. Fast scheint es, als hätten bestimmte Interessengruppen versucht, alle Belege seines beruflichen Werdegangs zu vernichten, um auf diese Weise eben genau seiner Glaubwürdigkeit Abbruch zu tun. Lazar behauptet unter anderem, 1982 an den Los Alamos National Laboratories beschäftigt gewesen zu sein. Diese Institution stritt das zunächst jedoch mehrmals ab. Dann allerdings fand ein Journalist Lazars Namen im laboratoriumsinternen Telefonverzeichnis, womit feststand, daß er dort tatsächlich gearbeitet hatte, was nun schließlich auch das Institut nicht mehr ableugnen konnte. Es gab Lazars Mitarbeit nun zu, wenn auch sehr zögerlich. Ohne Zweifel ein recht merkwürdiges Verhalten!

Robert Lazar ließ auch mehrere Lügendetektortests über sich ergehen. Auch sie sprechen eher für als gegen ihn. Wieder kam es zu einem befremdlichen Zwischenfall: Der Vorgesetzte eines der Detektorexperten erhielt nach seinen Untersuchungen an Lazar einen geheimnisvollen Anruf einer ebenso geheimnisvollen Behörde, die wissen wollte, warum sich jener Experte auf etwas einlasse, mit dem er lieber nichts zu tun haben solle. Im Januar 1990 wurde dann sogar in die Wohnung des Detektorfachmanns eingebrochen. Eine seltsame Verkettung von Ereignissen.
Die Hauptmotivation, mit seinen ungeheuerlichen Erlebnissen an die Öffentlichkeit zu treten, war für Robert Lazar der dringende Wunsch, sich persönlich zu schützen. Für ihn war entscheidend, »auf Sendung zu gehen und einige Dinge zu veröffentlichen, denn das war das einzige, was sie gerade verhindern wollten«, so gibt Lazar zu bedenken. »Und nachdem das einmal geschehen wäre, hätten sie keinen Grund mehr, mich weiter zu drangsalieren – es sei denn, sie wollten sich rächen... Was immer sie jetzt auch tun, es würde bestätigen, daß meine Angaben der Wahrheit entsprechen; daher nehme ich an, daß sie sich nach dem Motto ›Hände weg‹ verhalten werden.«
Bereits nach jenem unheimlichen Wüstentrip, auf dem Lazar seinen Freunden die Wahrheit über Dreamland enthüllt hatte, wurde er verhört und mit dem Tode bedroht. Sicherlich wäre es für die beteiligten Behörden eine relativ leichte Übung gewesen, den »Störenfried« sang- und klanglos, ganz und gar unauffällig »verschwinden« zu lassen. Wahrscheinlich handelte es sich bei dieser Androhung »lediglich« um eine massive Einschüchterungstaktik. Für Robert Lazar selbst aber bedeutete dieses Intermezzo die klare Andeutung einer ernsthaft jederzeit bestehenden Möglichkeit – sofern nicht er selbst handelte, also an die Öffentlichkeit trat, noch bevor ihm etwas zustieß. Natürlich erhielt er auch nach sei-

nem ersten Auftritt im Fernsehen immer wieder telefonische Morddrohungen, einmal sogar wurde auf seinen Wagen geschossen. Doch bisher ist seine Rechnung aufgegangen – ein plötzliches Verschwinden, ein plötzlicher Tod würde wohl niemandem mehr dienen, am wenigsten freilich Bob Lazar selbst. Und außerdem, wie gefährlich sind Lazars Äußerungen für die Geheimnisträger von Area 51 wirklich? Wer denn, so haben sie sich zweifellos gefragt, würde einer dermaßen verrückten Geschichte, wie sie Lazar auftischte, letztendlich Glauben schenken, selbst wenn sie der Wahrheit entspricht?

Wie Lazar zu verstehen gibt, trat er auch an die Öffentlichkeit, um sich gewissermaßen endlich Luft machen zu können und des ungeheuren Drucks, der auf ihm lag, zu entledigen. Er konnte diese Situation nicht mehr länger ertragen, seine Erlebnisse nicht mehr länger für sich behalten, auch war er mit der strikten Geheimhaltungspolitik der Militärs nicht einverstanden. »Wenn Sie nach Hause kommen und ihre Frau sagt: ›Hallo. Wie war's heute bei der Arbeit?‹, können Sie nicht sagen, daß Sie an Sachen von einem anderen Planeten gearbeitet haben! Es ist lächerlich. Sie brauchen jemanden, mit dem Sie sprechen können – es ist einfach eine ungeheure Sache, die auf Ihren Schultern lastet. Wie andere das schaffen, ist mir unbegreiflich ... Ich war nicht der Ansicht, daß dies eine Verschlußsache sein sollte. Ein Teil gewiß, aber die groben Umrisse, daß es eindeutige Beweise gibt und wir sogar Gegenstände aus einer anderen Welt, einem anderen System, besitzen, das kann man nicht einfach verschweigen.«

Was aber waren das nun für Raumschiffe, die Robert Lazar auf dem S-4-Gelände von Area 51 gesehen und untersucht hat? Zunächst zeigte man ihm nur ein einziges fremdartiges Fluggerät, dasjenige, an dem er später dann seine Forschungsarbeit durchführen sollte. Nachdem ihm bei seinem ersten Aufenthalt auf S-4 ein Stapel erstaunlicher Informationen über außerirdische Technologie vorgelegt worden war, wurde er bei seinem zweiten Aufenthalt in die große Halle geführt, in der sich der etwa zehn Meter messende, metallische Apparat befunden haben soll. Nach Lazars Beschreibung besaß er Diskusform und erreichte in der Mitte eine Höhe von nicht ganz fünf Metern. Auf der Oberseite schien das Raumschiff einige fensterartige Öffnungen zu besitzen, es konnte sich allerdings auch lediglich um schwarz eingefärbte, undurchsichtige Bereiche auf der Außenhaut des Objektes handeln. Lazar war es nicht erlaubt nachzusehen. Niemand durfte Einsicht in die Gesamtkonstruktion nehmen. Die Arbeitsbereiche waren streng abgegrenzt, jeder hatte seiner Spezialaufgabe nachzugehen, nicht mehr und nicht weniger. Bei Lazar war das die Analyse des Antriebssystems.

Bob Lazar erwähnte öfters, daß jenes fremdartige Flugobjekt derart perfekt wirkte, als wäre es aus einem einzigen Stück gegossen worden. Er ist von dessen extraterrestrischer Herkunft absolut überzeugt, schon allein aufgrund der Unterlagen, die ihm gezeigt wurden, und der Arbeitsweise in S-4: »Sie gehen von einem fertigen Produkt aus und versuchen herauszufinden, wie es hergestellt wurde.«

Ganz abgesehen davon machte das Objekt in jeglicher Hinsicht den Eindruck, einer weit höher entwickelten technologischen Zivilisation als der unsrigen zu entstammen. Das schien ganz offensichtlich auch auf die anderen acht Flugkörper zuzutreffen, die Lazar bei seinem dritten Aufenthalt in den Hangars von S-4 zu Gesicht bekam, ohne allerdings in deren Nähe zu gelangen.

Aus Robert Lazars Schilderungen geht hervor, daß jene Fremdtechnologie trotz ihres höheren Standards in mancherlei Hinsicht von irdischen Ingenieuren und Physikern geistig nachvollziehbar ist, teils vielleicht sogar reproduzierbar. Die auch Lazar unbekannten Konstrukteure gehören demnach also einer, nach unseren menschlichen Maßstäben bemessen, hohen Entwicklungsstufe an, repräsentieren aber wohl keinesfalls eine Weltraumhochtechnologie oder gar Superzivilisation.

Wenn auf S-4 nichtirdische Fluggeräte existieren, halten sich dann dort möglicherweise auch fremde Lebewesen auf? Lazar hat selbst nie behauptet, Außerirdische auf dem Gelände gesehen zu haben. Er erzählte lediglich, einmal ein merkwürdiges Geschöpf durch ein kleines Türfenster gesehen zu haben, nur für einen Augenblick, ganz kurz im Vorbeilaufen. Während einer Veranstaltung im Mai 1993 gab er zu bedenken: »Es könnte ein Modell sein, ein lebensgroßes Modell, und sie versuchen herauszufinden, wie die Größenverhältnisse mit den Sitzen und anderen Teilen des Raumschiffes zusammenhängen ... demnach muß es sich nicht um ein lebendiges Wesen gehandelt haben.« Was sich dort draußen, in der Einsamkeit der weiten Wüste wirklich abspielt – niemand weiß es, niemand kennt alle Details.

Zusammen mit einem Freund fuhr ich im September 1993 nach Nevada. Wir hatten uns vorgenommen, einmal selbst einen Blick in die »Schwarze Welt« und ihre Geheimnisse zu werfen. Unser Weg führte uns von Westen um das riesige Gebiet der Nellis Airforce Basis, die einen beträchtlichen Teil der Südspitze Nevadas einnimmt. Nach einer mehrstündigen Fahrt erreichten wir die kleine Siedlung Rachel, etwa 25 Meilen nördlich des militärischen Sperrgebiets am Groom Lake. Rachel liegt direkt an der mittlerweile berühmten »Alien Highway« 375, konstituiert sich aus einigen wenigen mobilen Wohngebäuden und ist im weiten Umkreis der einzige zivilisatorische Anlaufpunkt. Als Orts- und Kommunikationszentrum gleichermaßen fungiert das »Little A ›Le‹ Inn« – Bar, Motel und Restaurant in einem. Die beiden Besitzer, das liebenswerte Ehepaar Travis, sind keine

UFO-Beobachter, doch haben sie, wie fast jeder in diesem Landstrich, schon Begegnungen mit dem Geheimnisvollen und Unbekannten hinter sich. In einer kalten Januarnacht, so erzählen sie uns, sei eine grelle Lichterscheinung mitten durch den geschlossenen Hintereingang in die Gaststube eingedrungen und habe schließlich den gesamten Türrahmen ausgefüllt. – Niemand in Rachel zeigt sich jedoch interessiert daran, mit seltsamen und ausgefallenen Geschichten zu prahlen. Im Gegenteil: Man nimmt zwar die Phänomene rund um den Groom Lake aus guten Gründen sehr ernst – genau wie auch Robert Lazars Behauptungen –, hält sich aber allgemein eher bedeckt, wenn es darum geht, eigene Erlebnisse preiszugeben.

In Rachel trafen wir durch eine Reihe glücklicher Umstände auch auf Mr. Glenn Campbell, einen Computer-Experten aus Boston, der dem Rätsel von Area 51 bereits seit langem intensiv nachgeht und mittlerweile auch ein Buch speziell über dieses Thema geschrieben hat. Zwar konnte er bis dato noch keine der von Robert Lazar beschriebenen Flugscheiben sichten, doch beobachtete er am Himmel öfters grelle Lichtbälle unbekannter Natur. Militärprojekte zur Abwehr infrarotempfindlicher Geschosse? Im Dezember 1992 wurde er dann »Ohrenzeuge« der außergewöhnlich lauten, knallenden Fluggeräusche des supergeheimen »Aurora«-Flugzeuges, dessen exotische Antriebstechnologie (»Pulstriebwerk«) schon Anlaß zu manchen Spekulationen gegeben hat.

Gegen Abend zeigte uns Mr. Campbell einen günstigen Übernachtungsplatz in der Wüste, von dem aus auch die Groom-Berge gut zu überblicken waren. Natürlich durften wir nicht erwarten, innerhalb von insgesamt zwei Beobachtungsnächten irgendeine ungewöhnliche Himmelserscheinung zu sichten, doch sollte während unseres Aufenthaltes nichts unversucht bleiben. So machten wir uns, bestens instruiert von Glenn Campbell, am nächsten Tag auf den Weg in Richtung Groom Lake. Unser eigentliches Ziel war *White Sides,* ein jener Sperrzone direkt vorgelagerter Berg, dessen Gipfel eine einzigartige Aussicht ermöglicht – direkt auf die Groom-Lake-Base und Area 51! Der beschwerliche Aufstieg hatte sich gelohnt, vor uns lag nun das geheime, geheimnisvolle Militärgelände, dessen Existenz offiziell immer noch abgestritten wird. Mitten durch den ausgetrockneten See zieht sich eine gigantische Landepiste, möglicherweise die größte Rollbahn der Welt. Am Westufer des Groom Lake liegen die Gebäude der weit ausgedehnten Basis, deren Hangars überdimensional groß erscheinen. Vor einer der »heiligen Hallen« tauchten nach einiger Zeit ungefähr zehn grelle Lichtpunkte auf und bewegten sich langsam relativ zueinander: Testflugzeuge, deren Tragflächen das Sonnenlicht intensiv reflektierten? Leider reichte die Auflösungskraft unseres Feldstechers nicht aus, um Formen sicher zu erkennen.

Hier, nur wenige Meilen von uns entfernt, begann das Gebiet, auf dem Bob Lazar die außerirdischen Flugscheiben gesehen und untersucht haben will – das Gelände »S-4« am »Papoose Lake«, der durch einen weiteren Gebirgszug vom Groom Lake getrennt und damit von nirgendwo außerhalb der Sperrzone einsehbar ist.

Natürlich wurden wir bereits während unseres Aufstiegs auf White Sides argwöhnisch aus der Ferne beobachtet. Auf dem Rückmarsch fingen uns dann zwei Sicherheitsleute ab, durchsuchten uns auf illegale Aufnahmen, registrierten unsere Namen und drohten mit Gefangennahme bei weiterem Vordringen. Die übliche Prozedur also. Im Extremfall sind die Wachen auch zur »Anwendung tödlicher Gewalt autorisiert«, wie es auf entsprechenden Warnschildern heißt – ein Vorstoß in die »verbotene Zone«, wie ihn mancher vielleicht schon geplant haben mag, ist freilich absolut illusorisch. Die

Geheimnisse der »Schwarzen Welt« werden uns wohl noch lange beschäftigen ...
Doch verlassen wir nun wieder Nevada und die Area 51. Einige Autoren behaupten, unsere Erde, unsere Kultur befinde sich bereits seit langer Zeit im Fadenkreuz sogar mehrerer außerirdischer Zivilisationen, keineswegs nur einer einzigen, ganz spezifischen.
Immerhin deuten ja offenbar auch die diversen modernen Berichte, genau wie viele Überlieferungen aus früheren Zeiten, auf die Gegenwart unterschiedlicher kosmischer Wesenheiten hin. Befindet sich unter ihnen möglicherweise auch eine Superzivilisation? Ohne Zweifel wird gerade sie, falls sie existiert, am schwersten zu erkennen sein – sofern sie uns überhaupt eine Chance dazu läßt und nicht als unsichtbare Macht im Hintergrund bleibt. Prinzipiell feststellbare Manifestationen einer Superzivilisation jedoch könnten wir versucht sein, auf alles mögliche zurückzuführen, würden vielleicht dennoch ihren wahren Urheber nicht herausfinden. Wir hielten sie in ihrer ganzen Phantastik für magische Visionen oder pure Hirngespinste und würden sie damit ins Reich des Irrealen und der Illusionen verbannen. Im großen und ganzen entspricht dieses Bild ja auch tatsächlich der gegenwärtigen Situation und der Einstellung der etablierten Wissenschaft gegenüber unerklärlichen Erscheinungen. Einige Phänomene ließen sich eventuell noch mit religiösen Weltbildern in Einklang bringen, wie das am ehesten bei den rätselhaften Erscheinungen der Jungfrau Maria der Fall ist.
Wie auch immer wir dazu stehen mögen, lassen wir nun diesen transzendentalen, immateriellen, geistigen Bereich beiseite und fragen zunächst einmal, wodurch denn eine immer noch technologisch ausgerichtete Superzivilisation charakterisiert sein könnte.
Der Moskauer Astronom Nikolai S. Kardashev hat bereits vor vielen Jahren versucht, fortgeschrittene außerirdische

Zivilisationen in einem hypothetischen Schema zu erfassen. Als Maßstab für ihren Entwicklungsstand verwendet er schlicht und einfach die jeweilige Gesamtenergie, die einer solchen Zivilisation allein zu Kommunikationszwecken mit anderen Intelligenzen zur Verfügung steht. Eine »Typ-I-Hochzivilisation« benutzt nach seiner Einteilung immerhin bereits die Energiemenge, die von der gesamten Menschheit für die verschiedensten Zwecke umgesetzt wird. Eine ET-Kultur vom »Typ II« wendet für ihre interstellaren Kontakte schon soviel Energie auf, wie ein normaler Stern abstrahlt, und eine kosmische »Typ-III-Gesellschaft« kommuniziert sage und schreibe gar mit der Energie einer ganzen Galaxie! Das gibt freilich eine horrende, im besten Wortsinne astronomische Telefonrechnung!

Carl Sagan wiederum schlägt vor, solche Weltraum-Hochzivilisationen nicht alleine nach ihrem kommunikativen Energie-Output einzustufen, sondern auch nach der Menge der durch sie repräsentierten Informationen. Das Wissen einer kosmischen Kultur steht zwar sicherlich im Zusammenhang mit ihrer Kontaktfreudigkeit zu anderen Intelligenzen, über die sie wohl in fast jedem Falle viel erfahren und lernen könnte, doch Carl Sagan kann sich »sehr gut Gesellschaften vorstellen, die sehr komplex sind ... und die an interstellarer Kommunikation trotzdem kein Interesse haben. Wenn wir interstellare Zivilisationen beschreiben wollen, müssen wir auch etwas über ihren Informationsgehalt sagen.« – Sagans Skala umfaßt rein zahlenmäßig Zivilisationen, die über millionenmal mehr Information verfügen als unsere irdische Kultur. Eine derartige Superzivilisation müßte allerdings ein wahrhaft universales Wissen erworben und ihr Imperium auf das gesamte Universum ausgedehnt haben. Unter der Voraussetzung, daß auch eine solchermaßen fortgeschrittene Lebensform noch keine geeigneten Mittel und Wege gefunden hat, die Lichtgeschwindigkeit zu umgehen und belie-

big weit entfernte Punkte im All gleichsam in »Nullzeit« zu erreichen, unter dieser einschränkenden, aber nicht zwingenden Voraussetzung kommt Sagan zu der Folgerung, daß selbst das Alter des Universums zur Heranbildung dieser universellen, beinahe gottähnlichen Intelligenz nicht ausreicht. Was würde sie überhaupt noch von Gott unterscheiden? Sagan philosophiert: »In gewisser Hinsicht sind der heilige Augustinus und viele andere religiöse Denker zu dem gleichen Schluß gelangt – Gott lebt nicht von einem Augenblick zum anderen, sondern gleichzeitig durch alle Zeiten. Das ist ungefähr das gleiche, als sagte man, die spezielle Relativitätstheorie träfe auf ihn nicht zu. Superzivilisationsgötter jedoch, vielleicht die einzigen, die diese Art wissenschaftlicher Spekulation zuläßt, haben ihre Grenzen. Vielleicht gibt es derartige Götter für einzelne Galaxien, aber bestimmt nicht für das Universum als Ganzes.«
Nur wissen wir eben nicht, welche potentiellen Wege eine Superzivilisation kennen und einschlagen wird, um die gewiß universalen physikalischen Gesetze dazu zu bringen, scheinbar Unmögliches zu ermöglichen.
Der amerikanische Astrophysiker James S. Trefil hält es sicher zu Recht für vermessen, wenn wir glauben, unsere gerade einmal dreihundertjährige Erfahrung mit Wissenschaft würde bereits die definitive Feststellung erlauben, daß heute unüberwindbar scheinende physikalische Grenzen auch noch in 30 Millionen Jahren unüberwindbar sind.
Fragen wir nun noch einmal: Welche Eigenschaften sollten eine kosmische Superzivilisation auszeichnen?
Mit einigen interessanten Vorstellungen dazu wartete 1986 der kanadische Wissenschaftler Allan Tough von der Universität Toronto auf. Seine »Wunsch-Liste« der Fähigkeiten einer um viele Jahrmillionen fortgeschrittenen Technologie nimmt sich für uns wie reinste Science-fiction aus, Science-fiction, gewissermaßen multipliziert mit sich selbst:

– außerordentlich hochentwickelte Gehirne, verbunden mit einem implantierten Computer zwanzigster Generation,
– scheinbar unbegrenzte Energiereserven,
– völlige Anpassung an den Weltraum: die Fähigkeit, überall im Kosmos zu leben und jeden Ort zu erreichen – wahrscheinlich verbunden mit der Fähigkeit, die Lichtgeschwindigkeit nahezu zu erreichen oder sogar auf die eine oder andere Weise zu überwinden,
– Auslöschung allen aggressiven, zerstörerischen Verhaltens,
– ausgezeichnete Erfahrung im Umgang mit sehr voneinander verschiedenen Arten und Kulturen im Weltraum,
– ein Potential an Wissen, Weisheit und Einsicht in einem für uns nicht nachvollziehbaren Maße,
– perfekte Kontrolle über alle Lebensprozesse, »Heranzüchtung« unvorstellbar gesunder, langlebiger Körper mit Hochleistungsgehirnen,
– die Fähigkeit, Informationen auf technischem oder geistigem Weg mit Lichtgeschwindigkeit oder auf noch schnellere Weise über unermeßliche Entfernungen zu übermitteln,
– unbemerkte Einflußnahme auf Gedanken, Vorstellungen, Motivation und Erfahrungen individueller Lebewesen – wiederum auf technische oder geistige Weise,
– technische oder geistige Fähigkeit, alles zu beeinflussen und Körper oder Bewußtsein eines beliebigen Wesens unmittelbar von einem Ort an einen anderen zu versetzen.

Allan Tough erachtet es für sehr wahrscheinlich, daß Vertreter solchermaßen hochentwickelter Weltraumintelligenzen uns schon vor sehr langer Zeit entdeckt haben, noch bevor überhaupt auch nur irgendeine Form direkten Kontaktes zustande gekommen wäre. Er glaubt, sowohl ihre Fähigkeiten als auch ihre Motivationen wären dazu angetan, daß sie über geeignete und entsprechend gestaltete technische Einrichtungen oder geistige Konfigurationen verfügten.

Diese Wesen müßten uns in ihren Manifestationen ohne Zweifel wie Abgesandte Gottes erscheinen. Möglicherweise sind sie das auch. Möglicherweise fungieren einige von ihnen gleichsam als rechte Hand Gottes und damit gewissermaßen als diesseitige Komponente einer transuniversalen Macht. Offenbar jedoch delegieren sie manche Aufgaben auch an primitivere technologische Zivilisationen. Der Prophet Ezechiel scheint seine Botschaften von solchen weniger fortschrittlichen »Weltraummissionaren« erhalten zu haben, die noch mit Blitz und Donner, Feuer und Rauch in metallenen Maschinen und silbernen Anzügen vom Himmel herabkamen.

Extraterrestrische Zivilisationskundler und Weltraumanthropologen könnten vielleicht sogar ganz besonders an sehr jungen, primitiven Kulturen wie der unseren interessiert sein. Auch Nikolai Kardashev hält das für durchaus denkbar. Da der günstigste Zustand für einen möglichst hohen Organisationsgrad derjenige der festen Materie ist, nimmt Kardashev an, daß auch Hochzivilisationen riesige *feste* Strukturen im All errichten, Strukturen, die selbst uns »Primitiven« prinzipiell auffallen könnten – ihre Ausmaße würden sicherlich oft die Dimensionen unseres gesamten Sonnensystems übertreffen! Nun existieren aber in dieser Größenordnung keine strukturell absolut starren, festen Objekte im Weltall. Mit anderen Worten: Eine solch riesige stabile Materieformation kann nicht auf natürliche Weise entstanden sein, sie muß einen künstlichen Ursprung besitzen! Fortgeschrittene Sterneningenieure könnten Planeten zerstören, um Material für diese Konstruktionen zu gewinnen und Sonnensysteme in energiesammelnde Dyson-Sphären zu hüllen. Aus ähnlichen Gründen könnten sie komplette Sterne oder Galaxien umformen – Fachleute sprechen in diesem Zusammenhang von Stellaforming (der Astronom Fred Hoyle kann sich sogar Überwesen vorstellen, die die physi-

kalischen Gesetze des Universums zu beeinflussen vermögen; dies ließe sich in Analogie dann wohl am ehesten als »Uniforming« bezeichnen!).
Seltsam strahlende Objekte im All, Weltraumexoten mit unerklärlichen Eigenschaften – wie beispielsweise die fernen Quasare – mögen also Hinweise auf die Aktivitäten außerirdischer Supertechnologien bergen. Vielleicht werden unsere Astronomen einst sogar Sichtkontakt zu den »Metropolen« fremder Wesen aufnehmen und damit gleichsam auf die Knotenpunkte ihrer Technologie stoßen.
Pioniere von SETI – der Suche nach extraterrestrischer Intelligenz – rechnen außerdem noch mit einer anderen faszinierenden Möglichkeit: mit der Fernsichtung eines interstellaren Raumschiffes! So hat sich der amerikanische Astronom Michael J. Harris auf schnell bewegte kosmische Gammastrahlenquellen spezialisiert. Denn zu den favorisierten Antriebskonzepten großer Sternenschiffe zählen unter anderem auch antimaterie- und nukleargetriebene Systeme. In beiden Fällen wird Gammastrahlung frei, also höchstenergetisches Licht am extrem kurzwelligen Ende des elektromagnetischen Spektrums. Auch einige natürliche Himmelsobjekte senden große Mengen dieser für das menschliche Auge unsichtbaren Strahlen aus, doch diese Objekte bewegen sich nicht so schnell durchs All wie ein Raumschiff.
Bereits seit 20 Jahren kennen die Astronomen ein seltsames Objekt im Sternbild der Zwillinge (Gemini). Sie nannten es *Geminga* – die *Gammaquelle* in *Gemini*. Jahrelang rätselten Wissenschaftler an diesem einzigartigen Weltraumkörper herum. Vergeblich. So bezeichneten sie es folgerichtig als *UGO*, das erste *u*nidentifizierte *G*amma-*O*bjekt. Das Verhalten von Geminga ähnelte dem eines Materie-Antimaterie-Raumschiffs in verdächtiger Weise, so zum Beispiel in der Verteilung seiner Energieabgabe wie auch seiner relativ schnellen Bewegung. Aber eine Entfernungsbestimmung

stand noch aus, womit auch über die tatsächliche Geschwindigkeit von Geminga keine genaue Aussage möglich war. Immerhin ließ sich die Eigenbewegung dieser Gamma-Quelle am Himmel registrieren. Nun hielt auch Michael Harris dieses UGO für vielversprechend. War Geminga etwa wirklich ein interstellares Raumschiff auf der Durchreise, gestartet von einer fremden Hochtechnologie? Das wäre zu schön gewesen, doch nach jahrzehntelanger Ratlosigkeit gelang es einem Astronomenteam der Europäischen Südsternwarte endgültig, dieses *UGO* in ein *IGO* zu verwandeln, eben in ein *i*dentifiziertes *G*amma-*O*bjekt. Die Forscher stellten periodische Schwankungen in der Geminga-Strahlung fest, die typisch für einen rotierenden Neutronenstern sind, einen erstorbenen Stern, der bekanntlich auch als »Pulsar« bezeichnet wird. – SETI ist nun einmal ein sehr schwieriges Geschäft, das gilt freilich auch für die Suche nach fremden Raumschiffen. Harris ist sich dessen sehr wohl bewußt – doch nimmt er dies in Anbetracht der Bedeutung seines Zieles gerne in Kauf und setzt seine Suche unbeirrbar fort.

Wenn auch Superzivilisationen vielleicht nicht unbedingt an einem direkten, offenen Kontakt mit uns interessiert sind, demnach also auch keine deutlichen Signale ihrer Existenz geben, wir Menschen müßten dennoch irgendwann einmal die Stufe erreicht haben, auf der wir ihre sicherlich gewaltigen Eingriffe in die Natur des Alls zu erkennen fähig sein werden.

Andererseits besteht zu jeder Zeit die Möglichkeit der von uns kaum bemerkbaren Präsenz einer solchen Zivilisation. Wie Allan Tough vermutet, könnte sie sich – aus welchen speziellen Gründen auch immer – auf rein geistige Weise bemerkbar machen und in unsere Gehirne, in unsere Gedanken einschleichen, uns erforschen, uns steuern, manipulieren, kontrollieren. Eine äußerst beunruhigende Idee…

10 Die Alptraumfabrik
Unheimliche Aktivitäten einer fremden Macht

Wir alle kennen Angst. Jeder von uns hat schon einmal dieses Gefühl des Unheimlichen um sich erlebt, aus welchen Gründen auch immer. Angst, das Gespür für das Bedrohliche, manifestiert sich in den unterschiedlichsten Dimensionen und Abstufungen, wie viele unserer alt angestammten Empfindungen.
Unerklärliche Erscheinungen, die Schatten und Schemen des Unbekannten, vermögen in uns abgrundtiefe Ängste, bisweilen gar Todesängste auszulösen. Plötzlich wird der scheinbar so feste, zuverlässige Boden der Realität uns direkt unter den Füßen weggezogen und jeglicher Glaube an eine sichere Weltordnung aufs Dramatischste erschüttert. Mit einem Male sind wir allein, losgelöst von der Norm, vom Normalen, Gewohnten, Verständlichen. Eine fremde Welt, eine fremde Macht umfängt uns mit gierigen Klauen, reißt uns aus der vertrauten Gesetzmäßigkeit unseres Lebens. Nichts ist mehr, wie es einmal war. Was bleibt, ist Verlust. Abgekapselt vom Strom des Irdischen treiben wir durch die Zeit, von nun an als Gefangene einer unnahbaren Zwischenwelt. Zuweilen geraten Menschen völlig überraschend in derart bizarre, unheimliche Situationen. Dabei weichen ihre Ängste, ihr Entsetzen oftmals einer namenlosen Betäubung.
Das wohl Unheimlichste, was uns auf dieser Welt widerfahren könnte, wäre die Begegnung mit fremden Wesen aus dem All. Tatsächlich sind in den vergangenen Jahrzehnten zahlreiche Berichte an die Öffentlichkeit gedrungen, denen zufolge

einzelne Menschen in unbekannte Flugobjekte verschleppt und von Außerirdischen eingehenden biologischen Untersuchungen unterzogen wurden. Stück für Stück kristallisiert sich heraus: Diese schier unglaublichen Geschichten müssen ernstgenommen werden, die oft verblüffend ähnlichen Schilderungen beruhen eindeutig auf realen Erlebnissen und Vorgängen.

Wer sind jene Fremden, welches ihre eigentlichen Ziele und Absichten? Verfolgen diese – nach ihrer Hautfarbe – häufig »Die Grauen« genannten Wesen rein wissenschaftliche Interessen oder gilt ihr undurchschaubares Handeln »praktischeren« Zwecken? Einiges scheint darauf hinzuweisen, daß sie mit der Züchtung einer neuen Weltraumrasse beschäftigt sind. Darüber hinaus aber sollen sie angeblich bereits mehrmals in die Evolution des Menschen eingegriffen haben. Sind wir das gegenwärtige Resultat eines auf lange Zeit ausgelegten außerirdischen Schöpfungsprogrammes?

»Ich fühle, daß sie
irgendwo da draußen sind und mich
holen werden ... wieder.«

»Tom«, Abduktionsopfer

Es ereignete sich vor drei Jahren und war so unglaublich real, daß ich es nie vergessen habe. Ich lag im Bett, zusammen mit meinem Mann, der bereits eingeschlafen war. Ich dachte, ich wäre absolut wach. Ich konnte mich nicht bewegen. Das Bett vibrierte. Um mich herum standen mehrere Gestalten. Sie sahen abscheuerregend aus! Grau. Schrecklich! Mit Augen, die nichts als schwarze Löcher waren.« Der Beginn einer Entführung durch nichtmenschliche Wesen. Gloria, eine Frau Ende dreißig, schilderte der amerikanischen Psychologin Dr. Edith Fiore ihre erschreckenden Erlebnisse im Verlauf mehrerer hypnotischer Rückführungen. Offenbar hatte Gloria eine reale Entführung in ein fremdes Raumschiff erlebt. Ihre mehr als phantastisch anmutende Geschichte ist keineswegs ein Einzelfall. Menschen unterschiedlichsten Alters und Bildungsniveaus, verschiedenster Nationalität und Glaubenshaltung, beteuern, solche unheimlichen Begegnungen mit intelligenten, fremden Lebensformen erlebt zu haben. Ihre Schilderungen ähneln sich in einem geradezu erstaunlichen Maß, sie weisen auf ein gemeinsames Muster, eine beinahe routinemäßige Taktik und Verfahrensweise der Entführer. Wer einmal in ihre Hände fiel, wird nie mehr ruhig schlafen können. »Ich habe damals das Haus wohl nur verlassen, um ein wenig hinaus in den Garten zu gehen«, erinnert sich Tom, ein anderes Entführungsopfer – oder, im Jargon: »Abductee« –, »und dann haben sie mich von dort geholt. Ich wünschte, ich wäre niemals hinausgegangen. Wenn ich im Haus geblieben wäre, vielleicht wäre ich sicher gewesen ... vielleicht aber auch nicht. Und mir wurde klar, daß ich nie mehr sicher sein werde, wo auch immer ich gerade bin.«

Einer der erstaunlichsten Fälle ereignete sich bereits im Jahr 1965 in den Copley Woods von Indianapolis, USA. Laura Davis hatte ihre Mutter gerade zur Kirche gebracht. Es war ein gewöhnlicher Sommernachmittag, ein Sonntag wie jeder andere auch – zunächst. Doch sollte er sich zum wohl folgenreichsten Tag im Leben der gesamten Familie Davis entwickeln. Laura befand sich bereits auf dem Heimweg, als sie plötzlich und ohne irgendeinen erkennbaren Grund den Wunsch verspürte, zurück zur Kirche zu fahren. Ja, es war mehr als ein Wunsch; Laura fühlte sich einem regelrechten Zwang ausgesetzt, sie mußte einfach zurück. Also folgte sie ihrer so unerwartet lauten »inneren Stimme«. Als sie ihren Wagen auf dem Parkplatz der Kirche abgestellt hatte, sah sie über sich ein riesig wirkendes Flugobjekt, von dem etliche mehrfarbige Lichter ausgingen. Mit einem Male riß die Erinnerung von Laura Davis ab. Von einem Moment auf den anderen befand sie sich wieder am Steuer ihres Wagens, auf dem Heimweg! Hatte sie halluziniert? Das seltsame Objekt war nicht mehr zu sehen, nichts wies auf seine reale Existenz hin. Nur war da eben eine unerklärliche zeitliche Lücke entstanden – urplötzlich war der gerade noch helllichte Tag der abendlichen Dämmerung gewichen!

Wie gesagt, diese Geschichte soll sich im Jahre 1965 in den Copley Woods von Indianapolis, USA, zugetragen haben. Erst zehn Jahre später begann jenes seltsame Erlebnis sich wieder in das Bewußtsein von Laura Davis und ihrer Familie zu drängen. Während einer Schlankheits-Hypnosebehandlung machte Laura dramatische Verhaltensveränderungen durch, verbunden mit motorischen und physiologischen Störungen. Ihr Hypnotherapeut stand vor einem Rätsel und verwies sie an einen Spezialisten.

Im September 1983 schließlich erfuhr der amerikanische

UFO-Forscher Budd Hopkins von all jenen so merkwürdigen Vorfällen um Laura Davis. Zu jener Zeit nämlich hatte ihre Schwester Kathie im Buch »Missing Time – Fehlende Zeit« von Hopkins über ähnliche Fälle gelesen und ihm daraufhin geschrieben. Zusammen mit der Psychologin Dr. Aphrodite Clamar rekonstruierte er den »Fall Davis« in seinem vollständigen ungeahnt weitreichenden Ausmaß. Die Summe aller Details wies auf ein mehr als phantastisches Geschehen hin, in dem sogar *Kathie* Davis augenscheinlich die wesentlichste Rolle spielte. Schon 1978 hatte sie eine mysteriöse »Vision« gehabt: Sie war mitten in der Nacht aufgewacht und hatte zwei nichtmenschliche Wesen in ihrem Schlafzimmer stehen gesehen! Dr. Clamar führte Kathie auf hypnotischem Weg nochmals in die Stunde jenes »Alptraumes« zurück und holte dabei verblüffende Einzelheiten wieder aus dem Unterbewußtsein hervor. Allem Anschein nach konnte sich Kathie Davis im wachen Zustand nur noch an die letzten Momente einer Begegnung mit fremden Wesenheiten erinnern. Erst im Halbdämmer der Hypnose brachen die verdrängten, verschütteten Bilder und Erinnerungen durch die Wand des Vergessens.

Kathie befand sich in einem sterilen, ungewöhnlich hell erleuchteten, geradezu strahlenden Raum. Sie lag auf einem Tisch, eine Art Operationstisch, und wurde von kleinen grauhäutigen Geschöpfen medizinisch untersucht. Waren es *Außerirdische*, die Studien am menschlichen Körper betrieben, die vielleicht sogar genetische Experimente an ihm durchführten?

Anfang 1978 ließ Kathie Davis diverse Tests durchführen, welche erwiesen, daß sie schwanger war. An einem Märzmorgen stellte sie starke nächtliche Blutungen fest und mußte bei der anschließenden ärztlichen Untersuchung feststellen, daß sie ihr Kind auf unerklärliche Weise verloren hatte. Einige Jahre später kam es dann zu neuerlichen Be-

gegnungen mit den unheimlichen Fremden, die ihr bei diesen Gelegenheiten mehrmals ein kleines, junges »Mischwesen« zeigten, ein Geschöpf, das einer Kreuzung zwischen einem Menschen und einem der offenbar nichtirdischen Besucher glich. War es am Ende ihr eigenes Kind?
Eine unfaßbare, unglaubliche Geschichte! Ist sie auch unglaubhaft? Tatsächlich sträubt sich jede Vernunft beim Vernehmen eines solch wahnwitzigen Berichtes augenblicklich und mit allen Kräften dagegen, auch nur ein Körnchen Wahrheit darin finden zu wollen. Die Reaktion ist fast immer die gleiche: »Blühender Unsinn!« In der wissenschaftlichen Welt gleicht es geradezu einem selbstunterschriebenen Todesurteil, dermaßen verschrobene, abstruse Horrormärchen ernst nehmen zu wollen. Zweifellos ist das eine verständliche Haltung, und ohne Frage verlangen die einzelnen Schilderungen oft nach mehr als nur gutem Willen, sich näher mit ihnen auseinanderzusetzen. Doch seltsamerweise erreichen viele der anfangs sehr skeptisch eingestellten Untersucher schließlich einen Punkt, von dem ab sie nun eher von einem, wie auch immer gearteten, bislang unbegreifbaren »Phänomen« zu sprechen beginnen.
In der Tat müssen wir das Problem, dieses Phänomen der »UFO-Entführungen« oder »UFO-Abduktionen«, wie es auch genannt wird, offenbar sehr behutsam angehen. Eine Reihe von Fakten spricht sehr eindeutig für die Aufrichtigkeit vieler Zeugen – auch wenn nicht jeder Bericht blind als Tatsache akzeptiert werden darf. Und die Zahl der glaubwürdigen, voneinander unabhängigen Zeugen wie auch die große Ähnlichkeit ihrer Schilderungen stimmt durchaus sehr nachdenklich!
Budd Hopkins konnte in der Nähe des Hauses der Familie Davis Landespuren eines bisher nicht identifizierten Flugkörpers feststellen. Auch die Nachbarn berichteten von wiederholten Sichtungen bewegter Lichter am Himmel. Die

Entführer scheinen im übrigen auch operative Eingriffe praktiziert zu haben, sowohl an Kathie Davis wie zudem auch an einigen weiteren Familienmitgliedern. Kathie und ihre Mutter besitzen zwei gleichartige Narben jeweils am rechten Bein, deren Herkunft ihnen vor den Hypnoserückführungen absolut rätselhaft war.
All diese Begleitumstände weisen auf einen, wie auch immer gearteten, realen Hintergrund der Geschehnisse in den Copley Woods hin, zusammen mit zahlreichen weiteren Beobachtungen und Erlebnissen, die sich im Lauf der Jahre in der Davis-Familie zugetragen haben. Insgesamt hatten fünf Familienmitglieder offenbar Kontakt mit jenen unheimlichen Entführern: Die beiden Schwestern Laura und Kathie Davis, deren Mutter sowie Kathies beide Söhne.
Der Amerikaner William F. Hamilton untersucht das UFO-Phänomen bereits seit rund 40 Jahren, seit 1976 befaßt er sich eingehend mit Abduktionen. Hamilton weiß, daß Zeugen, die schon vor ihrer unerklärlichen Begegnung an UFOs interessiert waren, solche persönlichen Erlebnisse – ob nun bewußt oder unbewußt – später dann gelegentlich durch Elemente ergänzen, die ihre Weltsicht bestätigen. Hamilton weiß auch, daß solche Berichte von weitaus geringerer faktischer Aussagekraft sind als Schilderungen von Personen, die zuvor keinerlei näheren Bezug zur Thematik hatten. Dennoch behauptet er steif und fest: »Ich wurde in ein UFO entführt!« Sein phantastisches Erlebnis ist zwar einerseits, wie er selbst sagt, durch die langjährige Beschäftigung mit Abduktionen und unidentifizierbaren Flugobjekten regelrecht »überkontaminiert«, andererseits seien freilich gerade diese Spezialkenntnisse bei der Beurteilung der Geschehnisse von ausgesprochen großem Nutzen für ihn gewesen.
Was aber geschah im einzelnen? Am 16. März 1993 fuhr William Hamilton in Begleitung seiner Frau Pamela die nordöstliche Grenze der Nellis Airforce Base in Nevada ent-

lang, in der Hoffnung, einige jener unheimlichen Aktivitäten und Lichtphänomene dort von einem geeigneten Beobachtungsplatz aus mit eigenen Augen sehen zu können. Wer mit dem Feuer spielt ...
Nach Einbruch der Dunkelheit hatte das Ehepaar einen günstigen Posten am Rande der Wüste bezogen. Gegen halb neun Uhr abends wurden die Hamiltons plötzlich auf zwei unscheinbare Lichter aufmerksam, die in südlicher bzw. östlicher Richtung aufblitzten. »Dann ging alles sehr schnell«, erinnert sich Bill Hamilton. »Das erste Licht schien ein Objekt von der Größe eines Busses zu sein, besaß quadratische Leuchtflächen und hob schließlich vom Boden ab. Die hellen Bereiche schienen bernsteinfarben und weiß zu glühen. Das Objekt neigte sich zur rechten Seite. Sehr rasch lösten sich die Lichter dann in zwei leuchtende Kugeln oder Scheiben aus brillantem, blau-weißem Licht auf, dessen Glanz fortwährend zunahm. Diese Lichter wurden so hell, daß meine Augen zu schmerzen begannen, und sie wurden mit der Zeit noch greller.«
Plötzlich aber schienen die Hamiltons ihre räumliche wie zeitliche Orientierung völlig eingebüßt zu haben. Die Lichtkugeln, die eben noch in ihrer unmittelbaren Nähe schwebten, bewegten sich mit einem Male sehr weit entfernt im Osten weiter; diesen Ortswechsel mußten die glühenden Objekte ganz ohne Übergang vollzogen haben.
Am Morgen nach jenem mysteriösen Erlebnis hatte Glenn Campbell die Gelegenheit, mit den beiden Hamiltons zu sprechen. »Ich kann zumindest bestätigen«, so kommentiert er ihre Schilderungen, »daß sie wirklich hier waren und sich zur betreffenden Stunde in der Wüste aufhielten. Während des Frühstücks schienen sie von ihrem nächtlichen Erlebnis – was nun auch immer ihnen widerfahren war – ehrlich mitgenommen. Doch offenbar hatten sie zu diesem Zeitpunkt keine Erinnerung an eine Abduktion ...«

Erst im Verlauf mehrerer hypnotischer Rückführungen kamen weitere Details des unheimlichen Zwischenfalls zum Vorschein. Demnach stoppte die glühende Scheibe schließlich direkt über dem Ehepaar und tauchte den Boden und alles unter sich in ein gleißendes Licht. William Hamilton berichtete, von einem Strahl erfaßt und in das Fluggerät gezogen worden zu sein. Dort begegnete ihm dann ein graues Wesen mit insektenartigen Augen, das ihn in einen hellen, kuppelförmigen Raum führte und eingehend medizinisch untersuchte.

Auch Pamela erinnerte sich unter Hypnose, von »grauen Wesen« entführt worden zu sein, allerdings nicht in den schwebenden Diskus, sondern in ein merkwürdiges Fahrzeug am Rand des Highway. Zwei schwarzgekleidete Gestalten untersuchten auch sie mit diversen Instrumenten, setzten ihr einen fremdartigen Apparat in den linken Gehörgang ein und träufelten eine Flüssigkeit unbekannter Zusammensetzung in ihr rechtes Auge, das bereits kurz vorher von einem bläulichen Lichtstrahl getroffen worden war, eine Art Laser, der von der Flugscheibe ausging. Nach all diesen unverständlichen Prozeduren wurden die Hamiltons wieder auf ihrem Parkplatz in der Wüste »abgesetzt«. »Irgend etwas Fremdes hat sich in dieser Gegend von Nevada angesiedelt und findet Interesse an Besuchern, die kommen, um den Himmel über Area 51 zu beobachten.« Das zumindest vermutet William Hamilton.

Worum handelt es sich bei diesem »Etwas«? Entfaltet es seine unheimlichen Aktivitäten nur in der Wüste Nevadas? Ganz und gar nicht! Um das Gebiet von Area 51 konzentriert sich zwar unfraglich eine Reihe der ungewöhnlichsten Phänomene, denen Menschen auf unserem Planeten überhaupt beggnen können, Entführungen durch fremde Wesenheiten jedoch ereignen sich *weltweit*.
Mittlerweile sind auf unserem Globus einige hundert Ent-

führungsfälle bekannt geworden, die sich vielfach in verblüffender Weise ähneln. Immer wieder spielen dabei nichtmenschliche Wesen mit kleinem Körper, grauer Haut und einem unverhältnismäßig großen, haarlosen Kopf eine Rolle, die ihre Opfer in einen unbekannten Flugkörper verschleppen. Sehr oft berichten Zeugen, im Moment der Kontaktaufnahme einen vollständigen gefühlsmäßigen Wandel, eine Besitzergreifung ihrer Gedanken und ihres Geistes durch die fremde Macht erlebt zu haben, bis hin zu dem Gefühl der absoluten Entfremdung gegenüber sich selbst. Sie hätten den Wesen daraufhin widerstandslos Folge geleistet, ohne mehr einen eigenen Willen zu haben.

Der Fernsehjournalist Christian Bauer hat 1993 in seiner ausgezeichneten Dokumentation »Begegnung der vierten Art – Von UFOs entführt« Opfer und Untersucher von Abduktionen zu Wort kommen lassen. »Niemand kann sich vorstellen«, so äußerte sich eine Zeugin in dieser Sendung, »was es bedeutet, wenn einem Lebenszeit gestohlen wird, wenn man diese Vergewaltigung erlebt, mit dem Gefühl, daß einem die eigenen Gedanken nicht mehr gehören, wenn man weiß, daß sie einen jeden Moment holen können ...«
Ein anderer Zeuge erinnert sich: »Mein Leben rollte vor meinem inneren Auge ab, ich dachte, ich müßte sterben ... Während mein Leben an mir vorbeizog, erinnerte ich mich an all die anderen Momente, in denen sie mich früher schon geholt hatten. Ich sagte zu mir, mit einer Energie, wie ich sie vorher nie erlebt hatte, immer und immer wieder: Du mußt dich erinnern, du mußt dich erinnern! Denn ich wußte, daß sie mein Gedächtnis auslöschen wollten.« – Diese Eliminierung aller Erinnerungen ist ein ganz wesentliches Merkmal der Entführungsberichte. Die Opfer erleiden beim Verlassen des – aus naheliegenden Gründen – oft als Raumschiff bezeichneten Objektes einen Gedächtnisverlust und vergessen ihre erschreckenden Erlebnisse größtenteils wieder. Häufig

bleiben trotz dieser von den Fremden künstlich generierten Amnesie zahlreiche Details im Unterbewußtsein verborgen, beschäftigen die Betroffenen in nächtlichen Alpträumen jahrelang weiter oder kommen erst unter Hypnose wieder zum Vorschein. In den Schilderungen stehen dann meist schmerzhafte Eingriffe und Manipulationen an den Körperorganen im Vordergrund. Das Opfer wird auf einen Tisch gelegt, der sich nahezu stets in einem grell erleuchteten Raum befindet. Anschließend folgt eine sehr gründliche Untersuchung unter Einsatz der verschiedensten technischen Hilfsmittel – Meßfühler, Sonden, Sensoren. Die wohl in mancherlei Beziehung »unmenschlichen« Wesen stechen oftmals lange, dünne Nadeln tief in den Körper, unter anderem in das Rückenmark, ins Gehirn oder auch die Sinnesorgane. Augenscheinlich entnehmen sie dabei gleichfalls Gewebeproben. Besonders das Nervensystem und die Geschlechtsorgane sind zumeist Gegenstand intensiver Untersuchung. Viele Entführungsopfer weisen am Körper unauffällige kleine Narben auf, welche den hypnotischen Aussagen zufolge nur von Implantierungen winziger Sonden stammen können, was mit Hilfe der langen Nadeln geschieht. Der deutsche UFO-Experte Illobrand von Ludwiger berichtet: »Bei zwei Personen soll die Nadel durch den Augensockel getrieben worden sein« und fragt berechtigterweise: »Woher die Übereinstimmung dieser schrecklichen und schmerzhaften Operationen, wenn es sich nur um Phantasien gehandelt haben sollte?« Wie von Ludwiger ausführt, wurden solche Implantate mittlerweile sogar tatsächlich in den Körpern von Abduzierten gefunden. Angeblich erhielt 1989 ein Physikprofessor am Massachusetts Institute of Technology (M.I.T.) in Cambridge/USA ein derartiges Implantat, selbstverständlich unter größter Geheimhaltung.

Eine auf den ersten Blick recht frappierende und einleuchtende Deutung des Entführungsphänomens stammt von

dem Philologen Dr. Alvin Lawson von der kalifornischen Staatsuniversität: Er hielt die Erlebnisse der Abduzierten ursprünglich für nichts anderes als ins Unterbewußte abgeglittene, traumatische Erinnerungen an die eigene Geburt!
Die Übereinstimmungen sind wirklich offenkundig: Das Entführungsopfer gelangt aus der Nacht in einen hellerleuchteten Raum. Seine Gefühle und Empfindungen verändern sich, wie das auch beim ersten Erblicken des »Lichts der Welt« zwangsläufig der Fall ist. Medizinische Untersuchungen schließen sich an, normalerweise ausgeführt von Gynäkologen, hier dagegen von seltsamen kleinen Wesen mit übergroßen Köpfen – erinnert ihr Äußeres nicht auffallend an Embryonen?
Trotz dieser interessanten Parallelen zur »Stunde Null« unseres Lebens will einfach vieles nicht so recht zusammenpassen. Wie so oft, steckt auch hier der Teufel wieder im Detail: Nicht der Entführte in seiner vermeintlichen Rolle als Neugeborener ist das zerbrechliche kleine Wesen, nein, in den Schilderungen übernehmen stets die Entführer diesen Part. Die Ärzte und Schwestern im Kreißsaal allerdings dürften uns in unseren ersten Lebensminuten wohl kaum sonderlich klein vorgekommen sein. Warum also diese geradezu alptraumhafte Verschiebung, diese Übertragung der Fötusform auf die fremden Untersucher, die zudem mit verblüffender Regelmäßigkeit als *grauhäutige* Wesen beschrieben werden! Die Opfer sprechen oft auch von einem unbeschreiblichen Gefühl der Schwerelosigkeit, das sie an Bord des Raumschiffes erfahren hätten. Bei der Geburt wird der Mensch hingegen zu einem eigenständigen Organismus, der – nun vom Mutterleib getrennt – plötzlich den Wirkungen der Schwerkraft in vollem Maße ausgesetzt ist! Lawsons Geburtstrauma-Hypothese verkehrt also letztlich sogar viele Aspekte der realen Geburt ins Paradoxe, um das Entführungsproblem auf diese Weise zu lösen. Ganz zu schweigen

davon, daß er für viele wesentliche Begleitumstände und Phänomene eine Erklärung schuldig bleibt – für Lichterscheinungen am Himmel, merkwürdige Landespuren und die unerklärlichen Narben und Einstichstellen der Opfer beispielsweise. Mittlerweile ist auch Dr. Lawson selbst deshalb von seiner Grundidee abgerückt. Er hält die Entführungen nun größtenteils für reale Ereignisse. Trifft das auch auf die Begegnungen einiger Zeugen mit jenen unheimlichen kleinen »Mischwesen« zwischen Mensch und Fremdling zu? Professor David Jacobs von der Temple University, Philadelphia (USA), glaubt, »daß diese Kinder das Produkt der Spermaproben und der Eizellen sind, genetisch auf verschiedene Weise manipuliert. Die Frage bleibt …: Warum züchten sie diese Wesen? Es scheint jedoch, daß dieses Züchtungsprogramm der wahre Grund für das Entführungsphänomen ist.«

Auf dem S-4-Gelände am Papoose Lake wurden Robert Lazar Dokumente gezeigt, in denen gleichfalls von genetischen Experimenten Außerirdischer die Rede sein soll. Angeblich erfolgten über einen Millionen Jahre währenden Zeitraum mehr als 60 Eingriffe in die genetische Entwicklung der menschlichen Rasse – der Homo sapiens sei demzufolge das Resultat einer, wie es heißt, »extern korrigierten Evolution«. Lazar selbst äußerte sich jedoch sehr skeptisch über den Wahrheitsgehalt dieser Dokumente; vielleicht dienten sie lediglich der Desinformation oder als psychologische Tests für Lazar. Vielleicht trifft das auch auf einen »streng geheim« eingestuften Bericht zum Thema »Religion« zu, das darin mit außerirdischen Aktivitäten verknüpft wird. Menschen seien »Container«. Doch Container für was? Für Seelen, für den Geist oder nur für biologisches, genetisches Material? Auch Jesus Christus sei nichts anderes als ein »genetisches Konstrukt« gewesen, eingepflanzt in einen Menschen auf der Erde und von dessen Geburt an genau überwacht.

Der amerikanischen Dokumentarfilmerin Linda Moulton Howe wurden im April 1983 auf der Kirtland Airforce Basis in Albuquerque, Neu-Mexiko, gleichfalls mehr als befremdliche Unterlagen gezeigt, deren Authentizität allerdings wiederum in Frage zu stellen ist. Doch, wer weiß...? Die »Grauen« wären demnach persönlich an der genetischen Manipulation von Primaten beteiligt gewesen und hätten unter anderem auch die Entwicklung des Cro-Magnon-Menschen herbeigeführt, der vor rund 25000 Jahren lebte und dem heutigen Menschen entwicklungsmäßig weit näherstand als der Neandertaler. Aus den Dokumenten, die Linda Howe wie auch Bob Lazar zu Gesicht bekamen, geht außerdem hervor, daß die US-amerikanische Regierung schon seit Jahrzehnten in direktem Kontakt mit außerirdischen Wesen steht. Unabhängig davon ist interessant, daß viele Entführungsopfer berichten, neben den unheimlichen grauen Entitäten auch ganz »gewöhnliche« Menschen an Bord des »UFOs« gesehen zu haben. »Es gibt dort menschliche Wesen, Leute wie wir«, so erinnerte sich das eingangs erwähnte Abduktionsopfer Gloria in einem Hypnosegespräch mit Dr. Fiore. Auf die Frage, ob jene Leute uns absolut ähnlich sähen, antwortete Gloria: »Ja. Das ist auch der Grund, warum ich nicht verstehe, daß sie mir nichts sagen können.«
Die Nächte der Außerirdischen bergen in der Tat viele Geheimnisse. Einem der wohl grauenvollsten Rätsel, das in einer engen Verbindung zum Entführungsphänomen zu stehen scheint, geht Linda Howe bereits seit vielen Jahren nach – den *Cattle Mutilations,* entsetzlichen Tierverstümmelungen, die sich vor allem im Westen der Vereinigten Staaten ereignen, aber auch in anderen Ländern wie Kanada, Mexiko und Australien, an der afrikanischen Küste und in verschiedenen europäischen Ländern.
Die frühesten Berichte stammen aus England; dort sollen im Mai 1810 einige Schafe in der Nähe von Ennerdale an der

schottischen Grenze völlig blutleer aufgefunden worden sein. Ähnliches ereignete sich auch in den Jahren 1874 und 1905 auf den britischen Inseln. Im Herbst 1925 fand man im Distrikt Edale, Derbyshire, zahllose Schafe mit abgerissenen Köpfen, Beinen und Schultern. Das Rückgrat war häufig gebrochen und das Fleisch regelrecht weggerissen. Für diesen Fall konnte man aber immer noch ohne weiteres Hunde oder Wölfe verantwortlich machen, anders als im Jahre 1967, aus dem die erste wirklich unerklärliche Mutilation bekannt ist. Am 9. September jenes Jahres wurde die dreijährige Appaloosa-Stute »Lady« am Fuß des Mount Blanca im San Luis Valley von Colorado gefunden, grauenvoll zugerichtet. Vom Nacken ab bis zum Kopf war das Tier bis zum Skelett entfleischt. Der Brustkorb war durch einen ungewöhnlich präzisen Schnitt geöffnet worden, Herz, Lunge und Schilddrüse fehlten, ebenso wie Gehirn und Rückgrat. Doch nirgends die geringste Spur von Blut! Wie war das möglich? Niemand wußte eine Antwort darauf, niemand weiß bis heute eine Antwort. Kein Blut in der Brusthöhle, kein Blut auf der Haut, keines auf dem Boden! Auch der Pathologe und Hämatologe Dr. John Altshuler, der das Tier damals untersuchte, war erschüttert, bis ins Innerste schockiert. Nie zuvor hatte er etwas Derartiges gesehen. Rückblickend vermag er die scharfen, äußerst exakten Schnittführungen, die unter sehr hohen Temperaturen entstanden sein mußten, ausschließlich mit der Anwendung modernster chirurgischer Lasertechnik zu erklären. Doch diese Technik gab es seinerzeit, im Jahre 1967, noch nicht! Seltsamerweise fanden sich in der unmittelbaren Umgebung des toten Tieres merkwürdige kreisförmige Spuren und Abdrücke, auch eine erhöhte Radioaktivität war festzustellen. Bei dieser grauenerregenden Entdeckung – wie auch bei zahlreichen anderen, ähnlich abstoßenden Fällen – wurden in geringem zeitlichen Abstand auch unerklärliche Lichterscheinungen am Himmel gesichtet. Landläufige Erklärungen scheinen hier also gleich aus mehreren Gründen zu versagen. Einige Zeit glaubten Untersucher, satanistische Sekten für diese bestialischen Tierverstümmelungen verantwortlich machen zu können. Offenbar war doch hier die geballte Kraft teuflischer Mächte am Agieren. Jene Sekten hätten allerdings über eine utopische Technologie verfügen müssen, um ihr diabolisches Werk dermaßen perfekt ausführen zu können.

Im Laufe ihrer Recherchen ist Linda Howe zu der Ansicht gelangt, daß, aufgrund aller Einzelheiten, außerirdische Aktivitäten in Betracht gezogen werden müßten. Welches Interesse aber sollten Wesen aus dem All daran haben, Schafe, Kühe oder Pferde aufs Abscheulichste zu verstümmeln? Könnten sich gar letztlich ähnliche Beweggründe dahinter verbergen wie im Falle des Entführungs-Phänomens? Gibt es hier tatsächlich Zusammenhänge? Linda Moulton Howe beantwortet diese Frage mit einem klaren »Ja. Ich denke, die wesentlichste und deutlichste Parallele ... ist folgende: In den menschlichen Abduktionsfällen werden verschiedenen Körperteilen sehr oft Gewebeproben entnommen ... Festzustellen ist eine besondere Konzentration auf die Fortpflanzungsorgane. Häufig hören wir auch von Hautproben aus den Beinen, aus den Hüften, vom Magen, der Brust oder anderen Gegenden. In einigen Fällen berichten Menschen, daß irgend etwas in ihre Nase, ihr Auge, Ohr oder einen anderen Körperteil eingepflanzt worden ist; diese Objekte werden oft für eine Art Kontrollapparatur gehalten, können aber ebensogut anderen Zwecken dienen, die uns Menschen unbekannt sind. Wenn wir uns nun den Tierverstümmelungen zuwenden, gibt es da die Parallele, daß ebenfalls Gewebe herausgeschnitten wird. Große Mengen an Körperflüssigkeit werden entfernt und die Genitalien zum größten Teil entnommen. Es gibt Parallelen, der Unterschied aber ist: Die

Tiere werden tot und verstümmelt auf ihre Weiden zurückgebracht, wohingegen Menschen größtenteils mit jenen absonderlichen Schnittwunden oder Verbrennungen oder anderen Blessuren, die ihrem Körper zugefügt wurden, wiederkehren – aber, sie sind am Leben.« Trifft dies wirklich immer zu? Oder gibt es bereits Hinweise auf Funde »mutilierter« Menschen?
Originalton Howe: »Das ist eine sehr problematische Angelegenheit, denn niemand wünscht sich, daß dem tatsächlich so ist. Ich und andere haben Berichte über Menschenverstümmelungen erhalten, Fälle, bei denen die Schnitte exakt mit denen der Tiere übereinstimmen. Doch habe ich nie einen Autopsiebericht mit Fotografien erhalten, dessen Informationsgehalt eine Veröffentlichung rechtfertigen würde ... Wie die genauen Fakten aussehen, ich weiß es nicht ...«
Grauenvoll genug jedenfalls, daß die Tierverstümmelungen nach wie vor kein Ende nehmen. Im Gegenteil, in der jüngsten Zeit ist sogar wieder ein Anstieg zu verzeichnen gewesen. 1993 konzentrierte sich die Tragödie erneut auf das San Luis Valley im südlichen Colorado sowie auf die nordöstlichen Teile Alabamas.
Sind die Abduktionen und Mutilationen wirklich Teil eines großangelegten biologischen Experiments Außerirdischer? Neueste Spekulationen gehen in die Richtung, daß irgendeine Macht, ob »einheimisch« oder aus den Tiefen des Alls, mit der Entwicklung einer »Superwaffe« in Form eines gesellschaftlichen Kontrollmechanismus befaßt sein könnte, eines Mechanismus, der letztlich über Fleisch als weit verbreiteter Nahrungsquelle wirksam werden und damit Millionen Menschen auf eine ganz gezielte, vorbestimmte Weise manipulieren könnte. Eine erschreckende Idee.
Im Gegensatz zu den Tierverstümmelungen und ihren Begleitumständen lassen zumindest einige Entführungsfälle ei-

nen direkten Blick auf die unheimlichen Akteure selbst zu. Doch selbst die detaillierten Schilderungen mancher Entführter bringen nur wenig Licht in die offenbar so dunklen Absichten der Fremden. Sie sind uns technologisch unzweifelhaft voraus. Doch wie weit?

»Die Fremden tun Dinge, die uns wie Magie erscheinen«, so resümiert David M. Jacobs. »Sie lassen Menschen und ihre Kleidung durch feste Materie hindurchwandern, durch Fenster, Wände und Zimmerdecken. Sie bringen sich selbst wie auch Menschen oder andere Materie dazu, unsichtbar zu werden, wenn sie sich außerhalb der Grenzen des UFOs befinden. Unter Anwendung von Lichtstrahlen transportieren sie die Opfer und sogar deren Automobile an den Bestimmungsort. Sie scheinen über eine Beobachtungsgabe zu verfügen, die sie nicht nur befähigt, ihre Opfer aufzufinden, sondern auch die biologisch günstigste Zeit für eine Entführung zu bestimmen.

Einige ihrer herausragendsten Fähigkeiten jedoch entfalten sie, wenn es um Manipulationen des menschlichen Geistes geht. Sie verändern Bewußtseinszustände ... sie verändern visuelle Wahrnehmungen ... sie schalten sich in den Willensakt der Leute ein und zwingen sie, bestimmte Dinge gegen deren eigenen Willen zu tun – und dies vermögen sie aus weiter Ferne zu bewerkstelligen ...«

In einer ganzen Reihe von Fällen hatten die Entführten jedoch nicht den Eindruck, die Fremden wären den Menschen oder allgemein dem Leben auf der Erde gegenüber feindlich eingestellt. Sie scheinen Schmerz und Furcht zu kennen, und oftmals versuchen sie auch, die Abduzierten zu besänftigen und zu beruhigen, nach dem Motto: »Es muß sein, es ist zu eurem Wohle.« Doch wem dienen *unsere* Tierversuche? *Uns* Menschen. Wem dienen die Experimente der Fremden? *Uns?* Analogieschlüsse sind hier sicherlich von vornherein zum Scheitern verurteilt. Und wenn die großen Unbekann-

ten, die hinter den Entführungen stehen, moralisch ebensoweit entwickelt sind wie technologisch, so sollten uns ihre Absichten eigentlich voll und ganz zum Besten gereichen. Vielleicht befinden wir uns momentan in einer neuen genetischen Umgestaltungsphase hin zu einer – nun, vorsichtig ausgedrückt – anderen Form des Menschseins.
Welche Wahrheit auch immer mit all jenen gespenstischen Abduktionen verbunden sein mag, fest steht, daß irgendeine reale Kraft die Opfer zu ebenso realen Ängsten und Befürchtungen treibt – es gibt einfach viel zu viele Gemeinsamkeiten, als daß den so außergewöhnlichen Schilderungen eine faktische Grundlage abgesprochen werden könnte! Beruhen sie gar auf Manifestationen – Materialisationen oder Projektionen – einer Superzivilisation? Momentan bleibt uns nicht mehr als eine vage Ahnung.
Die beiden amerikanischen Forscher Jerome Clark und D. Scott Rogo spekulieren: »Gehen wir einmal davon aus, daß irgendwo im Universum eine Intelligenz oder Kraft existiert, die wir in Ermangelung einer besseren Umschreibung ›Das Phänomen‹ nennen wollen, welche Projektionen verschiedener Art in unsere Welt aussendet. Wir wissen nicht, wo die eigentliche Ursache dieser Projektionen oder dieser Intelligenz angesiedelt ist. Sie könnte außerirdisch oder interdimensional sein oder aber nichts als ein automatischer natürlicher Mechanismus, der mit unserer Welt in Verbindung steht... Welche Natur dieser Kraft auch immer zugrunde liegen mag, sie weiß in jedem Falle, worüber wir nachdenken, und liefert Visionen, welche diesen Anliegen gerecht werden.« Scott Rogo hält Entführungen durch UFOs für in physischem Sinne reale Ereignisse, für »im dreidimensionalen Raum materialisierte Dramen, hinter denen ›Das Phänomen‹ steckt. Es handelt sich um Träume, welche ›Das Phänomen‹ auf erschreckend plastische Weise lebendig hat werden lassen...«

Ob diese Vermutung wirklich zutrifft? Wieder stellt sich die Frage, wo Träume enden und die Realität beginnt. Welcher Dimension entstammen die fremden Wesenheiten, wie viele Dimensionen existieren, wie ist unser Raum-Zeit-Gefüge beschaffen und: Gibt es Mittel und Wege, dieses Gefüge zu verändern, zu durchbrechen und somit neue Welten zu erschließen?
Jüngste Entdeckungen im All genau wie spektakuläre neue Ideen innovativer Wissenschaftler legen die Existenz solcher phantastischen Wege zu den Sternen tatsächlich nahe...

23

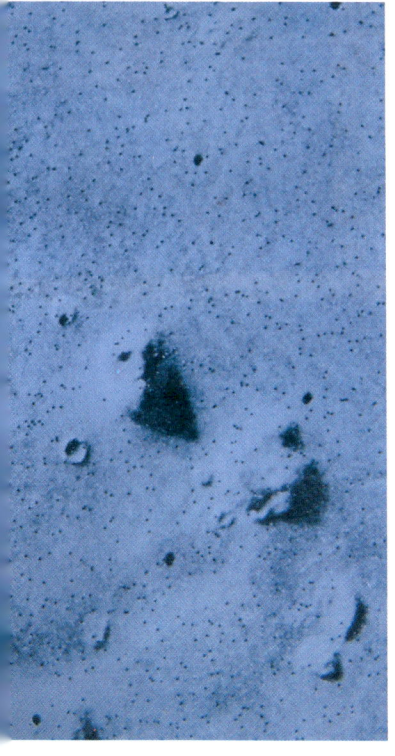

25

26

27

29

30

Der endgültige Beweis? Ein neues sensationelles Foto des »Mars-Gesichtes« oder eine geschickte Fälschung? Angeblich funkte die Sonde »Mars-Observer« dieses Bild 20. August 1993 zur Erde, kurz bevor ihre Funkverbindung abbrach.

Noch einmal das steinerne Antlitz des Mars, hier auf einer Aufnahme der »alten« ng-Raumsonde, die den Roten Planeten Mitte der siebziger Jahre eingehend erkundete.

Terraforming: Eine Vision des Mars im Jahr 100.000.

Diese gerade Schotterstraße führt direkt in die geheimnisvolle »Schwarze Welt«. Der asser deutet in Richtung der Groom-Berge, hin zur wohl unheimlichsten Militärbasis Erde – Area 51 in Nevada.

Pat und Joe Travis aus Rachel, Nevada, an der Hintertüre ihres Motels, durch die eines nds ein fremdartiges Licht drang und den Raum erfüllte.

Der »Dreamland«-Spezialist Glenn Campbell mit einem mysteriösen Sensor, den er e der verbotenen Zone fand.

An dieser Stelle unweit der Area 51 sollen am Abend des 16. März 1993 William ilton und seine Frau Pamela in ein unbekanntes Flugobjekt entführt worden sein.

Panorama-Blick auf Area 51, die supergeheime Militär-(UFO?)-Basis am Groom-e. Hinter den bläulichen Bergen im Westen liegt das Gelände »S-4« am Papoose-Lake.

Unerklärliche Lichter, die 1990 über Greifswald in Deutschland erschienen. Zahllose iche Objekte sowie Landungen und Nahbegegnungen belegen die Realität eines bis-unverstandenen Phänomens.

Schwarze Löcher: Sternengräber oder Tunnel zu anderen Welten?

34 Die Galaxie NGC 1275 (oben), und der Quasar 3C273 (unten). Bergen solche raumexoten Hinweise auf Aktivitäten von Superzivilisationen?

Kürzlich entdeckte das »Hubble-Weltraumteleskop« dieses mysteriöse Kreuz im trum der Galaxie M 51. Astronomen vermuten darin ein riesiges Schwarzes Loch.

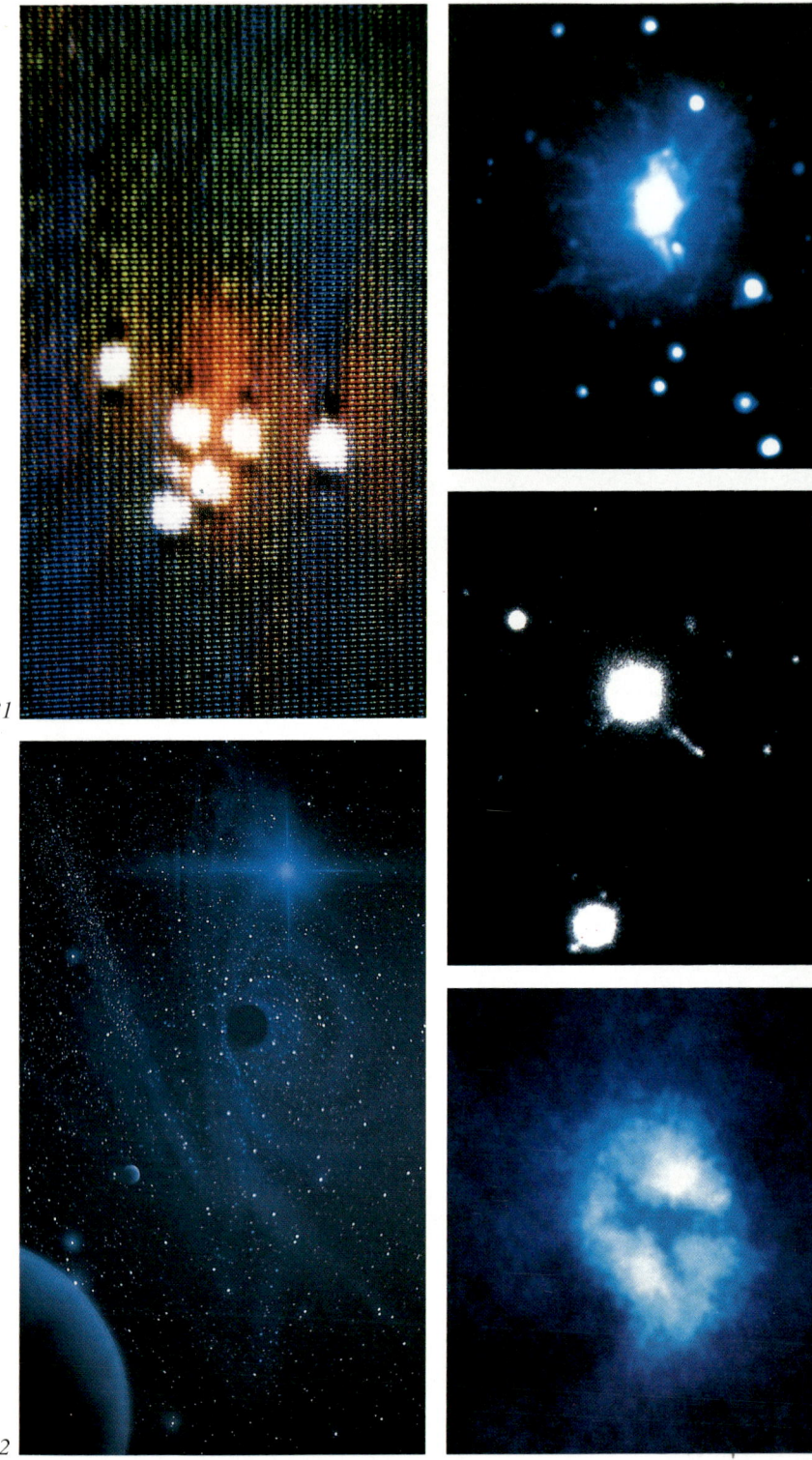

31

32

11 Dimensionslabyrinthe
Wege in andere Welten?

Science-fiction-Autoren träumen bereits seit langem davon – von Zeitreisen in vergangene oder zukünftige Epochen der Welt und des Weltalls, sie träumen von waghalsigen Expeditionen durch den Hyperraum und einer höherdimensionalen »Durchtunnelung« des Universums gleichsam in Nullzeit. Könnte es tatsächlich derartige »Abkürzungen« im Verkehrsnetz des Universums geben, rasante Schleichwege, die uns ohne irgendeinen Zeitverlust riesige stellare und galaktische Distanzen zu überwinden ermöglichen?
Vor kurzem gelang einer Gruppe englischer Physiker der Nachweis potentieller Pforten zu solchen »Supraleitern« des Alls. Sie fanden: Schwarze Löcher. Endlich, nach Jahrzehnten der Unsicherheit, machten die Wissenschaftler jene so mysteriösen, geradezu unheimlichen und bedrohlichen Materiefallen dingfest, lockten jene Phantome aus nüchternen Formalismen komplizierter Theorien hervor – ins Licht realer Naturphänomene.
So lange galten diese hyperverdichteten Sternengräber als rein hypothetische Gedankengebilde; nun jedoch liegen die Beweise vor. Und gerade die Schwarzen Löcher spielen eine Schlüsselrolle in jenen Theorien, welche sich den phantastischeren Aspekten von Reisen in die Raumzeit und Einbrüchen in unbekannte Dimensionen zuwenden. Die Kollapsare, wie diese auf direktem Wege nicht sichtbaren Gebilde auch genannt werden, gleichen Toren in den kolossalen Mauern der Unendlichkeit, Tunneln im Gebirge des Raumzeit-Gefü-

ges. Einige Physiker ließen in den letzten Jahren Spekulationen verlauten, daß sich durch Schwarze Löcher eventuell die so universelle wie lästige Barriere der Lichtgeschwindigkeit überlisten und ein Zugang zu höheren Dimensionen finden lassen könnte.

Diese Ideen, genau wie einige andere Entdeckungen und Theorien der letzten Jahre, weisen auf eine weit komplexere Struktur unserer Welt, als die meisten von uns zunächst geneigt sind zu vermuten. Wissenschaftler rechnen heute mit zehn, zwanzig oder gar noch mehr Dimensionen, die freilich in keinerlei Weise mehr bildlich vorstellbar sind. Diese zusätzlichen Dimensionen dürften in den ersten Augenblicken der Weltentstehung, zur Zeit des Urknalls, für Bruchteile winzigster Zeitbruchteile in irgendeiner Form, mit irgendeiner Wirkung frei existiert haben, müssen sich dann jedoch sehr schnell und ganz diskret »eingerollt« und damit von der aktiven kosmischen Bühne in ein unsichtbares, magisches Reich zurückgezogen haben. Werden wir diese »Cannelloni-Welten« eines Tages einmal wiederentdecken und – im Wortsinne – »entwickeln«? Werden wir sie gar in irgendeiner Weise zu nutzen verstehen? Könnten andere fortgeschrittene Weltraumtechnologien solche Dimensionslabyrinthe vielleicht bereits für ihre Raumreisen nutzen, und wenn, wie?

> »Wenn ich in den Grübeleien eines langen Lebens etwas gelernt habe, so ist dies, daß wir von einer tiefen Einsicht in die elementaren Vorgänge viel weiter entfernt sind, als die meisten Zeitgenossen glauben.«
>
> ALBERT EINSTEIN an Max von Laue (1955)

Der wohl größte Physiker unseres Jahrhunderts wurde nie begraben. Albert Einstein, der am 18. April 1955 starb, hatte verfügt, daß sein Körper verbrannt und die Asche an einem unbekannten Ort in alle Winde verstreut werden solle. Sein Gehirn aber möge wissenschaftlichen Untersuchungen zugeführt werden, was auch geschah.
Viele Jahre nach Einsteins Tod machte sich Steven Levy, ein Reporter aus New Jersey, auf die Suche nach dem Gehirn des Genies. Im Büro des Pathologen Thomas Harvey, Leiter eines Versuchslabors in Wichita, Kansas, wurde er schließlich fündig: Die wichtigsten Teile waren freilich bereits seziert und an einzelne Spezialisten geschickt worden, doch waren bei Harvey noch Einsteins Kleinhirn und Teile der Großhirnrinde verblieben. Der Pathologe hatte sie in einem formalingefüllten Einmachglas mit Schraubverschluß konserviert und in einer Pappschachtel mit der Aufschrift »Costas Apfelmost« unter einer Kühlbox für Bier verstaut!
Der Anblick des makabren Präparats löste bei Levy Bestürztheit aus: »Ich war aufgestanden, um in das Glas zu blicken. Dann aber sank ich in den Sessel zurück – sprachlos. Meine Augen waren auf das Glas gerichtet, während ich zu begreifen versuchte, daß diese unansehnlichen Fragmente, die da auf und ab schwappten, eine Revolution der Physik ausgelöst und sicher wohl den Gang der Zivilisation verändert hatten. Da war es also!«

Ja, da war es. Da in der trüben Flüssigkeit schwebten die faserigen Reste eines der erfolgreichsten menschlichen Denkapparate aller Zeiten. Rein äußerlich war keinerlei Unterschied zu irgendeinem x-beliebigen anderen Gehirn festzustellen. Die graue Hirnsubstanz Einsteins hielte sich, wie Thomas Harvey bemerkt, »für einen Menschen seines Alters durchaus in normalen Grenzen«. Selbst Experten auf dem Gebiet der Hirnforschung können bis heute das »Warum« der Genialität nicht lokalisieren. Das Phänomen des menschlichen Geistes bereitet *sich selbst* nach wie vor eines der hartnäckigsten Verständnisrätsel.

Albert Einstein – dieser Name wird bis in die Gegenwart ganz besonders mit der Relativitätstheorie identifiziert, auch wenn sie bei weitem nicht Einsteins einzige überragende Arbeit darstellt. »Warum schwatzen die Leute immer von meiner Relativitätstheorie?« wunderte sich auch Einstein selbst. »Ich habe doch noch andere brauchbare Sachen gemacht, vielleicht sogar noch bessere. Aber davon nimmt das Publikum überhaupt keine Notiz.«

Die Relativitätstheorie hat wohl deshalb soviel Furore in der Öffentlichkeit bereitet, weil sie mit offensichtlichen Paradoxien geradezu gespickt zu sein scheint, weil sie dem gesunden Menschenverstand einen Streich nach dem anderen zu spielen scheint. Sie läuft unserem Denken auf den ersten Blick schlichtweg zuwider. Wie äußerte sich Martin Luther bei einer seiner Tischreden 1539 über Nikolaus Kopernikus? »Dieser Narr möchte die ganze Kunst Astronomia auf den Kopf stellen, doch die Heilige Schrift sagt uns, daß Josua die Sonne stillstehen hieß, und nicht die Erde.« Das von Kopernikus propagierte heliozentrische Weltbild bewirkte einen Umbruch in der Astronomie, der für die meisten Zeitgenossen einfach nicht nachvollziehbar oder akzeptierbar war. Ähnlich verhielt es sich mit Einsteins Ideen. In den zwanziger Jahren soll ein Journalist den bedeutenden Astronomen und Relativitätstheoretiker Sir Arthur Eddington gefragt haben, ob es denn stimme, daß nur drei Menschen auf der Welt diese Theorie völlig verstanden hätten. Erst nach einer ganzen Weile antwortete ihm der Forscher: »Ich überlege, wer der dritte sein könnte.«

Gerade weil sie sich als so ungewöhnlich und beinahe unverständlich erwiesen, erregten Einsteins Konzepte die größte Aufmerksamkeit weiter Kreise, gleichzeitig aber stießen sie oftmals auch auf Ablehnung und sogar erbitterte Gegnerschaft, ja Feindschaft – keine Seltenheit in der Geschichte großer wissenschaftlicher Entdeckungen. In Einsteins Fall gesellten sich zu Neid und Mißgunst zunehmend auch antisemitische Motive. Da war von »entarteter«, »jüdischer« Physik die Rede – als ob es mehrere unterschiedliche Arten von Physik gäbe! Einstein mußte Spott, Beleidigungen und Bedrohungen hinnehmen, seine Theorie galt einigen nur mehr als »jüdischer Weltbluff«. Besonders traurig war, daß sich an den Hetzkampagnen – wenn auch nur vereinzelt – sogar bedeutsame Forscher beteiligten, allen voran die beiden Nobelpreisträger Philipp Lenard und Johannes Stark.

Nicht zuletzt ist es oft der unerschütterliche Glaube an die Allgemeingültigkeit des vielbeschworenen »gesunden Menschenverstandes«, der den Zugang zu unkonventionellen neuen Gedankengebäuden verwehrt. »Der gesunde Menschenverstand«, so definierte es Einstein einmal, »– das sind all die Vorurteile, die sich bis zum 18. Lebensjahr im Bewußtsein ausgebildet haben.«

Werfen wir diese so hinderlichen Denkgewohnheiten nun einmal komplett über den Haufen, wenn wir wenigstens einige Glanzlichter der Physikrevolution unseres Jahrhunderts hier kurz streifen wollen.

1905 veröffentlichte Einstein seine legendäre »Spezielle Relativitätstheorie«. Aus ihr folgt, daß die Lichtgeschwindigkeit konstant und unabhängig von den Bewegungen eines beliebigen Systems ist. Nach Einstein gibt es im gesamten Universum nichts, was sich schneller zu bewegen vermag als Licht. Prinzipiell kann kein materieller Gegenstand die Lichtgeschwindigkeit erreichen, denn hierzu wären unendlich hohe Beschleunigungsenergien erforderlich. Da selbst im gesamten Universum nicht unendlich viel Energie zur Verfügung steht, stellt die Lichtgeschwindigkeit eine offenbar unüberwindliche obere Grenze dar. Dies gilt frappanterweise auch, wenn zwei Objekte, die sich jeweils nahezu mit Lichtgeschwindigkeit bewegen, direkt aufeinander zurasen. Ihre Geschwindigkeiten addieren sich nicht einfach, wie das in unserer normalen, alltäglichen Welt der relativ langsamen Bewegungen der Fall ist. Bei relativistischen, also nahezu lichtschnellen Geschwindigkeiten dagegen greift nämlich der sogenannte *Gamma-Faktor* ein, der in der Relativitätstheorie allgegenwärtig ist. Er verhindert eine Addition zur in unserem Universum unerreichbaren Überlichtgeschwindigkeit. Zwei Strahlungsquanten beispielsweise, die jedes für sich mit Lichtgeschwindigkeit in Gegenrichtung durch den Raum schießen, müßten nach Maßgabe des »gesunden Menschenverstandes« relativ zueinander doppelt so schnell sein und auch mit entsprechend überhöhtem Tempo, d.h. mit doppelter Lichtgeschwindigkeit zusammenstoßen können, falls sie sich auf ihrem Weg begegnen. Der Gamma-Faktor jedoch verhindert das. So kollidieren die beiden Teilchen mit nicht mehr als Lichtgeschwindigkeit.

Einstein fand, daß Masse und Energie zwei Ausdrucksformen desselben Phänomens sind, daß Materieansammlungen nichts anderes darstellen als Klumpen riesiger Energiemengen. Die Explosionen der ersten Atombomben haben diese Vorstellung in einer schrecklichen Weise bestätigt. Wenn nun ein Objekt auf die so hohen, relativistischen Geschwindigkeiten beschleunigt werden soll, müssen dazu enorme Bewegungsenergien aufgewendet werden, die sich als eine

entsprechende Massenzunahme bemerkbar machen. So erklärt sich auch die zunächst unsinnig anmutende Tatsache, daß die Masse eines sehr schnell bewegten Objektes zunimmt, je schneller es wird. Dieses Verhalten wird wiederum vom Gamma-Faktor beeinflußt. Die Spezielle Relativitätstheorie sagt noch weitere seltsame Effekte voraus, darunter auch, daß die Zeit in einem sehr schnell bewegten System langsamer ablaufen muß als in einem ruhenden Vergleichssystem. Diese sogenannte Zeitdilatation ist die Grundlage für das vielzitierte »Zwillingsparadoxon«:
Ein Astronaut läßt seinen Zwillingsbruder auf der Erde zurück, während er selbst auf eine relativistische Rundreise ins All aufbricht. Bei 90 Prozent der Lichtgeschwindigkeit läuft seine Zeit mehr als doppelt so langsam ab wie diejenige seines Bruders auf der Erde, bei 99 Prozent bereits über siebenmal langsamer. Rast jener Astronaut mit 99,9 Prozent der Lichtgeschwindigkeit durch den Weltraum, sagen wir einen Monat lang, so sind auf der Erde immerhin schon knapp zwei Jahre verstrichen. Von nun an spielt jeder noch so winzige Promillezuwachs an Geschwindigkeit eine wesentliche Rolle im Ablauf der Zeit. Steigert der kosmische Rennfahrer das Tempo für einen weiteren Monat auf gar 99,999 Prozent, vergehen auf der Erde sage und schreibe nahezu 20 Jahre. Die Rückkehr zur irdischen Heimat wäre wohl mit einem Schockerlebnis für die Zwillinge verbunden: Während der Astronaut sich praktisch nicht verändert hätte, könnte sein ursprünglich gleichaltriger Bruder zu einem Greis gealtert, vielleicht gar schon gestorben sein. Angenommen, der Astronaut hätte Kinder. Sie wären nun möglicherweise um viele Jahre oder Jahrzehnte älter als ihr eigener Vater! Unvorstellbar! Dennoch, Einsteins Theorie beschreibt die reale Welt, das reale Universum in all seiner Phantastik. Tests belegen die Relativität der Zeit.
Die sogenannten μ-Mesonen, beinahe lichtschnelle Teilchen

der kosmischen Höhenstrahlung, weisen gegenüber ihren im Labor künstlich erzeugten, viel langsameren »Zwillingsbrüdern« in der Tat eine viel höhere Lebensdauer auf. Auch die riesigen modernen Teilchenbeschleuniger, wie das »Deutsche Elektronen-Synchrotron« DESY in Hamburg oder auch CERN in Genf, funktionieren nur, weil die Relativitätstheorie »funktioniert«.

In den Jahren nach 1905 weitete Albert Einstein seine Theorie auf die Gravitation aus und veröffentlichte 1916 seine hochkomplizierte »Allgemeine Relativitätstheorie«, kurz ART genannt. In dieser Theorie wird die Zeit zur vierten Dimension. Kombiniert mit den drei räumlichen Dimensionen ergibt sich somit die »Raumzeit«. Die Gravitation stellt sich darin als eine Art Scheinkraft heraus, sie folgt aus einer Veränderung der Geometrie jener Raumzeit in der Nähe materieller Körper. Je größer deren Masse ist, desto stärker kommt die gravitative Wirkung zum Tragen – in der Nähe eines Himmelsobjektes, eines Sterns beispielsweise, wird der Raum mehr oder minder stark »gekrümmt«. Wie können wir uns das vorstellen, wie läßt sich die Raumkrümmung bildlich wiedergeben? De facto ist das überhaupt nicht möglich. Eine reichlich kuriose Situation, die sich uns hier beschert: Wir leben zwar ständig und allzeit in dieser »verbogenen« Weltstruktur, wissen jedoch nicht, wie sie nun eigentlich aussieht und zu beschreiben wäre. Einzig Modellvorstellungen und Analogien können etwas Licht in diese seltsame Angelegenheit bringen.

Denken wir uns eine große, glatte Kugel, ähnlich der Erde (sehen wir jetzt einmal von ihren topographischen Merkmalen ab). Ihre Oberfläche ist lediglich zweidimensional. Wir können uns auf ihr frei nach allen Richtungen hin bewegen, unser jeweiliger Aufenthaltsort aber läßt sich bereits durch nicht mehr als zwei Koordinaten präzise beschreiben – diese Aufgabe übernehmen die irdischen Längen- und Breitenkreise. Wir stoßen auch nirgendwo an einen Rand (so wie ihn die alten Seefahrer bei einer scheibenförmigen Erde erwarteten). Zwar ist die Kugeloberfläche keineswegs unendlich groß, doch erweist sie sich als unbegrenzt, da sie eine in sich geschlossene Einheit darstellt. Das allerdings wird nur dadurch möglich, daß diese Fläche gekrümmt ist, gekrümmt in eine höhere Dimension – in den für uns ganz unproblematisch vorstellbaren dreidimensionalen Raum. Nur darin läßt sich eine Kugel unterbringen. Einstein kam nun in seiner ART zu dem Ergebnis, daß auch dieser Raum der drei Dimensionen, ganz ähnlich der Oberfläche einer Kugel, in eine zusätzliche Dimension gekrümmt ist, was sich nun allerdings in der Tat jeglicher Vorstellbarkeit entzieht und nur durch die Kugelanalogie einigermaßen nachvollziehbar wird. Doch niemand – ob nun blutiger Laie oder spezialisierter Physikprofessor – kann sich das wirklich bildlich vorstellen, nicht einmal Einstein selbst konnte das. Der gekrümmte Raum ist ein Abstraktum. Und dennoch Realität. Zahlreiche Experimente haben Einsteins Weltbild immer wieder glänzend bestätigt.

Berühmt ist der Versuch von Arthur Eddington, der die Richtigkeit der ART nur drei Jahre nach ihrer Veröffentlichung erwies. Nach Einstein besitzt auch Licht (als elektromagnetische Energieform) eine Masse, muß also gravitativ von anderen Massen beeinflußbar sein. Laufen beispielsweise die Lichtstrahlen weit entfernter Sterne auf ihrem Weg zur Erde nahe an der Sonne vorbei, dann müßten sie durch deren starkes Schwerefeld von ihrem ursprünglichen Kurs abgelenkt werden. Zudem krümmen die riesigen in der Sonne vereinten Massen den Raum um sie herum und leiten das Licht ebenfalls ab. Beide Effekte wirken in der gleichen Richtung, addieren sich also auf und können gemessen werden. Wie aber sollte man das schwache Sternenlicht direkt neben der gleißenden Sonnenscheibe am hellen Taghimmel

sehen können? Normalerweise ist das tatsächlich unmöglich. Gelegentlich aber schiebt sich der Mond vor die Sonne und verfinstert sie in einem grandiosen Schauspiel. Für wenige Minuten herrschen Tag und Nacht zugleich, und die am Himmel der Sonne benachbarten Sterne werden sichtbar. Am 29. Mai 1919 fand wieder eine derartige totale Sonnenfinsternis statt – dies war der Augenblick, um den entscheidenden Test durchzuführen. Die Stunde der Wahrheit von Einsteins Universum war gekommen. Die Sterne standen günstig, denn an jenem Tag befand sich die Sonne vor einer kleinen Ansammlung hellerer Sterne, dem Sternhaufen der »Hyaden« im Sternbild Stier.
Zur Beobachtung des spannenden Ereignisses entsandte die »Londoner Astronomische Gesellschaft« sicherheitshalber getrennte Expeditionen in zwei weit voneinander entfernte Finsternisgebiete. Schließlich konnte das Wetter an einem Beobachtungsort vielleicht nicht mitspielen, womit dann alle Mühen umsonst gewesen wären. So verfolgte eine Expertengruppe das Geschehen von Sobral in Nordbrasilien aus, während die andere Mannschaft unter der persönlichen Leitung von Sir Arthur alle Messungen von der portugiesischen Insel Principe im Golf von Guinea durchführte.
Anfangs stimmten die Sichtbedingungen alles andere als optimistisch. Sir Arthur erinnert sich an die letzten, von Unruhe und Nervosität geprägten Stunden vor dem bedeutenden Himmelsereignis: »An dem Tag der Sonnenfinsternis war das Wetter ungünstig. Als die totale Finsternis eintrat, war die dunkle Scheibe des Mondes, umgeben von der Korona, nur durch Wolken sichtbar, ungefähr so, wie der Mond oft bei Nacht hinter Wolken aussieht, wenn die Sterne nicht sichtbar sind. Aber wir konnten nichts anderes tun, als das Programm ablaufen zu lassen, wie es vorgesehen war, und auf das Beste zu hoffen...« Dann endlich ist es soweit: »Oben vollzieht sich ein wunderbares Schauspiel, wie

später die Fotografien zeigen, eine gewaltige Protuberanz schwebt 100 000 Meilen über der Oberfläche der Sonne. Aber wir haben keine Zeit, uns das anzusehen. Wir spüren nur das seltsame Zwielicht der Landschaft und die nur von den Zurufen der Beobachter unterbrochene Stille der Natur und das Ticken unseres besten Metronoms, das die 302 Sekunden der totalen Finsternis abzählt.«

Eine Fotografie zeigte sogar eine ganze Reihe von Sternen neben der Sonne. Auch die brasilianische Gruppe brachte gute Resultate nach Hause. Eddington verglich die Sternaufnahmen mit gewöhnlichen Fotografien, die zu Zeiten entstanden, als die Sonne sich weit abseits der Hyaden befand. Tatsächlich hatten sich die Positionen der einzelnen Sternbildchen deutlich gegeneinander verschoben, genau um den von Einstein vorhergesagten Wert! Eine unbezweifelbare Bestätigung seiner Allgemeinen Relativitätstheorie!

Gravitierende Massen krümmen den Raum. Die Materie in Einsteins Kosmos – Sterne, Nebel, Galaxien – läßt das All zu einer in sich geschlossenen Einheit verschmelzen. Aus diesem Universum, gleichsam einer »Hyperkugel« oder »Hypersphäre«, gibt es offenbar kein Entrinnen. Sein Volumen ist nicht unendlich, doch stoßen wir nirgends an eine Grenze. Wenn wir irgendwo auf unserer Erdkugel zu einer Reise aufbrechen und uns vornehmen, die Marschrichtung, was auch immer kommen möge, nicht zu ändern, dann würden wir irgendwann fraglos wieder unseren Ausgangspunkt der Reise erreichen. Genauso erginge es uns auf einer megagalaktischen Kreuzfahrt durch das Universum. Wohin wir auch steuerten, die Raumkrümmung würde uns nach unermeßlichen Zeitaltern wieder in unseren kosmischen Heimathafen zurückführen. Unsere Welt ist ein wahrhaft endlos geflochtenes Band, eine Schlange, die sich selbst in den Schwanz beißt!

Bleiben wir noch für einen Moment bei der so faszinieren-

den wie rätselhaften Raumkrümmung. Wohl jeder hat schon einmal die sehr anschauliche Demonstration dieses Effektes gesehen, bei der ein elastisches Gummituch fest über einen Rahmen gespannt wird, so daß es zunächst eine völlig ebene Fläche bildet. Wird nun beispielsweise eine Metallkugel in die Mitte des Tuches gelegt, so dehnt es sich unter ihrem Gewicht aus; um die Kugel herum bildet sich eine Art Trichter, der um so ausgeprägter ausfällt, je größer und schwerer die Kugel ist. Rollt man nun eine zweite, kleinere Metallkugel in diese Mulde, folgt sie deren Krümmung und beschreibt kurzfristig eine Bahn um die zentrale größere Kugel, bis sie schließlich, abgebremst durch den Gummi, auf sie fällt. Im Weltall gibt es praktisch keine Reibungskräfte, und ein Planet kann sich in der Regel für Äonen in einem Orbit um seinen Stern halten. Im übrigen ist die Situation dem Versuch mit dem Gummituch sehr ähnlich.
Der Mond umkreist die schwerere Erde, weil ihre größere Masse den Raum um sie stärker krümmt. Die gewaltige Sonne aber reißt einen ungleich größeren Trichter ins Raum-Zeit-Gefüge, der seinerseits Erde und Mond auf »krumme Bahnen« um sie zwingt. Doch existieren noch weit mächtigere »Gravitationsmaschinen« im Weltall: ausgebrannte, kollabierte Sonnen, bestehend aus überdichter Materie. Der Schwerkraftsog an ihrer Oberfläche ist unvorstellbar.
Schon die Weißen Zwerge bestehen aus millionenfach verdichteter Sternmaterie. Sterne, die am Ende ihres »Lebens« noch mehr als die anderthalbfache Sonnenmasse auf die Waage bringen, stürzen gar zu Objekten von der Dichte eines Atomkerns zusammen. Ihre Protonen und Elektronen werden zu Neutronen (elektrisch neutralen Kernpartikeln) vereint – sie bilden auf diese Weise gewissermaßen kilometergroße Atomteilchen aus »Neutronium«. Ein gestrichener Teelöffel dieser exotischen Sternenasche würde hier auf der Erde Milliarden Tonnen wiegen! Und trotz alledem gibt es

eine weitere Steigerungsstufe in diesem Wettbewerb der kosmischen Dichtegiganten! Wiederum ist es Einsteins ART, aus der dieser stellare Superlativ folgt, aus der sich herauskristallisiert, wie die Gravitation zum alleinigen Sieger über alle anderen Kräfte im All wird. Überschreitet ein Stern die magische Grenze von rund drei Sonnenmassen, so gibt es in seinem Endkollaps keinen Halt mehr. Die Atome zerbrechen, ihre Bestandteile verschmelzen zu Neutronen, doch auch sie können dem unendlichen Druck, dem apokalyptischen Sog der Schwerkraft nicht widerstehen. Ihre eigene Macht läßt die Materie im Nichts versinken, schlingt sie hinein in das *Schwarze Loch*.

In ein solch stellares Ungetüm stürzende Massen geben kurz vor ihrem Verschwinden noch einen Schwall von Röntgenstrahlung ab. Ein letztes intensives, doch für unser Auge unsichtbares Licht, eine flammende Botschaft des Todes.

Kürzlich entdeckten Astronomen aus England ein nicht direkt beobachtbares Objekt im Röntgensternsystem A0620-00 zwischen den Sternbildern Orion und Einhorn. Das Ergebnis der Massenbestimmung verschlägt einem wahrlich den Atem: Jener dunkle Körper vereint *16 Sonnen* in sich! Ohne jeden Zweifel ein Schwarzes Loch! Diese sensationelle Entdeckung bestätigt Einstein auf ein neues!

Schwarze Löcher lassen all die in sie einströmende Materie in einem einzigen, unendlich kleinen und unendlich dichten Punkt verschwinden, auch »Singularität« genannt. Die Singularität baut um sich herum eine geheimnisvolle Sphäre auf, den »Ereignishorizont«, der jene schwarze Welt von der unseren trennt. Nichts, was diese Zone auch nur streift, vermag ihr zu entrinnen, nicht einmal Licht. Schwarze Löcher scheinen sich regelrecht vom übrigen Universum abzukapseln und einen unheimlichen eigenen Kosmos zu bilden, in dessen Zentrum die Singularität lauert, einem alles verschlingenden Ungeheuer gleich. Hier geht die »trichter-

förmige« Raumzeit gleichsam in einen offenbar endlosen Schlauch über und formt somit einen kosmischen Tunnel.
Doch wohin führt dieser Tunnel? Schlagen Schwarze Löcher möglicherweise Brücken zu anderen Universen, hin zu anderen Räumen, Zeiten und Dimensionen? Eine verrückte Idee! Dennoch hat sie nicht nur in Science-fiction-Romane Eingang gefunden. Einige phantasievolle, doch nichtsdestoweniger ernst zu nehmende Wissenschaftler haben diese Möglichkeit bereits gleichfalls theoretisch erwogen. Demnach könnten jene Tunnels sogar Abkürzungen in unserer Raumzeit darstellen. Auf ihren Wegen ließe sich die Barriere der Lichtgeschwindigkeit umgehen. Nicht das Reisetempo würde dabei erhöht, sondern die Distanz zwischen zwei weit entfernten Punkten im All verkürzt.
Betrachten Sie einmal die beiden aufgeschlagenen Seiten dieses Buches. Die Seitenzahlen unten liegen jeweils an den Extrempunkten des Textes, ganz links beziehungsweise rechts. Nun können Sie die Zahlen freilich leicht zusammenführen. Sie brauchen nur umblättern, und die Distanz ist plötzlich auf Null geschrumpft – die beiden betreffenden Punkte sind zur Deckung gebracht. Ein hypothetisches zweidimensionales Miniwesen, das beispielsweise auf der rechten Seitenzahl säße, wäre beim Weiterblättern sofort zur linken Zahl gelangt, ohne erst die weite Strecke unter dem gesamten Text entlangwandern zu müssen. Von dem Bogen, den es durch den dreidimensionalen Raum nahm, hätte dieses Flächenwesen wohl nicht viel mitbekommen. Ganz analog können wir uns eine Reise durch den Hyperraum vorstellen.
Bereits 1916 fand der deutsche Astronom Karl Schwarzschild Lösungen für Einsteins Feldgleichungen der ART, die besagen, daß solche Tunnel in der Raumzeit existieren können. Diese mit dem unschönen Namen »Wurmlöcher« belegten Strukturen, verbinden jeweils zwei Schwarze Löcher

miteinander. Wer sie jedoch als Abkürzungen für interstellare Ausflüge nutzen möchte, gerät leider in eine Sackgasse. Ein Schlauch mit zwei Schwarzen Löchern an den Enden kann nichts Gutes verheißen. Ihr gewaltiger Sog würde einen derartigen Tunnel sofort, praktisch im Moment seines Entstehens, zum Einsturz bringen.

In dem 1985 erschienenen Science-fiction-Roman »Kontakt« aus der Feder des Astronomen Carl Sagan wird die Menschheit von einer außerirdischen Hochzivilisation genau instruiert, wie sie eine Raumbrücke zwischen der Erde und dem Zentrum der Milchstraße errichten könnte. Kurze Zeit nach dieser Veröffentlichung begannen sich drei namhafte theoretische Physiker, Michael Morris, Kip Thorne und Ulvi Yurtsever vom California Institute of Technology (Caltech), mit der prinzipiellen Realisierbarkeit des von Sagan entworfenen Szenarios zu befassen und publizierten ihre verblüffenden Ergebnisse im September 1988 in der Fachzeitschrift »Physical Review Letters«. Um ihren Gedanken zu folgen, müssen wir nun den Makrokosmos verlassen und, wenigstens für einige Augenblicke, tief in die abenteuerlichen Welten des Mikrokosmos eindringen.

Bereits auf der winzigsten Ebene der Naturerscheinungen, unvorstellbar weit unterhalb subatomarer Größenordnungen, existieren gravitative Störungen nach Art der Schwarzen Löcher. Die moderne Quantenfeldtheorie geht davon aus, daß allen Kräften ein Austausch von Mittlerteilchen zugrunde liegt, sowohl den elektromagnetischen und den Kernkräften als auch der Gravitation. Diese Teilchen entstehen praktisch aus dem Nichts, d. h. präziser ausgedrückt, aus dem Vakuumzustand. Das klingt zunächst nach purer Zauberei. Wie sollte Materie und damit Energie aus dem Nichts geschaffen werden? Im makroskopischen Bereich würde das eine nicht wieder gut zu machende Verletzung des sakrosankten Energieerhaltungssatzes der klassischen

Physik nach sich ziehen! Nicht so im Quantenraum, der Welt des Allerkleinsten, die sich zunehmend als erfüllt von faszinierenden Scheinparadoxien erweist. Hier, in diesem physikalischen Wunderland, können Teilchen aus der Energie des Vakuums, das demnach gar nicht so leer ist, ins Sein treten; allerdings nur für sehr, sehr kurze Zeiträume. Sie können für diese Zeit, die unterhalb einer definierten Schwelle liegen muß, wirksam werden und lösen sich anschließend wieder auf. Genau für diese bestimmte Zeit drückt die Natur gewissermaßen ein Auge zu und ermöglicht den geheimnisvollen »virtuellen Teilchen«, wie sie auch genannt werden, das geisterhafte Dasein subatomarer Eintagsfliegen. Im Quantenbereich sind also vorübergehend unter anderem auch Verletzungen der Energieverhältnisse möglich, doch die Toleranz ist nicht sehr groß. Nach unseren Maßstäben muß die Energiebilanz praktisch sofort wieder ausgeglichen werden. Die berühmte »Heisenbergsche Unschärferelation«, die all diese winzigen Toleranzen beschreibt, erlaubt dem Vakuum, ständig neue virtuelle Teilchen und Antiteilchen zu produzieren. Auch Gravitationsfelder werden durch diese Vakuumschwankungen, durch diese Fluktuationen auf kleinster Skala dramatisch verändert und verformt. Gedanklich ins Unermeßliche vergrößert, dürften sie uns als regelrechte labyrinthische Landschaften aus steilen, zackigen Gebirgen, tiefen Tälern, aus Bögen, Brücken oder auch Wurmlöchern erscheinen.

Der US-amerikanische Physik-Professor John Archibald Wheeler, ein Freund Albert Einsteins, geht davon aus, daß in diesem »Quantenschaum« schwarze Mini-Löcher existieren, die über Wurmlöcher mit sogenannten Weißen Löchern (ebenfalls im Miniformat) verbunden sind. Wie schon ihr Name vermuten läßt, stellen sie das absolute Gegenteil ihrer unsichtbaren Geschwister dar. Während Schwarze Löcher gleichsam »Implosionsherde« sind, die alles in ihrer Nähe

gierig verschlingen, bilden die Weißen Löcher Orte explosiver Aktivitäten. Materie gelangt von ihnen nicht »hinaus« in fremde Raumzeiten, sondern herein in unser bekanntes Universum.
Wie ließe sich diese seltsame Konfiguration: Schwarzes Loch – Wurmloch – Weißes Loch sinnvoll für die Zwecke blitzschneller interstellarer oder gar intergalaktischer Raumfahrt nutzen? Diese Frage führt uns wieder zu dem oben erwähnten Artikel von Morris, Thorne und Yurtsever zurück. »Wir können uns eine fortgeschrittene Zivilisation vorstellen, die dem Quantenschaum ein Wurmloch entreißt und es zu einer makroskopischen Ausdehnung vergrößert«, so sagen sie. Ein beliebiges Objekt, zum Beispiel ein »Hyperraumschiff«, könnte dann durch das Schwarze Loch beschleunigen, anschließend den Dimensionssprung vollziehen und zuletzt am anderen Ende des Tunnels aus dem Weißen Loch wieder austreten, hunderttausend, Millionen oder Milliarden Lichtjahre vom Startpunkt entfernt. Was hier nach einem technischen Kinderspiel klingt, wäre freilich in der Praxis ein mehr als kompliziertes, abenteuerliches und gefährliches Unterfangen voller Hindernisse und Probleme. Wir haben gegenwärtig nicht die geringste Vorstellung, wie sich ein derartiger Flug in die Tat umsetzen ließe. Die mathematische Theorie läßt uns lediglich erahnen, welche Möglichkeiten eine kosmische Superzivilisation hätte, mit welchen Schwierigkeiten wohl auch sie zunächst zu kämpfen hätte, wenn sie ein dermaßen komplexes Großprojekt in Angriff nähme. Eines der Hauptprobleme dabei wäre, den gravitativ immens beanspruchten Tunnel vor einem frühzeitigen Zusammenbruch zu bewahren und dem Hyperraumschiff genügend Zeit zur Durchquerung zu lassen.
Eine Möglichkeit, die Verbindung aufrechtzuerhalten, wäre, im Inneren des Wurmloches ein Antigravitationsfeld zu errichten. Nur wie? Professor Thorne und seine Kollegen ge-

hen von folgenden Überlegungen aus: Schwerkraft wird nicht ausschließlich von der Masse eines Körpers erzeugt, sondern entsteht auch durch den Druck, den sie ausübt. Normalerweise trägt der Druck aber nur einen winzigen Prozentsatz zur Gesamtgravitation bei. Nun kann Druck (im Gegensatz zur Masse) sowohl positiv als auch negativ (Zugkraft) sein. Und das ist bereits der erste Schritt zur Antigravitation: Ließe sich ein System finden, in dem der negative Druck die vorhandene Schwerkraft überwiegt, wäre Antigravitation das Resultat! Bereits 1948 entdeckte der holländische Physiker Hendrik Casimir einen interessanten Effekt. Werden zwei reflektierende, elektrisch leitende Platten parallel und unmittelbar nebeneinander aufgestellt, dann erzeugen sie Störungen im elektromagnetischen Quantenvakuum. So baut sich ein negativer Druck auf, der sich zwischen den Platten als geringe Anziehungskraft, nach außen hin jedoch als Antigravitation äußert.

Die drei Caltech-Physiker glauben, ein dem Casimir-Effekt folgendes System könnte ausreichend Gegendruck liefern, um einen jener Raum-Zeit-Stollen lange genug offenzuhalten. Diese Konstruktion dürfte natürlich nicht zuviel Masse besitzen, sonst würde ihre Eigengravitation den erzeugten Effekt wieder zunichte machen. Das empfindliche Gleichgewicht in diesem phantastischen und nicht weniger unheimlichen kosmischen U-Bahn-Schacht dürfte auch genausowenig vom Gefährt selbst gestört werden, das letztlich hindurchgejagt wird. – Alles in allem ein Himmelfahrtskommando ersten Ranges!

Abgesehen von ihrem Schnellstraßencharakter besitzen die Brücken durch den Hyperraum noch eine andere, mehr als erstaunliche Eigenschaft – sie lassen sich als Zeitmaschinen verwenden! Dazu müßte ein Ende des Wurmloches nahezu mit Lichtgeschwindigkeit wegbeschleunigt, dann wieder abgebremst und zur Ausgangsposition zurückgeführt werden.

Entsprechend dem einsteinschen Zwillingsparadoxon wäre die Zeit am unbewegten Ende weit schneller verstrichen. Alles dort wäre viel stärker gealtert. Das bewegte Loch hätte demgegenüber einen zeitlichen Rückstand zu verbuchen. Rein theoretisch würde ein Astronaut – oder besser: »Temponaut« –, der durch das feststehende (Schwarze) Loch in den Hyperraum einträte, beim Verlassen des bewegten (Weißen) Loches in die Vergangenheit gereist sein!
Vor nunmehr zwei Jahrzehnten schrieb Carl Sagan: »Wenn es im Gefüge des Raum-Zeit-Kontinuums tatsächlich derartige Löcher gibt, dann besteht gar kein Zweifel, daß sich Raumschiffe ihrer bedienen können, um durch Raum und Zeit zu reisen. Das größte Hindernis, das es dabei zu überwinden gälte, wäre die Gezeitenkraft, die das Schwarze Loch ausübt … Dennoch glaube ich, daß eine sehr weit fortgeschrittene Zivilisation in der Galaxis für den galaktischen Schnellverkehr – das ist natürlich reine Spekulation – ein Schwarz-Loch-Transit-System errichtet. Dabei würde ein Fahrzeug durch ein zusammenhängendes Netz Schwarzer Löcher zu demjenigen Schwarzen Loch geschleust, das seinem Bestimmungsort am nächsten liegt.«
Einige Raumfahrtphantasten haben gar schon spekuliert, ob sich Schwarze Löcher, Wurmlöcher und Gravitationsmaschinen vielleicht künstlich erzeugen und nutzen ließen. Das wiederum erinnert nochmals ein wenig an Robert Lazars Berichte über seine Untersuchungen der Flugobjekte auf Area 51 in Nevada. Schenken wir ihm Glauben, dann besteht das Antriebssystem jener scheibenförmigen Objekte aus zwei verschiedenen Hauptkomponenten: Eines dieser Aggregate – in seinem technischen Aufbau in keiner Weise nachvollziehbar – führt Lazar zufolge zu einer Veränderung der Raumstruktur, während die zweite Komponente Gravitationswellen generiert. Dieses bemerkenswerte System erkläre auch die seltsamen zackigen Bewegungen, die die Ob-

jekte bei nächtlichen Testflügen scheinbar ausführten. Denn, so Lazar, die Lichtstrahlen der Flugscheiben würden von deren aktivem eigenem Schwerefeld abgelenkt und verzerrten den tatsächlichen Bewegungsablauf stark.

All dem zufolge verstehen andere Weltraumzivilisationen Gravitationseffekte bereits ausgiebig und sinnvoll für ihre Zwecke zu nutzen. Vielleicht beherrschen sie auch den Hyperraumflug. Wir selbst sind zumindest dabei, diese höheren Dimensionen zu erahnen und langsam für uns zu entdecken, sie in unser Weltbild einzufügen. Immerhin ein Anfang. Wohin mag der Weg uns führen? Wohin hat er andere vielleicht bereits geführt? Theorien über den Anfang des Universums sprechen von zehn und noch mehr ursprünglichen Dimensionen, die kurz nach dem Urknall schon wieder eingerollt und in eine Art kosmischen Dornröschenschlafs versetzt wurden (durch was oder wen auch immer). Wo sind diese Dimensionen jetzt? Wird sich uns ihr Sinn und Nutzen, falls davon überhaupt die Rede sein kann, je erschließen? Viele unbeantwortbare, möglicherweise nie beantwortbare Fragen bleiben. Besitzen kosmische Hochzivilisationen auch ein höheres Dimensionsbewußtsein als wir, eine größere »Dimensionsfreiheit«? Sind wir selbst möglicherweise Gefangene, nicht von, sondern in Zeit und Raum, Dimensionskrüppel ähnlich den bedauernswerten Flachweltlern populärer Physikbücher? Das wäre eine groteske Situation: Wir glaubten, mit unseren Teleskopen die Welt zu durchdringen und sähen dabei nur gerade die Wände unserer »Zelle«. Wir glaubten, uns frei wie Vögel durch Raum und Zeit bewegen zu können und steckten vielleicht dennoch fest wie eine Reißzwecke in der Pinnwand, platt und unbeweglich. Werden wir einst die Chance haben, uns selbst zu befreien? Werden wir sie zu nutzen verstehen? Vielleicht gibt es sogar eine selbsttätige, fortschreitende Entwicklung, die uns zu einer größeren Einheit des Universums hinführt.

12 Die Omega-Struktur
Das verborgene Netzwerk des Lebens

Es war schon ein sehr seltsames Erlebnis, von dem Mrs. Turrell Clarke wieder und wieder berichtete. Eines Abends befand sie sich mit ihrem Fahrrad auf dem Weg zum Gottesdienst, der in der idyllischen Dorfkirche des kleinen englischen Ortes Pyrford in Surrey abgehalten wurde. Wie oft war sie diese Strecke schon gefahren! An jenem Abend jedoch trug sich genau dort etwas ganz Außergewöhnliches zu, etwas, das sich auf Lebenszeit in Mrs. Clarkes Gedächtnis einprägte. Denn urplötzlich fuhr sie nicht mehr auf der modernen Straße, sondern ging einen schmutzigen, schmalen Feldweg entlang; wohin ihr Fahrrad verschwunden war – sie wußte es nicht. Nun kam ihr aus dem Halbdämmer eine Gestalt entgegen, ein Bauer, gekleidet in die Tracht des 13. Jahrhunderts! Der Mann machte eine respektvolle Geste und trat zur Seite, um Mrs. Clarke gewähren zu lassen. In diesem Moment fiel ihr auf, daß auch mit ihrer eigenen Kleidung etwas nicht stimmte, die dem Gewand einer Nonne zu gleichen schien. So schnell, wie jener unerklärliche Spuk gekommen war, so schnell war er auch wieder vorüber – mit einem Male sah sich die verwirrte Frau wieder auf dem ihr vertrauten Weg, in ihrer gewohnten Zeit. Doch nur einen Monat später hatte sie eine weitere, ebenfalls sehr direkte Begegnung mit dem Mittelalter. Diesmal saß sie bereits bei der Andacht in der Kirche von Pyrford, als die Zeit sich erneut zu verschieben begann. So plötzlich wie unmerklich hatte sich die Kirche verwandelt. Der zunächst steinerne Boden bestand nun aus Lehm, die ek-

kigen Fenster waren von Spitzbögen gekrönt. In der Mitte des Gotteshauses standen Mönche in braunen Kutten und sangen einen Choral. Wieder dauerte diese »Vision« nur kurz an, um anschließend der immateriellen, ungreifbaren Erinnerung zu weichen. Mrs. Clarke allerdings wollte nicht glauben, all dies nur halluziniert zu haben. Also begann sie, einige Nachforschungen anzustellen. Tatsächlich gehörte die Kirche der Newark-Abtei an, die vor langer Zeit bis auf diesen kleinen Bau zerstört worden war. Die Mönche der Abtei trugen schwarze Kutten, doch gegen Ende des 13. Jahrhunderts nutzten auch Mönche der Westminster-Abtei die kleine Kapelle von Pyrford, und sie kleideten sich in braune Kutten, genau wie Mrs. Clarke sie gesehen hatte. Beruhte ihr Erlebnis also wirklich auf realen Zusammenhängen?

Mrs. Clarke ist bei weitem nicht der einzige Zeuge solcher Einbrüche fremder Zeiten. Und immer wieder werden neue, ähnliche Berichte bekannt. Wenn wir derartige »Zeitgleiter«, wie diese Phänomene auch genannt werden, nicht a priori abtun wollen, dann stellt sich die gewiß schwierige Frage, wie sie zu begreifen und in unser Weltbild einzufügen sind – sie und eine ganze Reihe anderer paranormaler Phänomene. Offenbar scheinen Raum-Zeit-Materie weit enger miteinander verwoben zu sein, als wir bisher gewagt haben zu glauben. Doch zunehmend setzt sich in den unterschiedlichsten naturwissenschaftlichen Disziplinen eine neue Form des Denkens durch, die bereits in mancher Hinsicht an unserem gewohnten Weltgebäude gerüttelt hat und wohl zur Aufgabe etlicher etablierter Konzepte zwingen wird.

Unsere Sicht des Universums und der Intelligenzen im All könnte sich dadurch gleichfalls radikal ändern. Aus diesem neuen Bild der Welt scheint eine harmonische Einheit der materiellen wie geistigen kosmischen Phänomene zu folgen, die nicht zuletzt unsere Rolle im Spiel der Unendlichkeit neu definieren dürfte. Vielleicht sollten wir hierin eine Chance sehen.

>»Bei der wachsenden Spannung
des Geistes auf der ganzen Erdoberfläche
kann man sich zunächst
ernsthaft fragen, ob es dem Leben
nicht eines Tages
gelingen wird, die Gitter seines
irdischen Gefängnisses kunstreich zu
sprengen – sei's indem es
das Mittel findet, andere
unbewohnte Gestirne in Besitz zu nehmen,
sei's (und das wäre ein noch viel
schwindelerregenderes Ereignis) indem
es eine psychische Verbindung
mit anderen Bewußtseinsherden durch den
Raum hindurch herstellt.«
>
> Pierre Teilhard de Chardin (1881–1955)

Ein höllischer Ort. Brodelnde Vulkane speien kochende Lavafluten und heiße Giftgase in eine embryonale, wüste Welt. Mächtige Blitze durchzucken den Himmel der Urdüsternis, die aufgewühlte Atmosphäre des jungen Planeten, flammen ihr gespenstisches Licht in eine ebenso gespenstische Landschaft. Unablässig wird die sich festigende Kruste von Erdbeben und der Gewalt riesiger Kometeneinschläge erschüttert, ohrenbetäubende Donner rollen über die vom kosmischen Hagel zernarbten Regionen. Die Naturgewalten scheinen sich hier, in diesem globalen Inferno, regelrecht zu verbünden, um eine ganze Welt vielmehr aus den Angeln zu heben, denn aus der Sternentaufe. Dennoch, während jener frühen, kataklysmischen Epoche lief ein schöpferisches Programm des Werdens ab, ein intelligenter Plan zur Verwirklichung eines Phänomens: Leben!
Vor etwa vier Milliarden Jahren zündete in den Urmeeren unserer Erde gewissermaßen ein göttlicher Funke. Aus heu-

tiger Perspektive absolut tödliche Moleküle der frühen Erdatmosphäre verbanden sich mit Hilfe von vulkanischer bzw. Blitz- und Strahlungsenergie in den ersten irdischen Wassern zu primitiven, chemischen Vorstufen des Lebens und bildeten dort eine erste organische »Ursuppe«. Zunächst entstanden in ihr die so wichtigen Aminosäuren, die Grundbausteine der Eiweiße (Proteine) und gleichermaßen Grundvoraussetzung für alles irdische Leben. Tausende solcher Aminosäuren bauen je ein einziges Proteinmolekül auf – und hier beginnen bereits die ersten Probleme: In den uns bekannten Lebewesen kommen etwa 20 verschiedene Aminosäure-Arten zum »Einsatz«; um einen ganz bestimmten Eiweißstoff zu bilden, müssen die einzelnen Säuren freilich auch in einer festgelegten Reihenfolge miteinander verknüpft werden. Nun haben aber Eiweiße ganz spezielle Aufgaben in den Lebewesen zu erfüllen, beispielsweise als Enzyme, die biochemische Reaktionen beschleunigen. Natürlich können sie diese Aufgaben nur dann erfüllen, wenn ihre Struktur bis ins allerletzte Detail demjenigen »Bauplan« entspricht, in dem die Anordnung der Aminosäuren genau verzeichnet ist. Woher aber stammt wiederum dieser Plan und die darin enthaltene Information? Nun, bekanntlich ist sie in den Genen verschlüsselt und gespeichert. Doch irgendwo und irgendwann mußten ja auch die Gene erstmalig aufgetreten sein. Woher bezogen sie ihre Information? Und wenn sich die Enzyme unabhängig davon schlicht und einfach zufällig gebildet haben? Schließlich war doch der Kochtopf, in dem die Erde ihre Ursuppe zusammenbraute, nicht gerade klein!

Doch das Grundproblem – als ein wirklich hartnäckiges – bleibt bestehen. Denn, die Wahrscheinlichkeit für die Zufallsentstehung auch nur eines einzigen Enzyms liegt bei 1 : 100 Trillionen! Weiter: Insgesamt existieren rund 2000 verschiedene Enzyme. Wollten wir für sie alle immer noch

den Faktor »Zufall« verantwortlich machen, die Wahrscheinlichkeit dafür wäre von Null praktisch nicht zu unterscheiden! Und selbst wenn wir das Universum bis »zum Rand« mit jener Biosuppe überschwemmen würden, wir würden das chemische Würfelspiel um den Ursprung des Lebens nicht gewinnen, sondern vielmehr in einem sinnlosen Gebräu primordialer Moleküle ertrinken!
Der für seine reichlich unkonventionellen Ideen weithin bekannte Astrophysiker Fred Hoyle ist aus diesem Grund überzeugt: Wir leben in einem intelligenten Universum!
Seiner Ansicht nach existiert zwangsläufig irgendwo im Hintergrund der kosmischen Bühne, vielleicht jenseits noch von Zeit und Materie eine Superintelligenz, die das Universum steuert. »Der Anfang der Welt ist ohne Intelligenz nicht denkbar«, behauptet Hoyle, der vermutet, daß die genetische Information bereits viel früher, noch vor der Entstehung des Sonnensystems, geschaffen wurde, aus einem Genreservoir des Weltraums stammt und mit kosmischem Staub auf die Ur-Erde gelangte. Wie er glaubt, ist unser Universum gar von einer vollständigen Hierarchie unterschiedlich hoch entwickelter Lebensformen durchdrungen, bis hin zu Wesen, die nur noch auf rein geistiger Ebene existieren.
Einige Astronomen begegnen den drängenden Fragen um die Entstehung von Leben im All mit dem sogenannten »anthropischen Prinzip«: Da es in diesem Universum Beobachter gibt, muß es Eigenschaften besitzen, die die Existenz dieser Beobachter erlauben. Mit anderen Worten dürfen wir uns nicht darüber wundern, daß wir existieren, denn nur, weil wir existieren, können wir uns darüber wundern! Dieses seltsame Prinzip will darauf hinweisen, daß wir mitnichten wissen, wie viele Universa mit abweichender Physik bereits verwirklicht, jedoch tot und leblos waren, die also kein intelligentes Leben hervorbrachten und damit auch keine staunenden Zuschauer. Doch – ändert dieses Prinzip etwas

an unserem Problem? Wird das Geheimnis des Lebens dadurch enträtselt und endgültig als Zufallsereignis erkannt? Fred Hoyle hält die anthropische Sicht für den »modernen Versuch, jeglichen Zweckgedanken aus dem Universum zu verbannen, ganz gleich, wie bemerkenswert unsere Umgebung auch sein mag«. Insgesamt scheinen viel zu viele mysteriöse Feinabstimmungen das Gefüge des Kosmos zu durchdringen, die nicht einfach – wie es das anthropische Prinzip nahelegt – ignoriert werden können. Wenn niemand nach den tieferen Zusammenhängen der Welt gefragt hätte, wir wüßten heute noch nicht, wie ein Regenbogen entsteht, warum der Himmel blau ist, was den Mond auf seiner Bahn um die Erde hält oder warum die Sonne leuchtet. Und wir werden weiter fragen und nach Antworten suchen und nicht aufhören, uns zu wundern.
Als Mysterium der Natur entpuppt sich auch das Mengenverhältnis von Kohlenstoff und Sauerstoff im All. Beide Atomsorten kommen etwa in gleicher Anzahl im Weltraum vor. Eine ganz entscheidende Bedingung für die Entstehung von Leben. Ein Überschuß an Kohlenstoff hätte nämlich die Synthese vieler lebensnotwendiger Substanzen unwiderruflich blockiert, ein zu hoher Sauerstoffgehalt wiederum hätte diese biochemischen Moleküle oxidiert und damit für den Einsatz in die Zaubermaschinerie des Lebens wertlos werden lassen. Die so subtile Beziehung zwischen den beiden Elementen aber wird durch nichts anderes bestimmt als durch die exotischen Kernzyklen im siedenden Leib der Sterne! »So stellt sich das Problem, herauszufinden, ob diese scheinbar zufällige Übereinstimmung wirklich zufällig ist oder nicht, und das ist gleichbedeutend mit der Frage, ob das Leben zufällig ist oder nicht«, betont Professor Hoyle und schließt mit einer Bemerkung, die nachdenklich stimmt: »Wissenschaftler mögen diese Art Fragestellung nicht, doch darf man die Frage deshalb nicht einfach verdrängen. Ist

die Übereinstimmung am Ende von einer Intelligenz bestimmt?«

Mit ähnlichen Gedanken spielt auch der renommierte britische Physiker und Autor Paul Davies. In seinem Buch »Gott und die moderne Physik« philosophiert Davies, ob seit dem ersten kosmischen Schöpfungsakt, seit dem Augenblick des immer noch so unendlich geheimnisvollen Urknalls, eine Art Übergeist oder Weltgeist existiert, »der alle Grundfelder der Natur umfaßt und dem die Aufgabe obliegt, aus einem völlig ungeordneten Urknall den komplexen und wohlgeordneten Kosmos zu organisieren, den wir jetzt wahrnehmen; und alles im Rahmen der physikalischen Gesetze. Das wäre kein Gott, der alles durch übernatürliche Mittel schüfe, sondern ein leitender, überwachender, alles umfassender Geist...« Dieser faszinierenden Weltsicht zufolge wäre die Natur, wie Davies auch spekuliert, ein Ergebnis ihrer ureigenen »Technik«, das gesamte Universum eine geistige Seinshaftigkeit.

Diese Idee eines lebendigen Kosmos ist alt und weit verbreitet – sie findet sich im Gedankengut vieler bedeutender Weltkulturen, bei den Indern, Chinesen, Ägyptern, Germanen, Kelten wie auch in den Lehren großer griechischer Denker –, doch daß sie sich bis in unser modernes naturwissenschaftliches Zeitalter hinein bewahrt hat und sogar Unterstützung durch neue Experimente und Theorien erfährt, kommt einer Sensation gleich. Davies gibt zwar zu bedenken, daß derzeit noch keine Beweise für die reale Existenz einer solchen Wesenheit vorliegen, hält aber genau wie Hoyle eine ununterbrochene Hierarchie kosmischer Intelligenzen für möglich. »In einer solchen Hierarchie gäbe es«, so Davies, »ein oberstes Wesen, das über die höchste Kraft und Intelligenz verfügt, und es würde vielen der an Gott gestellten Forderungen genügen.« Die Aktivitäten von Wesen der obersten, letzten Stufe dieser »kosmischen Pyramide«

wären freilich für uns von Naturvorgängen nicht mehr zu unterscheiden.

Immer wieder greifen offenbar Wesenheiten höherer Hierarchiegrade in unsere Bewußtseinssphäre ein, ohne dabei allerdings ihren tatsächlichen Charakter oder ihre Absichten uns gegenüber preiszugeben. Bereits seit vielen Jahrtausenden scheinen die »Fremden« an unserem Planeten, an der Menschheit interessiert zu sein, aus welchen Gründen auch immer. Hinweise für ihre Präsenz über die Zeiten hinweg finden sich in den alten Überlieferungen über Göttererscheinungen, in den Inschriften der Ägypter, Azteken oder Inder ebenso wie in den alten Texten der Bibel. Doch auch mittelalterliche Manuskripte über »Visionen« und »Himmelsgesichte« versetzen uns nachhaltig in Staunen. Und heute wie eh und je leben wir in einer wunderbaren, von unerklärlichen Phänomenen erfüllten Welt. Handelt es sich bei den diversen paranormalen Erscheinungen, beim UFO-Phänomen oder den bis in die Gegenwart reichenden, gut dokumentierten Marienerscheinungen um zeitweilige Kontakte der Menschheit mit Wesen anderer Seinsebenen? Zusammen mit dem amerikanischen Wissenschaftler James W. Deardorff untersuchte der bereits mehrfach erwähnte deutsche Geologe Dr. Johannes Fiebag die verschiedenen denkbaren Motivationen und Methoden einer Einflußnahme fremder Intelligenzen auf unsere Zivilisation und formulierte kürzlich die interessante Idee der sogenannten Mimikry-Hypothese: »Außerirdische Intelligenzen, die uns zu besuchen fähig sind, besitzen einen so hohen technologischen (›magischen‹) Standard, daß sie ihr Erscheinen dem jeweiligen intellektuellen Niveau der Menschen unterschiedlicher Zeiten und Kulturen anpassen können. Gleichzeitig vermögen sie, künftigen, Raumfahrt betreibenden Generationen – das heißt in diesem Falle uns, die wir beginnen, ihre Spuren zu entdecken und dadurch auf einen Kontakt vorbereitet wer-

den – Hinweise auf ihre Existenz, ihre Besuchstätigkeit und ihre Möglichkeiten zu geben.« Demnach würden jene nichtirdischen, hochentwickelten Geschöpfe ihre Fähigkeiten stets »unter Preis handeln«, um für uns noch erkennbar und nicht völlig unverständlich zu sein. Sie wären im Laufe der Zeit in den verschiedensten »Verkleidungen« in Erscheinung getreten, als Engel und Götter, in Form von Luftschiffen oder »Fliegenden Untertassen« oder auch als Botschaften übermittelnde Mariengestalten. Diese Intelligenz würde sich also fortwährend einer »Tarntracht« bedienen und uns falsche Tatsachen vorspiegeln, wobei sie sich allerdings mit der Zeit mehr und mehr zu erkennen geben könnte. Die Mimikry-These, die ihren Namen der biologischen Fachbezeichnung eines optischen Täuschungsverhaltens mancher Tiere entlehnt, vermag prinzipiell voneinander sehr unterschiedliche Phänomene auf einen Nenner zu bringen. Nach wie vor besteht jedoch die Möglichkeit, daß unterschiedlich hoch entwickelte Lebensformen im All existieren, mit denen wir zum Teil bereits in – recht einseitiger – Verbindung stehen könnten. In dieser Sicht der Dinge dürften dann die »Marienvisionen« auf sehr hochstehende technische oder geistige Zivilisationen zurückgehen; Wesen, die sich Raumschiffen nach Art des »Ezechiel-Gefährts« bedienen oder einzelne Menschen in Operationsräumen untersuchen, scheinen dagegen auf einer Stufe zu stehen, die mehr unserer eigenen ähnelt (falls wir es nicht auch hier mit Materialisationen einer Superzivilisation zu tun haben).
Die kosmische Hierarchie beginnt bereits auf niedrigster Stufe und scheint sich ins schier Unendliche fortzusetzen. Gleichzeitig zeichnet sich auf allen Ebenen dieser schöpferischen, universalen Stufenfolge eine Kooperation ab, die letztlich erst die Vielfalt, Komplexität und Effizienz des Lebens gewährleistet. Schritt für Schritt fügen sich die Erscheinungsformen des Lebens zu einem allumfassenden Ganzen.

In den Urmeeren entstanden durch immer noch weitgehend unverstandene Vorgänge unter anderem Eiweiße als Baustoffe und Katalysatoren zur Beschleunigung biochemischer Reaktionen. Die Nukleinsäuren stellten ihrerseits die Trägersubstanz der genetischen Information. Freeman Dyson, der »Planetenzertrümmerer«, vertritt den ungewöhnlichen Gedanken, daß auf der Erde ursprünglich zwei voneinander getrennte Lebensformen ein paralleles Dasein führten – daß es einerseits reines Proteinleben gab, andererseits reines Nukleinsäureleben. Zu einem frühen, doch nicht näher bestimmten Zeitpunkt drangen dann aber die Nuklein-Wesen in die Zellen ihrer biologischen »Kontrahenten« ein, ganz genau wie schädliche Parasiten. Doch dieser »Kampf der Mikroben« nahm ein unerwartetes Ende. Mit der Zeit nämlich stellte sich ein Gleichgewicht ein, darüber hinaus gestaltete sich die Verbindung zwischen den beiden Ur-Organismen gar zu deren gegenseitigem Nutzen und Vorteil. Aus der parasitären Krankheit wurde eine Symbiose, ein neuer, weit effizienterer Organismus war geboren. Der genetische Apparat der Nukleinsäure-Wesen koppelte sich mit dem stoffwechselfähigen Protein-Leben zu einer Einheit nie geahnter Leistungsfähigkeit.
Anfang der siebziger Jahre veröffentlichte die Bostoner Mikrobiologin Lynn Margulis ihre revolutionäre »Endosymbionten-Theorie«, auf der auch jene Gedanken Dysons gründen. Die Endo-(= innere)-Symbiose erklärt auch andere, bislang rätselhafte Merkmale »moderner« Zellen durch ein Verschmelzen zuvor voneinander getrennter Wesen.
Kurz und bündig gesagt: Biologen unterscheiden zwei verschiedene Zellsysteme; die komplizierter gebauten Eukaryonten besitzen einen Zellkern, der bei der zellulären »Sparausführung«, den Prokaryonten, fehlt. Sie enthalten auch keine Mitochondrien, kleine ovale Strukturen, die gewissermaßen winzige Energiekraftwerke der Eukaryonten-

zellen darstellen. Lynn Margulis ist nun aufgrund von Vergleichsbeobachtungen überzeugt, daß auch diese Mitochondrien als Parasiten in die Zellen eindrangen, daß sie selbst ursprünglich Prokaryonten waren, die irgendwann Gefallen an einem Schmarotzerdasein fanden.
Doch: Wieder »entschlossen« sich die beiden Lebensformen zur Kooperation und bildeten so die Grundlage für eine neue Stufe auf der Leiter zu höherem Leben. – Experten begegneten der Theorie von der Endosymbiose zunächst mit beträchtlicher Skepsis, mittlerweile hat sie aber einen festen Platz im Kreis bedeutender biologischer Theorien eingenommen.
Eine der wohl aufsehenerregendsten Behauptungen von Lynn Margulis betrifft die Evolution unseres eigenen Gehirns.
Einige der frühesten irdischen Bakterienformen besitzen korkenzieherähnliche Fäden, die sich aus den gleichen winzigen Röhrenstrukturen (Mikrotubuli) zusammensetzen wie die Zellen unseres Nervensystems. Die amerikanische Biologin sieht darin und in weiteren Übereinstimmungen eindeutige Hinweise für ihre These, daß das menschliche Gehirn quasi eine riesige symbiotische und höchstorganisierte Bakterienkolonie darstellt! Eine für manchen zunächst vielleicht ziemlich schockierende Vorstellung, doch bekanntlich wurden ja auch Darwins Ideen über den Ursprung der Arten von der Öffentlichkeit nicht gerade mit Begeisterung aufgenommen!
Wenn wir daran denken, daß unser gesamter Körper in letzter Konsequenz eine auf das Wunderbarste verwobene und funktionierende Symbiose von Myriaden einzelner Organismenzellen bildet, dann wird uns die fundamentale Bedeutung dieses biologischen Prinzips nur allzu klar bewußt.
Symbiosen finden sich überall, sowohl in der Tier- wie auch der Pflanzenwelt, meist ohne daß eine Verschmelzung oder

Durchdringung der Individuen die unbedingte Folge sein muß. Nur ein Beispiel: Auf den Panzern der Einsiedlerkrebse setzen sich oft Seeanemonen fest. Durch die Bewegung des Krebses werden sie ständig mit frischem, sauerstoffreichem Wasser versorgt, während der Krebs selbst durch den »blumigen« Bewuchs vor Räubern getarnt und geschützt ist. In einigen Fällen ist diese Verbindung sogar lebenswichtig, jeder der Partner würde bei einer Trennung zugrunde gehen – die denkbar beste Voraussetzung für eine lange Ehe also!
Zuweilen aber nehmen Symbiosen und das Zusammenspiel der Lebewesen eine geradezu unheimliche Dimension an. Einigen Fällen dieser besonderen Art ist der amerikanische Forscher Donald E. Carr auf seiner Suche nach den verborgenen Sinnen der Lebewesen nachgegangen. Eines dieser Wunder offenbart sich in der unfaßbar präzisen Koordination im Flug einer Vogelschar. Die Tiere vollziehen jeden Kurswechsel so exakt, als würden sie einer gemeinsamen, vorprogrammierten Route folgen. »Es stellte sich ganz klar heraus«, so Carr, »daß viele Vögel miteinander Verbindung anknüpfen müssen – und zwar durch ›Funkkontakte‹ –, bevor sie zu Massenwanderungen und -landungen antreten. Silbermöwen besitzen eine derart hochentwickelte soziale Anpassungsfähigkeit, daß sich ein Einzelindividuum von der Stimmung der ganzen Schar leiten läßt, so als wäre die Möwenschar ein einziges vielflügeliges Wesen. Eine einzelne Möwe ist nicht imstande zu brüten, wenn sie aus irgendeinem Versehen im Frühling in eine fremde Möwengruppe gerät.« Das Leben scheint in vielerlei Weise einem unwiderstehlichen Herdentrieb zu folgen. Die Leistungsfähigkeit vieler Lebewesen steigt in der Gemeinschaft bemerkenswert an. Schildkröten zum Beispiel finden ihren Weg zum Meer als Gruppe weitaus schneller und unmittelbarer als einzelne Tiere. Aus symbiotischer Sicht ist auch ein Ameisenhaufen

ein einzelner Organismus mehr denn ein Staatensystem reger Einzelinsekten.
Carl Sagan hat einmal spekuliert, ob auf anderen Planeten im All vielleicht Lebensformen hausen könnten, die aus mehreren physisch voneinander getrennten Körperteilen bestehen, die aber von einem gemeinsamen Gehirn gesteuert werden. Das wäre so, als ob jemand die linke Hälfte seines Ichs dazu veranlassen würde, einen Brief zu schreiben, derweil er die rechte Hälfte zum Einkaufen schickte. Während des Schreibens aber wüßte er jederzeit genau darüber Bescheid, was der andere Teilkörper seines Organismus unterwegs gerade erlebt, was er tut und was er läßt. Gespenstisch!
In einer ähnlich perfekten Verbindung miteinander stehen offenbar auch die Zellen in unserem Körper oder all die Ameisen im Haufen, die ihre komplizierten Bauaufgaben nur durch eine generalstabsmäßige Koordination zu erfüllen vermögen.
Von hier ist im übrigen der Weg zu einer telepathischen »Geistbrücke« zwischen einzelnen Lebewesen nicht mehr weit. Diese Querverbindung zieht auch Donald E. Carr in faszinierenden Forschungen zum »Rätsel der vergessenen Sinne«: »Telepathie ist vielleicht einer der ältesten Sinne, die wir kennen. Wahrscheinlich nicht nur einer der ältesten, sondern auch ein Sinn, den wir bei sämtlichen Lebewesen, von den primitivsten bis zu den höchstentwickelten, finden.«
Schon der Raumfahrtpionier Hermann Oberth war von der realen Existenz paranormaler Phänomene überzeugt und hielt Telepathie für ein geeignetes interstellares Kommunikationsmittel. Könnten sich Telepathie und Symbiose wirklich bis in den Bereich kosmischer Maßstäbe fortsetzen?
Lynn Margulis und der englische Chemiker James Lovelock vertreten die Hypothese, daß unsere Erde als Planet eine lebendige Einheit, ein biologisches Ganzes repräsentiert. Eine

ganz wesentliche, ja charakteristische Eigenschaft lebender Systeme ist die Fähigkeit, die eigene Substanz fortwährend zu regenerieren und ihre Struktur und Vollständigkeit zu erhalten. Fachleute nennen diesen erhaltenden Vorgang Autopoiese. Sowohl in der irdischen Atmosphäre wie auch der Biosphäre laufen autopoietische Prozesse ab. Ein Paradebeispiel für das reibungslose Ineinandergreifen der Lebensvorgänge unseres Planeten ist der so harmonische Kreislauf zwischen dem pflanzlichen und tierischen Stoffwechsel: Pflanzen nehmen Kohlendioxid auf und produzieren während der Photosynthese Sauerstoff, den wiederum die Tiere benötigen. Bei der Atmung stoßen sie Kohlendioxid als Abfallprodukt aus, womit der Zyklus erneut beginnen kann. Nach der These von Lovelock und Margulis fügt sich also der biologische Teppich, der unsere Erde umspannt, zu einem riesigen dynamischen Organismus. Diese nach der griechischen Erdmutter benannte »Gaia-Hypothese« weitet die symbiotische Verflechtung des Lebensphänomens nun bereits also auf *globale* Ebene aus! Nicht zu vergessen: Der Ausgangspunkt unserer Gedankenkette liegt auf der *molekularen* Ebene!

Könnte sich das Netzwerk von Leben und Geist also tatsächlich bis in *universale* Dimensionen erstrecken? Die Möglichkeit besteht und scheint sogar in Anbetracht der bisher lückenlosen symbiotischen Hierarchie recht wahrscheinlich zu sein.

In seinem richtungsweisenden Buch »Das Tao der Physik« zeichnet der österreichisch-amerikanische Physiker Fritjof Capra die erstaunlichen Parallelen zwischen fernöstlichen Weisheitslehren und dem modernen wissenschaftlichen Weltbild nach. Deutlich erkennen wir dabei eine neuerliche, zunehmende Rückbesinnung auf eine umfassendere Sicht der Weltphänomene nach dem Prinzip: »Das Ganze ist mehr als die bloße Summe seiner Teile«, die Rückbesinnung auf eine Ganzheitlichkeit, wie sie bereits vor Jahrhunderten von asiatischen Mystikern beschworen wurde. »Nach östlicher Anschauung«, so Capra, »sind die Menschen sowie alle anderen Lebensformen Teile eines unteilbaren organischen Ganzen. Aus ihrer Intelligenz läßt sich daher auf die Intelligenz des Ganzen schließen. Der Mensch wird als lebendiger Beweis für die kosmische Intelligenz angesehen. In uns wiederholt das Universum immer und immer wieder seine Fähigkeit, Formen zu erzeugen, durch die es sich selbst seiner bewußt wird.« – Demnach werden wir, wird die Menschheit als Ganzes zu einer Nervenzelle im geistigen Netzwerk der kosmischen Intelligenz.

Vielleicht ist das Universum deshalb ein anthropischer Kosmos, der Wesen wie uns hervorbringt, hervorbringen muß. Vielleicht ist die Ausbreitung von Intelligenz im Kosmos ein Weltprinzip, das dieses Weltganze erst seiner Bestimmung, seinem Sinn und Zweck zuzuführen vermag. »Unser eigener Geist ließe sich dann«, so beschreibt Paul Davies die universale Situation, »als jeweils eng umrissene ›Insel‹ des Bewußtseins in einem Meer aus Geist auffassen, eine Vorstellung, die an solche in einigen Systemen der asiatischen Mystik denken läßt, die Gott als das vereinigende Bewußtsein aller Dinge ansehen, in die der menschliche Geist eingeht und, wenn er eine hinreichend hohe Stufe seelischer Vervollkommnung erreicht hat, seine Identität verliert.«

Wenn wir die höchste möglicherweise im Kosmos angesiedelte Intelligenz, nennen wir sie nun einmal die »Omega-Struktur«, als symbiotisches Wesen betrachten, das sich aus dem Gesamtgehalt allen intelligenten Lebens im All formiert, dann müssen wir uns zwangsläufig fragen, welche unsichtbaren Fäden einen solch gewaltigen Organismus noch zu einer Einheit verbinden mögen. Eine solche Verbindung könnte auf einer anderen Realitäts- oder Seinsebene liegen. Und dies führt uns wiederum direkt in die so rätselhafte

Welt der Quantenphysik zurück, hin zu einem multidimensionalen Universum.

»Gott würfelt nicht«, sagte Einstein einmal. Er spielte damit auf einige aberwitzige Aussagen und Konsequenzen der Quantentheorie an, die ihm zeit seines Lebens aufs tiefste suspekt waren. Obwohl selbst genialer Schöpfer einer das physikalische Weltbild revolutionierenden, umstürzenden Theorie, konnte er sich nicht damit abfinden, daß die Natur im submikroskopischen Bereich nicht mehr exakt bestimmbar ist, sondern sich unberechenbar verhält und Orts-, Zeit- oder Energie-»Unschärfen« zuläßt, von denen ja bereits im Zusammenhang mit den Schwarzen Löchern die Rede war. Tatsächlich sträubt sich alle Vernunft gegen so manche Eigenschaft des Quantenreichs. Zu viele Erscheinungen dort wirken irreal und widersinnig auf uns. So verhält es sich auch mit diesem Phänomen: Elementarteilchen existieren gleichzeitig in allen ihnen möglichen Zuständen, allerdings nur so lange, bis sie beobachtet werden. Dann gewissermaßen müssen sie sich spontan für einen ganz bestimmten Zustand »entscheiden«. Eine nahezu magische, übersinnliche Eigenschaft, über die freilich schon viel nachgedacht und spekuliert worden ist.

Im Jahre 1935 unternahm Albert Einstein zusammen mit seinen Kollegen Boris Podolsky und Nathan Rosen ein gedankliches Experiment, daß genau diese unverständliche wie unheimliche Eigenschaft subatomarer Partikel aufgreifen und der Quantentheorie den Todesstoß versetzen sollte. Das zumindest hoffte Einsteins Team. Dieses Gedankenexperiment läßt sich mit wenigen Worten umreißen:

Die Physiker fragten, was geschähe, wenn ein aus zwei Protonen zusammengesetztes Teilchen zerfallen und die beiden einzelnen Protonen sich in genau entgegengesetzter Richtung auseinanderbewegen würden. Gemäß der Quantentheorie müßten die Teilchen, solange sie niemand beobach-

tet, in allen möglichen Zuständen existieren, d. h., sie würden sich zwar stets entgegengesetzt bewegen, aber die *Richtung* selbst bliebe zunächst offen; wenn ein Teilchen nach Süden flöge, würde sich das andere nach Norden bewegen, genauso könnte Proton Nr. 1 aber auch einen Westkurs besitzen, so daß Proton Nr. 2 zwangsläufig gen Osten rasen müßte usw. Wenn aber die quantenmechanische »Entscheidung« darüber erst im Moment der Beobachtung fällt, dann müßten die beiden Protonen in irgendeiner Weise miteinander »kommunizieren«, eine »Absprache« halten können. Und das, selbst wenn sie mittlerweile am »Ende« des Universums angekommen wären. Einstein hielt dieses, wie er sich ausdrückte, »gespenstische Verhalten über eine Entfernung hinweg« für schlichtweg unmöglich. Das *Einstein-Podolsky-Rosen-Experiment* (oder kurz: EPR-Experiment) schien die Quantentheorie tatsächlich ad absurdum zu führen. Dennoch erwies sie sich in den kommenden Jahren und Jahrzehnten als gut funktionierende Theorie. Und dann, 1982, lieferte der französische Physiker Alain Aspect den Beweis dafür, daß Einstein irrte und die Quantenphysik der Realität entsprach. Er führte seine Labormessungen zwar an Photonen durch, doch zeigten sie genau die von Einstein kategorisch abgelehnte Fernwirkung – es gab sie also tatsächlich! 1990 schließlich gelang den beiden englischen Physikern John G. Rarity und Paul R. Tapster, den Test an *Protonen* durchzuführen, genau wie im EPR-Experiment. Kein Zweifel: Die Fernwirkung existiert!
Wie aber in aller einigermaßen vernünftigen Welt läßt sie sich erklären? Gibt es möglicherweise doch einen überlichtschnellen Informationsaustausch im Universum?
Der bekannte Londoner Physiker David Bohm hat eine andere, nicht weniger phantastische Erklärungsvariante gefunden. Er vermutet noch jenseits der Quantenwelt eine tiefere Realitätsebene, auf der uns normalerweise als getrennt er-

scheinende Teilchen und Ereignisse zu einer Einheit verschmelzen. Bohm verdeutlicht seine Idee anhand eines sehr anschaulichen und durchaus einleuchtenden Beispiels:
Stellen wir uns ein Aquarium vor, in dem ein Fisch schwimmt. Zwei Kameras sind auf diesen Fisch gerichtet, zeigen ihn jedoch von verschiedenen Blickwinkeln aus. Jede Kamera ist mit einem Monitor verbunden; diese beiden Bildschirme stehen jedoch in einem separaten Raum, von dem aus das Aquarium selbst nicht zu sehen ist. Wenn Sie nun als unvoreingenommener Betrachter nichts von den wirklichen Verhältnissen, von dem Aquarium und dem Fisch, wüßten, würden Sie annehmen, die beiden Monitore zeigten zwei verschiedene Fische. Bald freilich fielen Ihnen die absolut synchronen Bewegungen »der Tiere« auf. Vielleicht würden Sie nun eine Art unmittelbarer Kommunikation zwischen diesen »beiden« Fischen vermuten. Oder aber Sie würden auf den Trick mit dem veränderten Blickwinkel der Kameras nicht hereinfallen und erkennen, daß die beiden Monitorbilder in Wirklichkeit ein- und denselben Fisch wiedergeben.
In diesem Beispiel wird die dreidimensionale Realität des Aquariums in zwei jeweils flächige, zweidimensionale Fernsehbilder aufgespalten. Genauso mag sich eine multidimensionale Realität auf die Raumzeit unseres Universums übertragen und ein verflachtes, falsches Bild der wirklichen Zusammenhänge zeichnen. Die beiden Protonen aus dem EPR-Experiment stellen nach Bohm lediglich ein einziges Teilchen dar, das nur in der »Ebene der absoluten Ordnung«, eben jener höherdimensionalen Welt, seine reale Identität besitzt.
Auf dieser Ebene scheint eine perfekte Ganzheit verwirklicht, in der alles mit jedem verknüpft und verwoben ist. Vergangenheit, Gegenwart und Zukunft verschmelzen dort zu einer einzigen, zeitlosen Einheit, materielle und geistige

Phänomene stehen untereinander in untrennbarer Verbindung.

In einem Universum, in dem Raum, Zeit und Materie auf diese subtile Weise miteinander verbunden sind, wären auch paranormale Effekte weitaus besser erklärbar. Außerkörperliche Erfahrungen, Wahrträume und Zukunftsvisionen wären ebenso auf diese enge Verflechtung zurückzuführen wie »Zeitgleiter«, das plötzliche Abrutschen in eine andere Zeit. Telepathie wiederum wäre die zwangsläufige Folge einer wechselseitigen Beziehung zwischen den Materieteilchen einzelner Gehirne. Auf diese Weise könnte auf der Subquantenebene prinzipiell eine universale geistige Symbiose, ein Netzwerk der Intelligenzen und Phänomene existieren. Der gigantische Kreisbogen würde sich in der Omega-Struktur, in einer kosmischen Superintelligenz schließen.

Wir leben in einem uns immer noch weithin unbekannten und rätselhaften Universum, ganz offenbar zusammen mit anderen, überaus mächtigen Wesen. Wir leben in einem Universum, das möglicherweise selbst eine Art Mega-Organismus verkörpert. Wir leben in einer Galaxie, die von einer technologischen Superzivilisation beherrscht sein mag, einer Zivilisation, die ihrerseits vielleicht bereits in die Subquantendimension vorgedrungen ist, deren Phänomene zu nutzen versteht und sich somit auf ungeahnte Weise in unsere vertraute Welt einzuschalten vermag – gleichermaßen als »rechte Hand« Gottes, als Exekutive eines kosmischen Plans, eventuell gar als »Schnittstelle« zwischen Materie und Geist, Diesseits und Jenseits. Und – wir leben auf einem Planeten im »Meer des Geistes«, den wir uns untertan gemacht haben. Wir gebärden uns als Herrscher der Welt, sollen wir doch die Krone der Schöpfung sein. Sind wir nicht vielmehr ihre Dornenkrone? Selbst auf diesem kleinen Planeten, diesem kosmischen Atomsplitter, müssen wir unsere Würdigkeit erst noch unter Beweis stellen.

Ganz zum Schluß noch eine Bitte:

Hatten Sie selbst schon einmal eine paranormale Erfahrung, eine UFO-Begegnung, oder vermuten Sie gar, von fremden Wesen entführt worden zu sein? Dann zögern Sie bitte nicht, mir zu schreiben:

Andreas von Rétyi
c/o Herbig-Verlag
Thomas-Wimmer-Ring 11
80539 München

Begriffserläuterungen

Abduktionen: Entführung durch fremde, meist als grauhäutige Humanoiden beschriebene Wesen. Abduktionen erleben in der Regel einzelne Menschen, einigen Berichten zufolge wurden jedoch auch mehrere Personen gleichzeitig in ein außerirdisches Raumfahrzeug entführt. Im Mittelpunkt der Entführungen scheint eine genaue medizinische Untersuchung der Opfer zu stehen, die oft mit der Entnahme von Gewebeproben o. ä. einhergeht.

Anthropisches Prinzip: Prinzip über die Korrelation zwischen der universalen Struktur und der Notwendigkeit intelligenten Lebens im All. Es existieren zwei Varianten:
– Das »schwache« anthropische Prinzip: Da es in diesem Universum Beobachter gibt, muß es Eigenschaften aufweisen, welche die Existenz dieser Beobachter erlauben.
– Das »starke« anthropische Prinzip: Aufbau und Naturgesetze des Alls müssen derart beschaffen sein, daß intelligente Beobachter zwangsläufig irgendwann einmal ins Sein treten.

Area 51: Streng geheime US-amerikanische Militärbasis auf dem ausgedehnten Gebiet der Nellis Airforce Base, Nevada. Nach Aussagen des Physikers Robert Lazar werden auf Area 51, in den Hangars eines mit dem Kürzel »S-4« bezeichneten Geländes, neun außerirdische Flugobjekte untersucht und getestet.

Asteroid: Auch als »Planetoid« oder »Kleinplanet« bezeichnet. Wie der Name bereits nahelegt, ein relativ kleiner fester Körper des Sonnensystems. Die meisten Planetoide laufen im sogenannten Hauptgürtel (= Asteroidengürtel) zwischen Mars- und Jupiterbahn um die Sonne. Der mit knapp 1000 Kilometer Durchmesser größte Asteroid ist »Ceres«.

Aurora: Supergeheimes Überschall-Militärflugzeug, über das entsprechend nur wenig Zeugenberichte existieren, die allerdings bereits auf eine revolutionäre Antriebstechnologie schließen lassen, das »Pulstriebwerk«. Charakteristisch für dieses System ist ein bebendes, ohrenbetäubendes Donnern sowie ein seltsam »gepulster«, in einzelne Knötchen aufgelöster Kondensstreifen. Die Heimstatt der Aurora liegt mit hoher Wahrscheinlichkeit auf »Area 51«!

Cargokult: Weltweit anzutreffendes religiöses Verhalten primitiverer Gesellschaften gegenüber höherstehenden Kulturen. Hierbei werden die weiterentwickelten Zivilisationen in der Regel als »Götter« angesehen. Die von diesen »Göttern« herangeführten Güter (engl.: Cargo) stehen oft im Mittelpunkt der kultischen Handlungen, daher hat sich die Bezeichnung Cargokult eingebürgert.

Casimir-Effekt: Bereits durch Laborversuche nachgewiesener Effekt zur Erzeugung von Antigravitation.

DNS: Desoxyribonukleinsäure. Die Trägersubstanz der genetischen Information. Phosphorsäure, Zucker und, daran angekoppelt, Phosphorsäurebasen bilden zusammen eine Struktur, die einer zur Doppelspirale verdrillten Strickleiter ähnelt. Die beiden »Holme« dieser »Leiter« bauen sich abwechselnd aus Phosphatgruppen und Zuckermolekülen auf. Die »Sprossen« bestehen aus den organischen Basen und verbinden die sich jeweils gegenüberliegenden Zuckermoleküle. Die Abfolge der vier unterschiedlichen Basenarten, von denen je zwei zur Paarbildung fähig sind, liefert den genetischen Code, in dem alle Informationen zum Bau eines Lebewesens gespeichert sind.

Dreamland: »Traumland«, die »Schwarze Welt«. Eine weitere Umschreibung für die geheimnisvolle »Area 51« in Nevada.

Ediacara-Fauna: Lebewesen einer fremdartig wirkenden Fauna, die erstmals vor rund 680 Millionen Jahren auf der Erde auftrat. Der Geologe Dr. Johannes Fiebag sieht in jenen seltsamen Organismen einen möglichen Hinweis auf außerirdische Eingriffe in die biologische Evolution unseres Planeten.

Endosymbiose: »Innere« Symbiose. Vereinigung eigenständiger Organismen zu einem neuen, höherentwickelten Individuum.

Gaia-Hypothese: Eine von James E. Lovelock und Lynn Margulis entwickelte Hypothese, derzufolge unsere Erde als ein einziger lebender Organismus aufzufassen ist.

Galaxie: Häufig spiralförmiges Sternsystem mit zentraler Verdichtung. Galaxien enthalten viele Millionen oder Milliarden Einzelsterne, in der Regel auch einen hohen Anteil an interstellaren Staub- und Gasmassen. Unsere Milchstraße ist eine Galaxie. Sie enthält mindestens 100 Milliarden Sterne, ihr Durchmesser beträgt rund 100 000 Lichtjahre bei einer maximalen Dicke von etwa 15 000 Lichtjahren im Kernbereich. Unser Sonnensystem liegt in einem der äußeren Spiralarme, dem Orionarm, 30 000 Lichtjahre vom galaktischen Zentrum entfernt.

Geburtstrauma-Hypothese: Eine von dem amerikanischen Philologen Dr. Alwin Lawson entwickelte Vorstellung zur Erklärung der Abduktionsfälle. Er deutete die UFO-Entführungen ursprünglich psychologisch als verdrängte traumatische Erinnerungen an die Stunden der Geburt. Da diese These viele Facetten des Abduktionsphänomens nicht zu erklären vermag, ist Lawson mittlerweile selbst von dieser Idee abgerückt.

Generationenraumschiff: Riesige künstliche Welten, mit Hilfe derer stellare Auswanderer zur Besiedlung des Alls aufbrechen könnten. Diese Raumfahrzeuge würden sich mit relativ niedrigem Tempo – vielleicht ein Tausendstel der Lichtgeschwindigkeit – durch die Galaxis bewegen und vielen Generationen einen durchaus annehmbaren Lebensraum bieten. Nur die jüngsten, letzten Nachkommen würden allerdings noch die Ankunft am Ziel der viele Tausende von Jahren langen Reise erleben.

Hyperraum: Hypothetischer, höherdimensionaler Raum, der Ortswechsel zwischen zwei beliebig weit voneinander entfernten Punkten des Raum-Zeit-Kontinuums (z. B. zwischen zwei Galaxien) theoretisch in »Nullzeit« ermöglicht.

Hypnoseregression: Eine häufig bei UFO-Abduzierten angewandte Methode. Die betreffende Person wird dabei hypnotisch zu dem Zeitpunkt ihrer Entführung zurückgeführt. Sie lebt den Vorfall dabei noch einmal in allen Einzelheiten durch. Auf diese Weise kommen oft viele zusätzliche Details aus dem Unterbewußten zum Vorschein, an die sich das Abduktionsopfer im Wachzustand beim besten Willen nicht entsinnen kann.

Implantat: Einige Abduktionsopfer berichten, während der von fremden Wesen an ihnen durchgeführten medizinischen Untersuchungen sondenartige Apparaturen oder Kontrollmechanismen in ihren Körper eingesetzt bekommen zu haben. Solche Implantate wurden mittlerweile sogar angeblich sichergestellt.

Kometen: Ähnlich den Asteroiden kosmische »Kleinkörper«, Restmaterie aus der Urphase des Sonnensystems. Kometen sind relativ locker gebaute Klumpen aus Silikatstaub und Eis, sie enthalten auch diverse Gase. Bei Sonnenannäherung verdampft Oberflächenmaterial, dadurch entsteht eine ausgedehnte leuchtende Hülle um den meist nur kilometergroßen Kern sowie ein in etlichen Fällen viele Millionen Kilometer langer Schweif. Der Astrophysiker Fred Hoyle glaubt, daß sich im tiefen Inneren von Kometenkernen bereits Urformen des Lebens entwickeln konnten und von dort auch auf die Erde gelangten.

Laser: Kürzel aus dem Englischen: »Light Amplification by Stimulated Emission of Radiation« – »Lichtverstärkung durch angeregte Strahlungsemission«. Gerät zur Aussendung einfarbiger, gebündelter, sehr energiereicher Strahlung.

Lichtjahr: Die Strecke, die das Licht in einem Jahr zurücklegt: unfaßbare 946 000 Milliarden Kilometer.

Marskanäle: Im Jahr 1877 entdeckte der Italiener G. Schiaparelli geradlinige und sehr dünne Strukturen auf der Marsoberfläche, die er »canali« nannte. Bei diesen Linien handelte es sich mit recht großer Wahrscheinlichkeit um optische Täuschungen, doch haben die amerikanischen Weltraummissionen bewiesen, daß auf Mars einst tatsächlich Wasser in Hülle und Fülle floß. Auf vielen Raumsonden-Aufnahmen sind eindeutig riesige ausgetrocknete Flußtäler zu erkennen!

Meteoriten: Weltensplitter, Bruchstücke zerborstener Kleinkörper des Sonnensystems. Bei einigen Meteoriten handelt es sich um Oberflächengestein oder auch Kern- bzw. Mantelmaterial von Asteroiden, bei anderen um Restmaterie von Kometenkernen. Gerade bei dieser letzten Meteoriten-Gruppe fanden Wissenschaftler seltsame Einschlüsse – sogenannte »organisierte Elemente« – und zweifeln nicht im geringsten daran: Es handelt sich um außerirdische Fossilien von Mikroben!

Mimikry-Hypothese: Eine fremde Hochintelligenz könnte sich unserem jeweiligen Entwicklungsstand auf Erden anpassen, sich verschiedener »Tarnkleider« bedienen, um uns – ohne direkt auf ihre wahre Natur aufmerksam zu machen – beobachten und eventuell auch beeinflussen zu können. Unerklärliche Begegnungen mit mysteriösen Wesen, mit Engeln, Göttern und Dämonen ließen sich prinzipiell mit dieser Vorstellung des deutschen Geologen und UFO-Phänomenologen Dr. Johannes Fiebag erklären.

moonblinks: Bereits seit Jahrhunderten werden auf der Mondoberfläche in unregelmäßigen Zeitabständen rätselhafte Lichterscheinungen beobachtet. In bestimmten Regionen und Mondkratern läßt sich eine Häufung dieses Phänomens feststellen. Bis heute ist die Natur der »moonblinks« unbekannt. Wahrscheinlich handelt es sich um einen »natürlich« erklärbaren, geologischen Prozeß. Zumindest aber ist es doch ein seltsamer Zufall, daß gerade während des Landeanflugs der »Apollo-11«-Fähre eine ungewöhnlich hohe »moonblink«-Aktivität registriert wurde.

NDE: »Near-Death-Experience«, »Nahtoderfahrung«. Menschen, welche die Schwelle zum Tod, zum Jenseits, bereits überschritten hatten, dann aber doch noch ins Leben zurückgeholt werden konnten, vermögen oft Unfaßbares über die »andere Welt« zu berichten. In einigen Fällen scheint sich der Geist vom Körper abzuspalten, s. a. »OBE«.

Neutronenstern: Endstadium in der Entwicklung eines massereicheren Sternes (über 1,4 Sonnenmassen). Während des apokalyptischen Kollapses wird die Materie des sterbenden Sterns ultrahoch verdichtet, die Atome werden zu einem siedenden Neutronenbrei zusammengequetscht, bis die einstige Sonne auf den Durchmesser einer Stadt geschrumpft ist! Das Endergebnis ist ein kugelförmiger Masseklumpen, von dem ein Fingerhütchen voll Materie auf der Erde rund eine Milliarde Tonnen wiegen würde! Undenkbar, unvorstellbar!

OBE: »Out-of-the-Body-Experience« (Außerkörperliche Erfahrung). Dieses Phänomen, das Verlassen des eigenen Körpers, wird oft von Personen geschildert, die ihr Leben beinahe verloren hätten oder bereits klinisch tot waren. Gelegentlich berichten auch Abduktionsopfer von einem solchen Erlebnis.

Outreach: Ein Computerprogramm des Wissenschaftlers M. Fogg. Es simuliert die Ausbreitung der ersten, ältesten kosmischen Superzivilisationen über unsere Galaxis.

Prionen: Bisher noch kaum erforschte Mikroorganismen, die offenbar lediglich aus Proteinen bestehen.

Quantentheorie: Hochkomplexe physikalische Theorie, die die Abläufe und Phänomene auf atomarer Ebene ordnet und erfaßt.

Raumkrümmung: Nach der Allgemeinen Relativitätstheorie Albert Einsteins verändern gravitierende Massen – also z.B. Planeten, Sterne oder ganze Galaxien ebenso wie Schwarze Löcher – das raumzeitliche Gefüge um sich herum. Letztlich ist dieser Effekt nicht bildlich darstellbar, läßt sich aber am besten durch den Begriff einer »Krümmung« des Raumes vorstellen. Tatsächlich bewegt sich beispielsweise Licht in der Nähe eines massiven Objektes nicht mehr geradlinig, sondern entlang einer Kurve. Die Raumkrümmung zwingt auch die Erde auf ihre Bahn um die Sonne.

Raumzeit: Nach Albert Einstein leben wir in einer vierdimensionalen Welt: Die ersten drei Dimensionen sind die uns vertrauten räumlichen Dimensionen Länge – Breite – Höhe, als vierte Dimension gilt die Zeit. In unserem Kosmos lassen sich diese vier Größen nicht separieren, sie sind vielmehr zu einem Kontinuum verschmolzen, der Raumzeit.

Relativitätstheorie: 1905 stellte Albert Einstein die »Spezielle Relativitätstheorie« (SRT) auf, im Jahr 1916 folgte ihr dann eine noch kompliziertere Erweiterung in Form der »Allgemeinen Relativitätstheorie« (ART). Während die SRT die Physik sehr hoher Geschwindigkeiten klärt, stellt sich die ART als Theorie der Gravitation dar.

REM-Phase: Periode schneller Augenbewegungen (Rapid-Eye-Movement), Phase des Traumschlafs.

Schwarzes Loch (Kollapsar): Extremstes Endstadium in der Sternentwicklung. Während bei einem Neutronenstern der Materiekollaps noch zum Stillstand kommt, gibt es für die zusammenstürzenden Massen eines über rund drei Sonnenmassen schweren Sternes keinen Halt mehr, ein Schwarzes Loch entsteht. Bereits am sogenannten Ereignishorizont ist die Anziehungskraft dieses kosmischen Molochs so groß, daß nicht einmal mehr Licht aus seinem Einflußbereich entrinnen kann. An diesem Horizont scheiden sich die Welten – unsere diesseitige und die des unersättlichen Weltraum-Ungeheuers!

SETI: Die Suche nach Extra-Terrestrischer Intelligenz. Bereits seit Anfang der sechziger Jahre gab es sporadische Bemühungen in dieser Richtung. Im Oktober 1992 startete dann die NASA ein aussichtsreiches Großprojekt, das allerdings bereits nach nur mehr einem Jahr wieder abgebrochen werden mußte, da auf Betreiben eines US-Senators sämtliche Mittel für die Fortsetzung dieses Programmes gestrichen wurden.

Singularität: In der Kosmologie: Der »Ausgangspunkt« des Urknalls. Genauso wird aber auch das Zentrum eines Schwarzen Loches als »Singularität« bezeichnet, ein einziger geometrischer Punkt, das Nichts, in dem alles verschwindet! In diesen Bereichen verlieren alle bekannten physikalischen Gesetze ihre Gültigkeit.

solid lights: »Feste Lichter.« Wie der Name schon andeutet, materiehaft fest erscheinende Lichtstrahlen. Sie werden nicht selten an unidentifizierten Flugobjekten beobachtet.

Stellaforming: Für uns noch fernste Zukunftsmusik! Ein Begriff der »Astrotechnik«, einem futuristischen Wissenschaftszweig, der sich mit der sinnvollen Umformung von stellaren Objekten befaßt. Weiter fortgeschrittene Zivilisationen als wir mögen jedoch bereits in der Lage sein, z.B. die Energieproduktion im Inneren von Sternen zu verändern und ihren persönlichen Bedürfnissen anzupassen.

Subquantenebene: Eine von dem mittlerweile verstorbenen Physiker David Bohm postulierte Realitätsebene, auf der scheinbar gesonderte Phänomene miteinander zu einer Erscheinung verschmelzen.

Terraforming: Die künstliche Verwandlung unwirtlicher Planetenoberflächen in erdähnliche, lebensfreundliche Welten.

Tierverstümmelung (Cattle Mutilation): Ein ebenso grauenvolles wie rätselhaftes Phänomen, das weltweit anzutreffen ist, sich aber besonders auf den Westen der Vereinigten Staaten konzentriert. Besonders seit dem Jahr 1967 werden dort immer wieder entsetzlich verstümmelte Tiere aufgefunden, denen offenbar mit Präzisionslasern diverse Organe entfernt wurden. Am unbegreiflichsten ist das absolute Fehlen von Blut. Nirgends, nicht im noch auf dem Körper der Tiere noch auf dem Erdboden sind die geringsten Blutspuren zu finden. Oft erscheinen zeitgleich mysteriöse Lichter am Himmel. Bis heute kennt niemand die wahren Hintergründe dieses erschreckenden Geheimnisses.

Ursuppe: Die erste Ansammlung organischer Substanzen in den Urmeeren der Erde, die von grundlegender Bedeutung für die Entstehung frühester Vorstufen des Lebens war.

Virtuelle Teilchen: Atomteilchen, die nur für sehr kurze Zeiträume existieren, um sich anschließend wieder im »Nichts«, im Energiefeld des Vakuums, aufzulösen. Die Kürze ihrer Lebensdauer verhindert eine Abweichung in der Gesamtenergiebilanz des betrachteten

Systems. Die Energie dieser Teilchen ist also praktisch nur »ausgeliehen«, für winzigste Zeitabschnitte drückt die Natur gewissermaßen ein Auge zu und gewährt subatomaren Partikeln einen »Energiekredit«.

Weiße Löcher: Hypothetische Gegenpole zu den Schwarzen Löchern, Explosionsherde, aus denen Materie in unseren Kosmos hineingelangt.

Weißer Zwerg: Das relativ unspektakuläre Endstadium eines nicht zu massereichen Sternes. Unsere Sonne wird am Ende ihrer Entwicklung, ungefähr in sechs Milliarden Jahren, zu einem Weißen Zwerg zusammensinken und dann nur noch die Größe der Erde besitzen. Vorher allerdings durchläuft sie noch das Stadium des Roten Riesen und wird dabei möglicherweise die Erde verschlingen.

Wurmlöcher: Theoretisch mögliche Verbindungstunnel zwischen Schwarzen und Weißen Löchern. Wurmlöcher stellen vielleicht nutzbare Transitstrecken durch den Hyperraum dar.

Xenoforming: Analog zu Stella- bzw. Terraforming die künstliche, durch fremde Wesen technologisch bewirkte Anpassung anderer Welten an deren spezielle Bedürfnisse (von griech. »xenos« = fremd).

Literatur

1 Aufbruch

Breuer, Reinhard: »Kontakt mit den Sternen – Leben auf fremden Planeten?«, Frankfurt/Main – Berlin: Ullstein, 1981.

Fogg, Martyn J.: »Temporal Aspects of the Interaction Among the First Galactic Civilizations: The ›Interdict Hypothesis‹«, in: Icarus, Bd. 69 (1987), S. 370–384.

–: »Extrasolar Planetary Systems: A Microcomputer Simulation«, in: Journal of the British Interplanetary Society, Bd. 38 (1985), S. 501–514, Bd. 39 (1986), S. 99–109 und S. 317–324.

Fuchs, Walter R.: »Leben unter fernen Sonnen? Wissenschaft und Spekulation«, München: Droemer Knaur, 1973.

Newman, W.; Sagan, C.: »Galactic Civilizations: Population Dynamics and Interstellar Diffusion«, in: Icarus, Bd. 46 (1981), S. 293–327.

Sagan, Carl; Agel, Jerome: »Nachbarn im Kosmos – Leben und Lebensmöglichkeiten im Universum«, München: dtv, 1975.

Trefil, James S.; Rood, Robert T.: »Sind wir allein im Universum? – Die Möglichkeit außerirdischer Zivilisationen«, München: Goldmann, 1987.

Walter/Hoover/Kotra: »Interstellar Colonization: A new Parameter for the Drake Equation?«, in: Icarus, Bd. 41 (1980), S. 193–197.

2 Unheimliche Geheimnisse

»Albertus Magnus in Geschichte und Sage«, Festschrift zur sechsten Säkularfeier seines Todestages am 15. November 1880, Commissions-Verlag von J. P. Bachem, Köln, 1880.

Ertelt, Axel: »Die interplanetaren Kontakte des Albertus Magnus«, Saint-Germain-Verlag, o. J.
Gaebert, H. W.: »Der große Augenblick in der Astronomie«, Bayreuth: Loewes, 1972.
Kosmodemjanski, A. A.: »Konstantin E. Ziolkowski«, Leipzig: B. G. Teubner, 1976.
v. Mädler, J. H.: »Geschichte der Himmelskunde von der ältesten bis auf die neueste Zeit«. Unveränderter Nachdruck. Wiesbaden: Martin Sändig, 1973.
Petrie, Flinders: »Second Memoir of the Egypt Exploration Fund«, London: Trübner & Co., 1885.
Phyllis, A.: »Problems connected with the development of the telescope«, in: Isis, 1945, S. 302–311.
Taylor, John H.: British Museum, private Mitteilung an den Verfasser, 7. September 1992.

3   Der Stern der Isis

Bauer, Elisabeth: »Armenien«, Luzern, 1977.
Cornell, James: »Die ersten Astronomen«, Basel: Birkhäuser, 1983.
Dopatka, Ulrich: »Lexikon der Prä-Astronautik«, Wien Düsseldorf: Econ, 1979.
Drößler, Rudolf: »Als die Sterne Götter waren«, Gütersloh: Prisma, 1976.
Hamel, Jürgen: »Friedrich Wilhelm Bessel«, Leipzig: Teubner, 1984.
Hurry, Jamieson B.: »Imhotep«, Oxford University Press, 1926.
Keys, David: »Discovery at Pyramid was Accidental«, in: The Independent, London, Friday, April 6, 1993.
Kolpaktchy, Gregoire (Hrsg., Übers.): »Das ägyptische Totenbuch«, München: Otto Wilhelm Barth, 1970.
Krupp, Edwin C.: »Astronomen, Priester, Pyramiden«, München: C. H. Beck, 1980.
McGourty, Christine: »Portcullis blocks robot in pyramid«, in: The Daily Telegraph, Wednesday, April 7, 1993.
Nuttall, Nick: »Secret chamber may solve pyramid riddle«, in: The Times, April 17, 1993, S. 4.

Posener, Georges: »Knaurs Lexikon der ägyptischen Kultur«, München: Droemer Knaur, 1978.
Temple, Robert K. G.: »Das Sirius-Rätsel«, Frankfurt/Main: Umschau, 1977.
Vandenberg, Philipp: »Auf den Spuren unserer Vergangenheit«, München: Wilhelm Goldmann, 1978.
–: »Der Fluch der Pharaonen«, Bern – München: Scherz, 1973.

4 Stimmen aus der Vergangenheit

Bauer, Elisabeth: »Armenien«, Luzern, 1977.
Bruno, Giordano: »Über die Ursache, das Prinzip und das Eine«, Stuttgart: Reclam, 1986.
Columbus, Christoph: »Das Bordbuch«, Tübingen – Basel: Edition Erdmann, 1983.
Daniel, Glyn; Rehork, J. (Hrsg.): »Lübbes Enzyklopädie der Archäologie«, Bergisch Gladbach: Lübbe, 1980.
Fiebag, J. und P. (Hrsg.): »Aus den Tiefen des Alls«, Tübingen: Hohenrain, 1985.
Finney, Ben: »Probleme bei der Begegnung mit Außerirdischen«, in: Die Sterne, Bd. 67 (1991), Heft 4, S. 215–221.
Gentes, Lutz: »Zur Frage der Tatsächlichkeit von Kontakten zu Außerirdischen in Altertum und Vorzeit«, Ergänzungsband zum Bericht über die Tagung der MUFON-CES. Ottobrunn, 1977.
Krassa, P.; Habeck, R.: »Das Licht der Pharaonen«, München: Herbig, 1992.
Lauffer, Berthold: »The Prehistory of Aviation«, Chicago: Field Museum of Natural History, 1928.
Naeye, Robert: »SETI at the Crossroads«, in: Sky & Telescope, Bd. 84 (1992), S. 507–515.
Paszthory, Emmerich: »Stromerzeugung oder Magie. Die Analyse einer ungewöhnlichen Fundgruppe aus dem Zweistromland«, in: Antike Welt, 1985, Heft 1, S. 3–12.
»Rätselhafte Vergangenheit«, Gütersloh: Prisma, 1987.
Sachmann, H. W.: »Kuriose ›Hieroglyphen‹ im Sethos-Tempel von Abydos«, in: »Neue kosmische Spuren«, München: Goldmann, 1992.
Schulte, R.: Briefliche Mitteilung an den Verfasser, 28. 9. 1992.

Thorwald, Jürgen: »Macht und Geheimnis der frühen Ärzte«, München – Zürich: Droemer Knaur, 1962.

5 Brückenschlag über die Jahrtausende

Beier, Hans Herbert: »Kronzeuge Ezechiel«, München: Ronacher, 1985.
Binhard, Johannes: »Newe vollkommene Thüringische Chronica«, Leipzig, 1613.
Blumrich, Josef F.: »Da tat sich der Himmel auf«, Düsseldorf – Wien: Econ, 1973.
Brand, Illo (= Illobrand von Ludwiger) (Hrsg.): »Unerklärliche Himmelserscheinungen aus älterer und neuerer Zeit«, Bericht von der Sommertagung 1976 in München. München: MUFON-CES, 1976.
–: »Unerwünschte Entdeckungen im Luftraum«, München: MUFON-CES, 1989.
–: »Strahlenwirkungen in der Umgebung von UFOs«, Bericht von der Herbsttagung 1977 in Ottobrunn. München: MUFON-CES, 1978.
–: »Der Stand der UFO-Forschung«, Frankfurt/Main: Zweitausendeins, 1992.
van Buitenen, J. A. B. (Hrsg.): »The Mahabharata«, Chicago – London: The University of Chicago Press, 1973 ff.
Cortés, Hernan: »Die Eroberung Mexikos«, neu herausgegeben und bearbeitet von Hermann Homann, Tübingen: Edition Erdmann, 1978.
Crick, Francis: »Das Leben selbst. Sein Ursprung, seine Natur«, München: Piper, 1983.
»Das Srimad Bhagavatam«, Gesamtausgabe. The Bhaktivedanta Book Trust, Vaduz, 1981.
Fei, Chih: »Opening the Gates of the Heaven«, in: China Reconstructs, No. 8, 1961, S. 37–38.
Fiebag, Johannes: »Das Rätsel der Ediacara-Fauna«, in: »Kosmische Spuren«, München: Goldmann, 1988.
Hoyle, F.; Wickramasinghe, N. C.: »Die Lebenswolke«, Frankfurt/Main – Berlin: Ullstein, 1979.

–: »Evolution aus dem All«, Frankfurt/Main – Berlin: Ullstein, 1981.
Kautsch, E.: »Die Apokryphen und Pseudoepigraphien des Alten Testaments«, Hildesheim: Georg Olms, 1962.
Paschinger, Elfriede: »Die ›singende Türe‹ von Chiusi«, in: Antike Welt, 1 (1985), S. 58–59.
v. Rétyi, Andreas: »Gefahr aus dem All – Die Erde im Visier«, Stuttgart: Franckh-Kosmos, 1992.
–: »Halley«, Stuttgart: Franckh-Kosmos, 1985.
Seilacher, Adolf: »Vendobionta and Psammocorallia: Lost construction of precambrian evolution«, in: Journal of the Geological Society, London. Bd. 149 (1992), S. 607–613.
Vogt, Hans-Heinrich: »Paradoxes Kambrium«, in: Naturwissenschaftliche Rundschau, Bd. 46 (1993), Nr. 3, S. 113.
Ziegler, Johann Christian: »Nacht-Sonne und wunderbares Phänomenon«, Franckfurt und Leipzig, 1736.

6 Die Realität des Traumes

Brier, Robert: »Zauber und Magie im Alten Ägypten«, Frankfurt/Main – Berlin: Ullstein, 1991.
»Das Rätsel von Raum und Zeit« (aus der Reihe: »Die Welt des Unerklärlichen«), Augsburg: Weltbild, 1992.
Doblhofer, Ernst: »Zeichen und Wunder«, Augsburg: Weltbild, 1990.
Eccles, John: »Gehirn und Seele«, München: Piper, 1987.
Fiebag, J. und P.: »Himmelszeichen – Eingriffe Gottes oder Manifestationen einer fremden Intelligenz?«, München: Goldmann, 1992.
Koch, Egmont R.: »Chirurgie der Seele«, Stuttgart: Deutsche Verlagsanstalt, 1976.
Lausch, Erwin: »Manipulation – Der Griff nach dem Gehirn«, Hamburg: Rowohlt, 1983.
MacKenzie, Norman: »Träume«, Wiesbaden: Vollmer, 1978.
Moody, Raymond A.: »Leben nach dem Tod«, Hamburg: Rowohlt, 1977.
Ruppe, Harry O.: »Die grenzenlose Dimension – Raumfahrt«, Düsseldorf – Wien: Econ, 1980.
Stearn, Jess: »Der schlafende Prophet«, Genf: Ariston, 1975.

7 Fremde im Sonnensystem?

Armstrong/Aldrin/Collins: »Wir waren die Ersten«, Frankfurt/Main–Berlin: Ullstein, 1970.
Cameron, Winifred S.: »Lunar Transient Phenomena«, in: Sky & Telescope, Bd. 81 (1991), No. 3, S. 265–268.
Classen, Johannes: »Veränderungen auf dem Mond«, Veröffentlichungen der Sternwarte Pulsnitz (Sachsen), Nr. 5, 1969.
»Das Rätsel von Raum und Zeit« (aus der Reihe: »Die Welt des Unerklärlichen«), Augsburg: Weltbild, 1992.
Good, Timothy: »Above Top Secret – The Worldwide UFO-Cover-Up«, New York: Morrow, 1988.
–: »Jenseits von Top Secret. Das geheime UFO-Wissen der Regierungen«, Frankfurt/Main: Zweitausendeins, 1991.
Ley, Willy: »Die Himmelskunde – Eine Geschichte der Astronomie von Babylon bis zum Raumzeitalter«, Düsseldorf–Wien: Econ, 1965.
Papagiannis, Michael D. (Hrsg.): »The Search for Extraterrestrial Life: Recent Developments«, Dordrecht–Boston: Reidel, 1985.
Sagan, Carl; Shklovski, I. S.: »Intelligent Life in the Universe«, San Francisco: Holden Day, 1966.

8 Weltraumarchäologie

Carlotto, Mark J.: »The Martian Enigmas – A Closer Look«, Berkeley: North Atlantic Books, 1991.
Foster, G. V.: »Non-Human Artifacts in the Solar System«, in: Spaceflight, Bd. 14 (1972), S. 447–453.
Freeman, J.; Lampton, M.: »Interstellar Archaeology and the Prevalence of Intelligence«, in: Icarus, Bd. 25 (1975), S. 368–369.
Freitas, Robert A.: »The Search for Extraterrestrial Artifacts (SETA)«, in: Journal of the British Interplanetary Society, London, Bd. 36 (1983), S. 501–506.
Papagiannis, Michael D.: »Are We All Alone, or could They be in the Asteroid Belt?«, in: Quarterly Journal of the Royal Astronomical Society, London, Bd. 19 (1978), S. 277–281.
Smith, Clark A.: »Die Grabgewölbe von Yoh-Vombis«, in: Saat aus dem Grabe, Frankfurt/Main: Insel, 1970.

Stephenson, D. G.: »Extraterrestrial Cultures within the Solar System?«, in: Quarterly Journal of the Royal Astronomical Society, London, Bd. 20 (1979), S. 422-426.

Vandenberg, Philipp: »Der Fluch der Pharaonen«, Bern-München: Scherz, 1973.

9 Jenseits des Phantastischen

Bignami/Caraveol/Mereghetti: »SUSI Discovers Proper Motion and Identifies Geminga«, in: The Messenger, ESO, No. 70, December 1992.

Campbell, Glenn: »›Area 51‹ Viewer's Guide«, Rachel: Psycho Spy, 1993.

Dyson, Freeman: »Search for Artificial Stellar Sources of Infrared Radiation«, in: Science, Bd. 131 (1960), S. 1667.

-: »The Search for Extraterrestrial Technology«, in: Perspectives in Modern Physics (ed. by R. E. Marshak), New York: Interscience, 1966.

Good, Timothy: »Sie sind da«, Frankfurt/Main: Zweitausendeins, 1992.

-: Briefliche Mitteilung an den Verfasser, 7. März 1993.

Heidmann, J.; Klein, M. J. (Hrsg.): »Bioastronomy - The Search for Extraterrestrial Life - The Exploration Broadens. Proceedings of the Third International Symposium on Bioastronomy Held at Val Cenis, Savoie, France, 18-23 June 1990«, Berlin-Heidelberg-New York: Springer, 1991.

Hopkins, Budd: »Intruders - The Incredible Visitations at Copley Woods«, New York: Random House, 1987.

Kaplan, S. A. (Hrsg.): »Extraterrestrial Civilisations«, Jerusalem, 1971.

Kardashew, Nikolai S.: »Transmission of Information by Extraterrestrial Civilizations«, in: Soviet Astronomy, Bd. 8 (1964), No. 2, S. 217-221.

v. Ludwiger, Illobrand: »Der Stand der UFO-Forschung«, Frankfurt/Main: Zweitausendeins, 1992.

Sagan, Carl; Agel, Jerome: »Nachbarn im Kosmos - Leben und Lebensmöglichkeiten im Universum«, München: dtv, 1975.

Tough, Allen: »What Role will Extraterrestrials Play in Humanity's Future?«, in: Journal of the British Interplanetary Society, London, Bd. 39 (1986), S. 491-498.

Trefil, James S.; Rood, Robert T.: »Sind wir allein im Universum?«, München: Goldmann, 1987.

10   Die Alptraumfabrik

Campbell, Glenn: »Transcript for Bob Lazar at the Ultimate UFO Seminar«, Rachel, NV: Psycho Spy, 1993.

Good, Timothy: »Sie sind da«, Frankfurt/Main: Zweitausendeins, 1992.

–: »Alien Update«, London: Random House, 1993.

Fiore, Edith: »Encounters«, New York: Ballentine, 1990.

Fowler, Raymond E.: »The Watchers – The Secret Design Behind UFO Abduction«, New York: Bantam, 1990.

Hopkins, Budd: »Intruders. The Incredible Visitations at Copley Woods«, New York: Ballantine, 1988.

–: »Missing Time«, New York: Ballantine, 1988.

Lindemann, Michael: »UFOs and the Alien Presence – Six Viewpoints«, Santa Barbara, CA: The 2020 Group, 1991.

Jacobs, David M.: »Secret Life. Firsthand Documented Accounts of UFO Abductions«, New York: Simon & Schuster, 1993.

Magin, Ulrich: »Von UFOs entführt – Unheimliche Begegnungen der vierten Art«, München: Beck, 1991.

Turner, Karla: »Into the Fringe. A True Story of Alien Abduction«, New York: Berkley Books, 1992.

11   Dimensionslabyrinthe

Aichelburg, P. C.; Sexl, R. U. (Hrsg.): »Albert Einstein – Sein Einfluß auf Physik, Philosophie und Politik«, Braunschweig: Vieweg, 1979.

Berry, Adrian: »Time travel may be possible via ›worm holes‹ say scientists«, in: The Daily Telegraph, Wednesday, November 23, 1988, S. 7.

Calder, Nigel: »Einsteins Universum«, Frankfurt/Main – Berlin: Ullstein, 1980.

Clark, Ronald W.: »Albert Einstein – Leben und Werk«, Esslingen: Bechtle, 1974.
Davies, Paul: »Wormholes and Time-Machines«, in: Sky & Telescope, Bd. 83 (1992), No. 1, S. 20–23.
Davies, P. C. W.; Birell, N. D.: »On falling through a black hole into another universe«, in: Nature, Bd. 272 (1978), 2. März, S. 35–37.
Dukas, Helen; Hoffmann, Banesh: »Albert Einstein – Briefe«, Zürich: Diogenes, 1981.
Franck, Philipp: »Albert Einstein – Sein Leben und Seine Zeit«, Braunschweig: Vieweg, 1979.
Herlt, E.; Salié, N.: »Spezielle Relativitätstheorie«, Braunschweig: Vieweg, 1978.
Hermann, Armin: »Die neue Physik«, München: Heinz Moos, 1979.
Melcher, Horst: »Albert Einstein wider Vorurteile und Denkgewohnheiten«, Braunschweig: Vieweg, 1979.
Morris, M.; Thorne, K.; Yurtsever, U.: »Wormholes, Time-Machines and the Weak Energy Condition«, in: Physical Review Letters, Bd. 61 (1988), Nr. 9, 26. September 1988, S. 1446–1449.
Thommes, Eduard: »Ein stellares Schwarzes Loch mit 16 Sonnenmassen!«, in: Sterne und Weltraum, Bd. 32 (1993), Heft 7, S. 502.

12 Die Omega-Struktur

Breuer, Reinhard: »Das Anthropische Prinzip. Der Mensch im Fadenkreuz der Naturgesetze«, Frankfurt/Main – Berlin: Ullstein, 1984.
–: »Pfeile der Zeit«, Frankfurt/Main – Berlin: Ullstein, 1987.
v. Buttlar, Johannes: »Die Einstein-Rosen-Brücke«, Frankfurt/Main – Berlin: Ullstein, 1992.
Capra, Fritjof: »Das Tao der Physik«, Bern – München – Wien: Scherz, 1983.
Carr, Donald E.: »Geheimnisvolle Signale – Das Rätsel der vergessenen Sinne«, Wien – Hamburg: Paul Zsolnay, 1973.
de Chardin, Pierre Teilhard: »Der Mensch im Kosmos«, München: C. H. Beck, 1959.

Davies, Paul: »Gott und die moderne Physik«, München: Goldmann, 1986.
Dyson, Freeman: »Die zwei Ursprünge des Lebens«, München: Droemer Knaur, 1988.
Horgan, John: »Quanten-Philosophie«, in: Spektrum der Wissenschaft, Nr. 9, 1992, S. 82–91.
Jantsch, Erich: »Die Selbstorganisation des Universums«, München: Carl Hanser, 1979.
Talbot, Michael: »Jenseits der Quanten«, München: Wilhelm Heyne, 1990.

Register

Abduktionen 226–234, 236–239
Ägyptisches Totenbuch 34, 62
Akupunktur 72
Albertus Magnus 21 ff., 31, 126, 135
Aldrin, Edwin E. 124, 165, 168
Altshuler, John 235
anthropisches Prinzip 265, 275
Antigravitation 257 f.
Apollo (Kleinplanet) 180 f.
Apollo-Mission 121 f., 161, 163, 165, 168 f.
»Area 51« 204–207, 209, 212 ff., 229, 259
Armstrong, Neil 165 f., 169, 175
Artefakte, außerirdische 83, 191
Aspect, Alain 277
Asteroidengürtel 180 ff., 201
Aurora 212
-Pulstriebwerk 212

Bacon, Roger 23 f., 26
Barnard, Edward E. 158, 167
Bartasar 62
Basen, außerirdische 180
Beier, Hans-Herbert 102 ff.
Berossos 54 f., 69
Blumrich, Josef F. 98–100, 102
Bogota-Jet 84
Bohm, David 142, 277 f.
Boomerang, fliegender 9, 85 f.

Caballito Blanco 49
Campbell, Glenn 212 f., 228
Capra, Fritjof 274 f.
Cargo-Kult 65 ff., 70, 83, 145
Carlotto, Mark J. 192, 194, 198
Carr, Donald E. 272 f.
Casimir-Effekt 258

Cassini, Giovanni D. 156 ff.
Cattle Mutilations s. Tierverstümmelungen
Cayce, Edgar 131
ch'i (ki) 74
Champollion, Jean F. 43, 133 f.
Cheops-Pyramide 49–52
Chujut Rabuah 75 ff.
Clark, Jerome 239
Code, genetischer 117
Collins, Michael 124, 165
»Container« 233
Cortés, Hernan 87 f.
Crick, Francis 116 f., 150
Cro-Magnon-Mensch 234

Daniel (Prophet) 93
»Das Phänomen« 239
Davies, Paul 267, 275
Deardorff, James W. 268
Deimos 182 f., 186
Demokrit 27 ff.
Die »Grauen« 225, 230, 232, 234
Dieterlen, Germaine 38 f.
dim mak 73
Dimensionen, höhere 241 f., 254, 257, 260
DiPietro, Vincent 192, 195
Dogon (afrik. Stamm) 35, 38–41, 43, 52 f., 56, 70 f., 159
Drake, Frank 60
Drake, Sir Francis 66
»Dreamland« s. Area 51
Dyson, Freeman J. 202, 270
Dyson-Sphären 202

Eddington, Arthur 245, 249 ff.
Ediacara-Fauna 112 ff., 116
Edison, Thomas A. 124 f., 141

Eggebrecht, Arne 76
Eingriffe, chirurgische 71 f.
Einstein, Albert 156, 243–247, 248–251, 253 f., 256, 276
Endosymbiontenhypothese 270
Enoch 90–93, 104
EPR-Experiment 277 f.
Erdbebenlichter 190
Evans, Christopher 129 f.
Evolution 14, 63, 81, 112 f., 271
Experimente, genetische 225
Ezechiel (Prophet) 94–100, 102–106, 218, 269

Fernrohr 24–28, 31, 36, 48, 167
Fiebag, Johannes 112, 146, 268
Finney, Ben 63
Fiore, Edith 223, 234
Fogg, Martyn J. 12 ff.
Frania, Benjamin 197 f.
Freitas, Robert A. 179, 182
Frum, John 66 f.

»Gaia«-Hypothese 274
Galaxis (Milchstraße) 10 f., 13–16, 27
-Kolonisation 14 f.
Galilei, Galileo 26, 30
Gamma-Faktor 246 f.
Gantenbrink, Rudolf 50
Garn, Walter 80
Geburtstrauma-Hypothese 232
Geminga 219 f.
Gene 264 f.
Generationenschiffe 13 f., 160
Gerbert d'Aurillac (Papst Silvester II.) 26
Gewebeproben 231, 236
Goddard, Robert H. 123 f.
Good, Timothy 165 f.
Gravitationswellen 259
Griaule, Marcel 35, 38 f.
Groom Dry Lake 205, 211 ff.

Hall, Asaph 182, 186
Hamilton, Pamela 227, 229
Hamilton, William F. 227 ff.
Harris, Michael J. 29
Harvey, Thomas 243
Henoch s. Enoch
Hermes 80, 93, 108

Hermes Trismegistos 41, 46, 53
Hierarchie, kosmische 267 f.
Hieroglyphen 43, 133
Hoagland, Richard C. 193 ff., 198
Hochzivilisation 15 ff., 55, 142, 184, 196, 260
Homo Sapiens 233
Hopkins, Budd 225 f.
Howe, Linda M. 234, 236 f.
Hoyle, Fred 114 ff., 147, 150, 218, 265 f.
Hubble-Teleskop 10
Hynek, J. Allen 144, 147, 204
Hyperraum 241, 254, 257 f., 260
Hypnoserückführung 225, 227, 231

Imhotep 52
Implantate 231
Intelligenz, kosmische 275
Interstellarflug 11, 15
Isis 44–47, 49, 80
Isis-Hathor-Tempel von Denderah 49, 79, 80

Jacobs, David M. 233, 238
Jesus Christus 233
Jupiter 26, 149, 177 f., 180, 201

Kardashev, Nikolai 214, 218
von Kekulé, August 127
Kolpaktchy, Gregoire 43
Kolumbus, Christoph 59, 68
Kometen 114, 150
Kopernikus, Nikolaus 27, 244
Kozyrew, Nikolai 167

Lachis b. Jerusalem 71
Lawson, Alwin 232
Lazar, Robert 204 f., 207–213, 259 f.
Lescarbault 151–154, 156
Leverrier, Urbain Jean J. 151–156
Levy, Steven 243
Ley, Willy 156
Lichtgeschwindigkeit 215, 217, 242, 245, 254, 258
Lincoln, Abraham 130 f.
Lovelock, James 273 f.
Lowell, Percival 173
von Ludwiger, Illobrand 231

Mahabharata 110 ff.
Margulis, Lynn 270 f., 273 f.
Marienerscheinungen 143 ff., 214, 268 f.
Mars 31, 123, 145, 149 f., 177 f., 180, 182–199
-Kanäle 186 ff.
-Kraterpyramide 194
-Leben 149, 191
-Pyramide 194 f.
-Stadt 193 f.
-Tholus 194
Mars-Observer 197 ff.
marsblinks 189
Marsgesicht 191–198
Materie-Antimaterie-Raumschiff 219 f.
Messiha, Khalil 84
Mezamor 61 f.
Mikroorganismen 115 ff., 149
Milchstraße s. Galaxis
Mimikry-Hypothese 268 f.
Mitchell, Edgar 207
Molenaar, Gregory 192, 195
Mond 26 f., 62 f., 108, 115, 121, 124, 160–170, 188 ff., 250, 252
-Entstehung 161 ff.
Mondbasis 162 ff.
Moody, Raymond A. 139 f.
moonblinks 167, 169
Morris, Michael 255, 257
Morse, Melvin 140
Mylitta (babyl. Venusgöttin) 29

NASA 111, 163, 165 f., 192, 195, 197 f.
NDE 138–142
Neith 158 ff., 182
Nellis Airforce Base 205 f., 227
Neutronenstern 220
Newman, Edward A. 129 f.
Nisroch (assyr. Saturngott) 29, 31
Nivatacavacas 111
Nommo 40, 45, 53, 55 f., 60, 70, 159
Nommo-Arche 40 f., 52 f., 56
NOZ 55 ff., 60
Nukleinsäureleben 270

Oannes 53 ff., 69
OBE 138–142

Oberth, Hermann 123 f., 142, 273
Oe 54 ff.
Ogotemmêli 35, 38, 41, 52
Omegastruktur 275
Orionnebel 10
Osiris 44 f., 47
Oswald, Ian 129
»Outreach« 13, 15

Papagiannis, Michael D. 180
Papoose Lake 212
Paraphänomene 273, 279
Parther-Batterie 76 ff.
Paschinger, Elfriede 107
Petrie, Sir Flinders 28
Phobos (Marsmond) 182 ff., 186
Phobos 1 199
Phobos 2 199
Plutarch 47, 107 f.
Poe, Edgar A. 121, 125
Pompeji 28
Prione 116
Projektionen, fremdintelligente 145
Proteinleben 270

Quantenschaum 256 f.
Quantentheorie 255 f., 276 f.
Quasare 218
Quetzalcoatl 88

Rarity, John G. 277
Raumbasen 179, 181
Raumkrümmung 248 f., 251 f.
Raumzeit 156, 240 f., 248 f., 252, 254, 258 ff., 262, 278
Realitätsebenen, unterschiedliche 142, 146, 275, 277
Relativitätstheorie 156, 244 f., 248 f., 251, 253 f.
REM-Phase 128 f., 138
Rogo, D. Scott 239
Röntgensystem A0620-00 253

S-4-Raumschiffe 209–213
sagala 38
Sagan, Carl 18, 123, 184 ff., 215 f., 255, 259, 279
Sakkara-Flugzeug 83
Samuel (Prophet) 94, 106
Saturnring 30 f., 156
Schiaparelli, Giovanni D. 186

Schwarze Löcher 36, 241 f., 253–257, 259, 276
»Schwarze Welt« 203 ff., s. a. »Area 51«
»Schwarzer Ritus« 46
Schwarzschild, Karl 254
Seilacher, Adolf 112
Sekina 91
Sethos-Tempel von Abdos 83
SETI 60, 180, 219 f.
Sheils, Dean 139
Sigui-Zeremonie 39 f., 70
»Singende Türe« 107
Singularität 253
Sirius (= Sirius A) 35–39, 43–49, 50, 57, 80
Sirius B 36–40, 45
Sirius C 46, 48
Sitchin, Zecharia 89 f.
»solid light« 109
Sonnenfinsternis 155, 250 f.
»Sonnenschiff des Cheops« 51
Sothis 44, 46–49, 51 f.
Srimad Bhagavatam 112
»Stealth« 206
Stellaforming 218
»Stern des zehnten Monats« (»ie pelu tolo«) 56, 159
Subquantenebene 279
Superzivilisation 18, 114, 116, 214 ff., 220, 239, 257, 269
Symbiose 272 f., 279

Tal der Könige 80
Tanis-Linse 28 f.
»Tanzende Sonne« 143, 147
Tapster, Paul R. 277
Tasaday (philipp. Stamm) 66
Telchinen 69
Telepathie 142, 273, 279
Teleskop s. Fernrohr
Temple, Robert K. G. 45 f., 57, 60
Tenoch 89 f.
Tenochtitlán 87–90, 104
Themis 182
Thomas von Aquin 21 ff., 135
Thorne, Kip 255, 257

Thoth (ägypt. Gottheit) 41, 44, 80
Thutmosis IV 134
Tierverstümmelungen 11, 234–237
Titanic 132
Torun, Erol 194
Tough, Allan 216 f.
Träume 125–138, 231, 239 f.
Traumprophetien 130, 133 ff., 142
Trefil, James S. 12, 216
Tutanchamun 173 f.

UFO 10 f., 109, 163, 165 f., 190, 234, 238 f., 268
UFO-Entführungen s. Abduktionen
Universum, intelligentes 265
Urknall 242, 260, 267
Ursuppe 264

Vakuum 255 f., 258
Vallée, Jacques 146
Vandenberg, Philipp 49
Vardenis-Berge 62
Venus 27 ff., 154, 156 ff., 182
Venusmond 156 ff., 176
Viking 149, 188, 191 f., 194 f., 197 f.
virtuelle Teilchen 256
Visionen 132, 134 f., 138, 142 ff., 146 f., 239, 262, 268, 279
»Vulkan« 155, 159 f., 176, 182

Wahrtraum 127, 143, 145, 279
Weiße Löcher 256 f.
Weiße Zwerge 37, 40, 252
Wheeler, John A. 256
White Sides 212
Wickramasinghe, N. Chandra 114 f.
Wurmlöcher 254, 256–259

Xenotechnik 83

Yurtsever, Ulvi 255, 257

Zeitdilatation 246
Zeitgleiter 279
Zeitreisen 124, 241
Zigel, Felix 185 f.
Ziolkowski, Konstantin E. 21, 122
Zwillingsparadoxon 247, 259

240 Seiten
16 Seiten Farbfotos

272 Seiten
27 s/w-Fotos

334 Seiten
mit 27 Farbfotos

256 Seiten
16 Seiten Farbfotos

Bücher, die unser Weltbild
ins Wanken bringen.

ULLSTEIN LANGEN MÜLLER